Nicky Cruz

**Escrito en colaboración con
Jamie Buckingham**

¡CORRE! NICKY ¡CORRE!

© 1968 EDITORIAL VIDA
Miami, Florida

Publicado en inglés bajo el título:
¡Run, Baby, Run!
La edición actual se rediseño en el 2004

Diseño interior: *Grupo Nivel Uno, Inc.*

Diseño de cubierta: *Gus Camacho*

Reservados todos los derechos

ISBN: 978-0-8297-0434-1

Categoría: Testimonio

Impreso en Estados Unidos de América

Printed in the United States of America

HB 01.18.2024

Gloria

El corazón de su marido está en ella confiado.
Proverbios 31:11

ÍNDICE

Introducción

~~~

¡Corre! Nicky ¡Corre! es la historia extraordinaria de Nicky Cruz. Contiene lo trágico, lo violento y lo intrigante ... y lo que es más importante, el poder del Evangelio de Jesucristo.

Los primeros capítulos forman un fondo lóbrego y revelador al desenlace emocionante de esta rara biografía. Por consiguiente, no se debe perder la esperanza al leer la primera parte del libro donde se encuentra un ambiente bastante sangriento.

Nicky es un joven que ahora mismo ejerce gran influencia sobre muchos jóvenes en los Estados Unidos. Los adultos no pueden ignorar más la juventud y sus problemas agobiantes del siglo veinte. Buscan el significado. No les importan nuestras antiguas prohibiciones sociales. Insisten en la sinceridad en religión, la honradez en la política, y justicia para los de abajo. Lo bueno en cuanto a estos millones de jóvenes (que en el año 1970 serán más numerosos que los adultos) es que buscan desesperadamente soluciones. Tengo contactos con centenares de estudiantes en nuestras universidades, y estoy fuertemente impresionado por su búsqueda de la verdad, la realidad, y

7

las respuestas honestas. Algunos de los jóvenes de nuestros barrios bajos demandan impacientemente justicia de la sociedad y con razón. Algunos se rinden a la influencia de los partidarios de la violencia, la dominación de la plebe y se dejan atraer fácilmente dentro del torbellino de motines, incendios y saqueos. Nicky Cruz es un ejemplo resplandeciente de que los jóvenes impacientes pueden encontrar sentido y objetivo en Cristo.

En nuestras cruzadas casi la mitad de las personas que asisten no llegan a los veinticinco años de edad. No vienen para burlarse, sino en una búsqueda sincera de la verdad y un objetivo, y responden por centenares al llamado de Cristo.

¡Corre! Nicky ¡Corre! es una biografía conmovedora. Espero que muchos la lean, y que los que lean vengan a conocer al Cristo que cambió el corazón vacío agitado de Nicky Cruz y lo ha hecho una leyenda cristiana en su tiempo.

— Billy Graham

PREFACIO

La biografía de Nicky es quizás la más dramática en la historia del Movimiento Pentecostal, pero no es la única. Nicky no es más que el representante vívido de un número considerable de personas que durante las últimas pocas décadas han sido liberadas de crímenes, el alcoholismo, la adicción a drogas, prostitución, homosexualismo y casi toda clase de perversión y degeneración. Las sesiones psiquiátricas, los tratamientos médicos, y las consultas a espiritistas no hicieron nada por estas personas, cuando de repente fueron libertados de sus cadenas por el poder del Espíritu Santo, encaminados a una vida de servicio, y en algunos casos, de oración profunda.

Es natural sospechar la sinceridad de cambios tan radicales y abruptos. Pero no hay razón teológica para rechazarlos. La gracia de Dios puede apoderarse de un hombre en un instante y transformar un pecador en un santo. «Os digo, que Dios puede de las piedras, criar hijos para Abraham» (S. Lucas 3:8). Los esfuerzos humanos no pueden efectuar tales cambios, ni en sí ni en otros, porque la naturaleza necesita tiempo para desarrollarse gradualmente; pero Dios puede hacer en un instante lo que le lleva al hombre años y años.

Tales conversiones han ocurrido desde el principio del Cristianismo. María Magdalena (la penitente de S. Lucas 7:37), el «Buen Ladrón», San Pablo, y aún San Mateo son representantes de una larga lista. Sin embargo, el gran número de tales conversiones que ocurren hoy día en lo que se llama el «Movimiento Pentecostal» es, a mi parecer, sin precedente. ¿Qué quiere decir este hecho maravilloso?

He pensado mucho en esto, y lo que viene a mi mente repetidas veces es la parábola de la fiesta de bodas (San Mateo 22:1-14). Cuando los convidados no aparecieron el Señor dijo a sus siervos: «Id pronto por las plazas, y las calles de la ciudad, y traed acá a los pobres, los mancos, los cojos y los ciegos» (San Lucas 14:21). Cuando aún eso no produjo resultados, envió a sus siervos una vez más, pero esta vez por los caminos y por los vallados, con el mandato de «obligadlos a entrar, para que se llene mi casa».

Creo que esto es lo que vemos hoy. Los «convidados» a la mesa del Señor, es decir, los «nacidos cristianos», los justos, los que en la sociedad respetan las leyes, se han mostrado muy a menudo indignos. Han asistido a la iglesia, pero no han participado verdaderamente en el banquete preparado por el Rey. Es por eso que la iglesia, en vez de ser un cuerpo vital y un testigo desafiante, generalmente tiene la apariencia de una costumbre pía y sin efecto y esfuerzo.

Mientras que los sabihondos discuten un nuevo vocabulario para resucitar a Dios (porque lo único que saben acerca de Él es palabras), y mientras que buscan nuevos símbolos para dar entendimiento a la liturgia (porque no ven más en la religión que la parte del hombre) Dios mismo está reuniendo sin ostentación nuevos huéspedes para su banquete. Y acepta con gozo a los que, juzgados por normas humanas, son pobres espiritual y moralmente, mancos, ciegos, y cojos. Y por el poder de su Espíritu los obliga verdaderamente a entrar, sacándolos de las calles de degradación y los callejones de perversión.

Nicky Cruz y otros miles como él no son solamente ejemplos conmovedores del amor constante del Buen Pastor, sino también señales alentadoras de que Dios está demostrando nuevo poder en nuestros días, de tal manera que no debemos temer declarar el evangelio desafiando al mundo entero.

Son señales también de advertencia a los que creen que a causa de sus costumbres de devoción, o sus oficios sagrados, o por cualquiera otra razón, han establecido el derecho de participar en la Mesa del Banquete. «Os digo que ninguno de aquellos hombres que fueron convidados, gustará mi cena» (San Lucas 14:24). Porque ... «Las bodas, a la verdad, están preparadas; mas los que fueron convidados no eran dignos» (San Mateo 22:8).

—Profesor Edward D. O'Connor, C.S.C.
Universidad de Notre Dame

Capítulo Uno

Nadie se interesa

——◦◦◦——

—¡Paren a ese muchacho loco! —alguien gritó—.

La puerta del avión de la Pan Am acababa de abrirse y me precipité escalera abajo hacia la terminal del aeropuerto Idlewild en Nueva York. Era el 4 de enero de 1955, y el viento helado me dio de lleno en las mejillas y las orejas.

Sólo unas pocas horas antes mi padre me había puesto a bordo del avión en San Juan, un chico puertorriqueño rebelde y amargado de quince años de edad. Me había puesto bajo la custodia del piloto, y me había dicho que me quedara en el avión hasta que me entregaran a mi hermano Frank. Pero cuando se abrió la puerta fui el primero en salir, corriendo locamente por el pavimento.

Tres empleados corrieron y me sujetaron contra la áspera cerca de hierro junto a la puerta. El viento inclemente atravesaba mi ligera ropa tropical mientras yo hacía todo esfuerzo por librarme. Un policía me agarró del brazo y los empleados volvieron a sus tareas. Para mí era un juego. Miré al policía y sonreí con sorna. —¡Puertorriqueño loco! —me dijo—. ¿Qué demonios piensas que estás haciendo?

La sonrisa desapareció de mis labios cuando percibí el odio en su voz. Sus gruesas mejillas se veían enrojecidas por el intenso frío y los ojos lagrimosos por el viento. En sus abultados labios llevaba la colilla de un puro apagado. ¡Odio! Lo sentí surgir por todo mi cuerpo. El mismo odio que había sentido por mi padre, mi madre, mis maestros y la policía de Puerto Rico. ¡Odio! Traté de escaparme, pero él me sujetaba del brazo como torniquete de hierro. —Vamos, muchacho, vuelve al avión. —Yo le miré a la cara y escupí.

—¡Cerdo! —gruñó—. ¡Cerdo mugroso! —aflojó un poco mi brazo e intentó agarrarme del pescuezo. Me escurrí de debajo de su brazo y me metí por la puerta abierta que daba a la terminal. Los gritos y las pisadas fuertes me seguían pero yo corrí por el pasillo, escurriéndome entre la muchedumbre que iba a embarcarse en los aeroplanos. De repente me hallé en una gran sala terminal, vi una puerta y como flecha me lancé a la calle.

Junto a la acera vi un autobús grande con la puerta abierta y el motor en marcha. La gente lo estaba abordando y yo me metí sin hacer cola. El chofer me agarró por el hombro y me pidió el pasaje. Yo me encogí de hombros y le contesté en español. Refunfuñando, me empujó fuera de la fila como muy ocupado para preocuparse de un chiquillo estúpido que apenas comprendía el inglés. Cuando él dirigió su atención a una mujer que rebuscaba en su cartera, yo me escurrí y me colé hasta el fondo del autobús y me senté junto a una ventana. Cuando el autobús ya arrancaba vi al gordote guardián y a dos más salir jadeando por una puerta lateral y mirando en todas direcciones. No pude resistir la tentación de golpear en la ventana y decirles adiós a través del vidrio. Estaba a salvo.

Acurrucándome en el asiento puse las rodillas contra el respaldo del asiento de enfrente y apreté la cara contra el vidrio sucio de la ventana.

El autobús se abría camino entre el intenso tráfico de Nueva York en dirección al centro de la ciudad. Afuera había nieve y fango en las calles y aceras. Yo siempre me había imaginado la nieve, limpia y linda cubriendo hectáreas de campiña donde juegan las hadas. Pero esto era una masa negruzca y sucia. Mi aliento empañó el vidrio de la ventana y yo, echándome hacia atrás, corrí el dedo por él. Este era un mundo muy diferente al que acababa de dejar.

La imaginación me volvió al ayer cuando estaba al pie del cerro frente a mi casa. Me acordaba del césped verde bajo mis pies salpicado de florecillas silvestres de diversos colores. La pradera se deslizaba suavemente hacia la aldea. Me acordaba de la suave brisa que me daba en las mejillas y el calor del sol sobre mi bronceada espalda.

Puerto Rico es un lindo país de sol y niños descalzos. Es una tierra donde los hombres andan sin camisa y las mujeres caminan perezosamente al sol. El son de los tambores de acero y el rasgueo de guitarras se oyen día y noche. Es una tierra de canciones, flores, e niños risueños, y aguas claras y cantarinas.

Mis padres eran espiritistas. Se ganaban la vida echando fuera demonios y supuestamente haciendo contacto con los espíritus de los muertos. Papá era uno de los hombres más temidos de la isla. Con su metro ochenta de estatura, sus grandes hombros encorvados hacían que los isleños lo llamaran «el grande». Había sido herido en la segunda guerra mundial y recibía una pensión del gobierno. Pero había 17 hijos y una hija en la familia, y después de la guerra se dedicó al espiritismo para ganarse la vida.

Mamá trabajaba con papá como «médium». Nuestra casa era el centro de toda clase de sesiones espiritistas y de brujería. Centenares de personas venían de todas partes de la isla para participar en las sesiones y meditaciones.

Nuestra casa se hallaba en la cima de la colina y tenía un sendero de recodos que conducía a la aldea soñolienta de Las Piedras, abrigada abajo en el valle. Los aldeanos caminaban senda arriba a toda hora del día y de la noche para visitar «la Casa de la Bruja». Querían hablar con los espíritus de los muertos, participar en sortilegios, y pedirle a mi padre que los librase de los demonios.

Papá era el director, pero había muchos otros «médiums» puertorriqueños que venían para usar nuestra casa como centro. Algunos se quedaban por semanas enteras conjurando a los espíritus malos y echando fuera a los demonios.

Había una mesa larga para sesiones en la sala alrededor de la cual las personas se sentaban mientras trataban de comunicarse con los espíritus de los muertos. Papá había leído mucho acerca de este asunto y tenía una biblioteca de libros de magia y brujería sin igual en aquella parte de la isla.

Una mañana temprano dos hombres llevaron una mujer afligida a la casa. Mi hermano Gene y yo nos levantamos cautelosamente y atisbamos por la puerta mientras la extendían sobre la larga mesa. Su cuerpo se contorsionaba y fuertes gemidos salían de entre sus labios mientras los hombres estaban a sus pies con los ojos elevados hacia el cielo murmurando palabras extrañas. papá fue a la cocina y volvió con una pequeña urna negra llena de incienso ardiendo. Tenía también una gran rana verde que puso sobre el vientre de la mujer que se estremecía. Luego, suspendiendo la urna sobre la cabeza de ella con una pequeña cadena, esparcía polvo sobre su convulsionado cuerpo.

Permanecimos temblando de miedo mientras papá ordenaba a los malos espíritus que salgan de la mujer y que entren en la rana. De repente la mujer echó su cabeza hacia atrás y soltó un grito escalofriante. La rana saltó del vientre de la mujer y se aplastó contra el umbral de la puerta. Repentinamente la mujer comenzó a dar puntapiés, y librándose de los hombres que la sujetaban, rodó por la mesa y cayó pesadamente al suelo. Babeaba y se mordía los labios y la lengua mientras de su boca brotaba sangre y espuma.

Al fin se tranquilizó y se quedó muy quieta. papá la declaró curada y los hombres le dieron dinero. Levantaron el cuerpo inconsciente de la mujer y volvieron a salir por la puerta, dándole las gracias muchas veces a papá y llamándole «El Gran Milagrero».

Mi niñez transcurrió llena de temor y resentimiento. Debido a que la familia era tan grande, muy poca atención individual le fue dada a cada hijo.

Sentía resentimiento contra papá y mamá, papá y temía la brujería que practicaban todas las noches.

El verano antes de mi primer año de escuela, papá me encerró en el palomar. Era muy tarde, y me había sorprendido robándome dinero de la cartera de mamá. Traté de echar a correr pero él alargó su mano, y me agarró por el cuello. —No puedes correr, chico. Tienes que pagar el precio por robar.

—Te odio —grité.

Me levantó en vilo, sacudiéndome delante de sí. —Yo te voy a enseñar a hablarle a tu papá de esa manera —dijo entre dientes—, y llevándome debajo del brazo como si fuera un costal de grano se dirigió al oscuro palomar, le oí tantear la cerradura al abrir la puerta. —¡Adentro! —gruñó—. Puedes quedarte ahí adentro con las palomas hasta que aprendas la lección.

Me empujó por la puerta y la cerró de golpe tras de mí, dejándome en completa oscuridad. Escuché como corría la cerradura y oí la voz amortiguada de papá por entre las grietas de las paredes. —Y sin cenar—. Oí el sonido de sus pasos desaparecer hacia la casa.

Yo estaba muerto de miedo, y golpeaba la puerta con los puños, pateando, gritando y chillando frenéticamente. De repente el galpón se llenó del ruido de alas que se batían desatinadamente a medida que las aves asustadas chocaban contra mi cuerpo. Me cubrí la cara con las manos y grité histéricamente mientras las palomas rebotaban contra las paredes y me picaban ferozmente la cara y el cuello. Me dejé caer al suelo sucio y cubriéndome la cabeza con los brazos, traté de protegerme los ojos y escapar al ruido de las alas que batían.

Me pareció una eternidad antes de que papá abriera la puerta y me levantara bruscamente, arrastrándome afuera. —La próxima vez te vas a acordar de no robar y de no contestar cuando tu padre te castigue. Ahora, lávate y vete a la casa.

Aquella noche lloré hasta dormirme, soñando con los pájaros que aleteaban y chocaban contra mi cuerpo.

El resentimiento que sentía contra papá y mamá duró hasta el año siguiente cuando fui a la escuela por primera vez. Odiaba toda autoridad. Entonces, cuando cumplí los ocho años, me rebelé completamente contra mis padres. Era una tarde calurosa de verano.

Mamá y varios otros «médiums» estaban sentados alrededor de la mesa grande en la sala tomando café. Me había cansado de jugar con mi hermano y entré en la sala haciendo rebotar una pelotita. Uno de los «médiums» le dijo a mamá: —Tu Nicky es un muchacho «mono». Se parece mucho a ti. Sé que debes estar muy orgullosa de él.

Mamá me miró intensamente y comenzó a mecerse en la silla. Haciendo girar sus ojos hasta que se viera sólo lo blanco extendió los brazos al frente sobre la mesa. Sus dedos se pusieron rígidos y temblaban mientras alzaba los brazos sobre la cabeza y comenzaba a hablar en cadencia uniforme. —Este ... no es hijo ... mío, no, Nicky, no. Jamás ha sido mío. Él es hijo del brujo más famoso, Lucifer. No, el mío no ... no el mío no ... hijo de Satanás, hijo del Diablo.

Dejé caer la pelota y ésta rebotó por toda la sala. Lentamente retrocedí hasta la pared mientras que mamá continuaba en trance, con su voz subiendo y bajando en

volumen mientras entonaba: —No, el mío no ... mío no ...
la mano de Lucifer sobre su vida ... dedo de Satanás toca
su vida ... dedo de Satanás toca su alma ... marca de animal en su corazón ... no, el mío no ... no, el mío no.

Yo la miraba mientras las lágrimas rodaban por sus
mejillas. De repente, se volvió hacia mí con grandes ojos y
con una voz estridente gritó: —¡Fuera DIABLO! ¡Déjame!
¡Sal! ¡DIABLO! ¡Fuera! ¡Fuera! ¡Fuera!

Yo estaba muerto de miedo. Corrí a mi cuarto y me
eché sobre la cama. Los pensamientos corrían por mi
mente como ríos precipitándose desfiladero abajo. —No
soy su hijo ... hijo de Satanás ... no me quiere, ... nadie se
interesa ... a nadie le importa.

Comencé a llorar a lágrima viva, a gritar, a lamentarme. No podía soportar el dolor que sentía en el pecho, y
golpeé la cama con los puños hasta no poder más. El odio
acostumbrado me llenó el pecho. De repente este odio me
consumió el alma como un aguaje sobre un arrecife de coral. Odiaba a mi madre. ¡Dios mío, cuanto la odiaba! Deseaba hacerle daño ... torturarla ... vengarme. Abrí de repente la puerta y corrí gritando a la sala.

Los «médiums» estaban todavía allí con mamá. Dando puñetazos en la mesa, grité. Yo estaba tan frustrado que
tartamudeaba, y no podía hablar con claridad. —Yo ... yo
... yo ... te ... te ... te odio —grité señalando a mamá con el
dedo—. Me vengaré de ti. Me las pagarás.

Dos de mis hermanos menores se aparecieron en la
puerta curiosos. Me abrí paso entre ellos y salí corriendo
por la puerta de atrás. Saltando escalera abajo, di una
vuelta, y me agazapé bajo el porche en el sitio oscuro y
fresco donde solía esconderme para escaparme. Agachado
bajo la escalera en la tierra seca y polvorienta podía oír a
las mujeres riéndose, y sobre todas las demás oí la voz de
mi madre, que penetraba por entre las rendijas del suelo.

—¿No les dije que era hijo de Satanás?

¡Cuánto la odiaba! Deseaba destruirla, pero no sabía cómo. Golpeando el polvo con los puños, gritaba frustradamente, el cuerpo sacudido por gemidos convulsivos. —¡Te odio! ¡Te odio! —gritaba—. Pero nadie oía ... nadie se interesaba. En mi frustración, cogía grandes puñados de la tierra suelta y la echaba en todas direcciones. Me caían sobre la cara, convirtiéndose en senderos de lodo al mezclarse con las lágrimas.

Al fin el frenesí pasó y me quedé quieto. Podía oír a los otros niños jugando en el patio vecino. Uno de los niños menores cantaba de los pájaros y las mariposas. Pero yo me sentía aislado, solo a más no poder. Atormentado por el odio y la persecución, obsesionado por el temor del ruido de la puerta del palomar al cerrarse, oí los pasos pesados de papá que daba vuelta a la casa y comenzaba a subir la escalera. Deteniéndose, miró por la oscuridad entre las grietas en los peldaños de madera. —¿Qué estás haciendo ahí abajo, muchacho? —No contesté, esperando que no me reconociera, se encogió de hombros y continuó subiendo, dejando cerrarse de golpe la antepuerta de tela metálica tras él.

Nadie se interesa, pensaba.

Dentro de la casa podía oír más carcajadas cuando la voz gruesa y profunda de mi padre se unió a las otras mujeres. Sabía que todavía se reían de mí.

Las olas de odio me inundaron de nuevo. Las lágrimas chorrearon sobre mis mejillas y una vez más comencé a gritar. —¡Te odio, mamá! ¡Te odio! —Mi voz reverberaba en el vacío debajo de la casa.

Con mis emociones agitadas al máximo caí de espaldas sobre el suelo y me revolqué, dejando que el polvo me cubriera todo el cuerpo. Agotado, cerré los ojos y lloré hasta que me quedé dormido con un sueño atormentado.

El sol ya se había puesto en el mar del oeste cuando me desperté y salí arrastrándome del sitio donde estaba.

La arena todavía crujía entre mis dientes y la mugre formaba una masa compacta sobre mi cuerpo. Las ranas y los grillos chirriaban y sentía con mis pies descalzos el suelo húmedo y fresco mientras me dirigía a la casa.

Papá abrió la puerta trasera y la luz amarillenta me iluminó mientras yo permanecía al pie de la escalera. —¡Cerdo! —gritó—. ¿Qué hacías debajo de la casa tanto tiempo? ¡Mírate! No queremos cerdos por aquí. Anda a lavarte y ven a cenar.

Obedecí. Pero mientras me lavaba el cuerpo bajo la bomba de agua yo sabía que odiaría para siempre. Yo sabía que jamás amaría a nadie. Y sabía también que nunca jamás volvería a llorar ... nunca. Temor, lodo y odio para el hijo de Satanás. Yo había comenzado a correr.

Muchas de las familias de Puerto Rico acostumbran enviar a sus hijos a Nueva York cuando tienen suficiente edad para saber cuidarse. Seis de mis hermanos mayores ya se habían ido de la isla para vivir en Nueva York. Todos estaban casados y tratando de comenzar una nueva vida.

Pero yo era demasiado pequeño como para ir. Sin embargo, durante los cinco años siguientes mis padres se dieron cuenta de que yo tampoco podía quedarme en Puerto Rico. En la secundaria me había convertido en un rebelde. Reñía, especialmente con los menores. Un día le di a una niña muy pequeña con una piedra en la cabeza. Me quedé mirándola embelesado viendo que la sangre le corría por el pelo. La niña lloraba y gritaba mientras yo me reía.

Esa noche mi padre me dio de bofetadas hasta que me sangró la boca. —Sangre por sangre —gritó.

Compré un rifle de aire comprimido para matar pájaros. No me bastaba matarlos. Me deleitaba mutilar su cuerpo. Mis hermanos me huían debido a mi extraña sed de sangre.

Cuando estaba en el octavo grado reñí con el maestro de artes y oficios. Era un hombre alto y flaco que le gustaba piropear a las mujeres. Un día en la clase le llamé «negro». El silencio reinó en el salón y los otros alumnos se escondieron entre las máquinas, sintiéndose la tensión en el aire.

El maestro caminó al centro de la clase donde estaba yo cerca de un torno. —¿Sabes una cosa, chico? Eres un tramposo. —Antes de que yo pudiera moverme, me asestó un golpe con su brazo largo y flaco y sentí la carne de mis labios estrellarse contra los dientes bajo el impacto salvaje. Sentí la sangre que me corría dentro de la boca y por la barbilla.

Me abalancé sobre él agitando ambos brazos. Él era un hombre maduro y yo pesaba menos de cien libras, pero estaba lleno de odio, y la sangre había encendido la mecha. Me detuvo poniendo una mano contra mi frente y me sostuvo a distancia del brazo mientras yo batía en vano el aire con los puños.

Dándome cuenta de que la situación era desesperada, retrocedí. —Te fastidiaste, negro —grité—. Voy a la policía. Ya verás. Salí corriendo de la clase.

Él corrió tras de mí gritando. —¡Espera! ¡Lo siento! —Pero yo ya me había ido. No fui a la policía, pero fui a ver a papá y le dije que el maestro había tratado de matarme. Se enfureció. Se marchó a la casa y salió con su enorme pistola pegada al cinturón. —Vamos, muchacho. Voy a matar a un fanfarrón.

Nos dirigimos hacia la escuela. Yo tenía dificultad en mantenerme a la par con las grandes zancadas de papá, corriendo detrás de él. Me saltaba el corazón cuando pensé en la emoción viva de ver a aquel maestro alto llenarse de terror ante la furia de papá.

Pero el maestro no estaba en la clase. —¡Espera aquí, muchacho! —dijo papá—. Voy a hablar con el director e investigar a fondo este asunto. Me atemoricé, pero esperé.

Papá estuvo mucho tiempo en la oficina del director. Cuando salió, rápidamente se me acercó y me agarró del brazo. —Bueno, muchacho, tienes mucho que explicar. ¡Vamos a casa!

Una vez más marchábamos por la aldea y sendero arriba hacia la casa. Me tiraba detrás de él por el brazo. —¡Sucio mentiroso! —me dijo delante de la casa. Levantó la mano para darme una bofetada pero me agaché y corrí senda abajo—. Eso es. ¡Corre! Nicky ¡corre! —me gritó—. Volverás a casa y entonces te voy a dar una paliza.

Volví a casa, pero tres días más tarde. La policía me encontró caminando por un camino que conducía hacia las montañas del interior. Les rogué que me dejaran ir, pero me devolvieron a mi padre. Él cumplió su promesa.

Yo sabía que me iría una y otra vez y que huiría hasta que estuviera tan lejos que nadie podría hacerme regresar. Durante los dos años siguientes me escapé cinco veces. Al fin, desesperados, papá y mamá le escribieron a mi hermano Frank preguntándole si él me permitiría ir a vivir con él. Frank consintió y arreglaron el viaje.

La mañana en que partí, los hijos formaron una fila en el porche al frente de la casa. Mamá me dio un fuerte abrazo, con lágrimas en los ojos cuando quiso hablar, pero las palabras no le salieron. Yo no sentía absolutamente nada por ella. Levantando la pequeña maleta, de mal humor me volví de espaldas y me dirigí a la vieja camioneta donde esperaba papá. No miré atrás.

Fue un viaje de tres cuartos de hora desde la casa hasta el aeropuerto de San Juan donde papá me dio el boleto y me puso un billete doblado de diez dólares en la mano. —Llama a Frank tan pronto llegues a Nueva York —me dijo—. El piloto te cuidará hasta que llegues.

Continuó mirándome por largo rato. Era mucho más alto que yo. Su rizado pelo gris ondulaba en la brisa calurosa. Debí haberle parecido muy pequeño y conmovedor mientras esperaba cerca de la entrada con la pequeña maleta en la mano. Su labio inferior temblaba cuando alargó el brazo para darme la mano. Entonces, repentinamente, me abrazó el cuerpo frágil con sus largos brazos y me atrajo hacia él. Le oí sollozar sólo una vez: —¡Hijo mío!

Soltándome, me dijo de prisa: —¡Compórtate bien, pajarito! —Me volví y subí corriendo la escalera del enorme avión. Me senté cerca de una ventana.

Por la ventanilla podía ver la figura flaca y solitaria de mi padre «El Grande» que seguía cerca de la valla. Levantó la mano una vez como para decir adiós, pero se sintió cohibido, giró sobre sus talones y se dirigió rápidamente hacia la vieja camioneta.

¿Cómo me llamó? «Pajarito». Recordaba aquel momento raro de hacia tantos años cuando sentado en el porche grande papá me llamó así.

Él estaba sentado en una mecedora en el porche fumando su pipa y me habló de un pájaro que se había hecho leyenda en Puerto Rico. No tenía pies y siempre volaba. Papá me miró con tristeza. —Ese eres tú, Nicky. Eres inquieto. Estarás huyendo siempre como un pajarito. —Movió la cabeza lentamente y miró arriba hacia el cielo, soplando el humo hacia las enredaderas que caían del techo.

—El pajarito es pequeño y muy ligero. No pesa más que una pluma. Escoge las corrientes de aire y duerme con el viento. Huye siempre. Huye de los halcones, las águilas, las lechuzas, y las aves de rapiña. Se esconde manteniéndose entre ellos y el sol. Si volaran más alto que él, pudieran verle contra la tierra oscura. Pero sus pequeñas alas son transparentes como el agua clara del lago. Mientras se mantenga en alto no pueden verle. No descansa nunca.

Papá se inclinó hacia atrás y sopló una columna de humo azul en el aire fresco. —¿Pero cómo come? — pregunté—. Come volando —replicó papá. Hablaba lentamente como si hubiese visto la minúscula criatura—. Coge insectos y mariposas. No tiene piernas ni pies ... siempre está moviéndose.

Me fascinó el cuento. —Pero, ¿qué pasa cuando hace mal tiempo? —le pregunté—. ¿Qué pasa cuando no hay sol? ¿Cómo se escapa de sus enemigos entonces?

—Cuando hace mal tiempo, Nicky —dijo Papá—, vuela tan alto que no puede verle nadie. La única vez que para de volar ... la única ocasión en que deja de huir ... la única vez que desciende a la tierra ... es cuando muere. Porque una vez en la tierra, no puede huir más.

Papá me dio una palmadita en la nalga y me empujó suavemente. — Ahora anda, pajarito. Corre y vuela. Tu papá te llamará cuando el tiempo de correr haya terminado.

Yo saltaba por la hierba a campo abierto aleteando los brazos como un pájaro tratando de despegar. Pero por alguna razón parecía que no podía nunca acelerar lo suficiente como para despegar.

Los motores del avión tosieron, echaron humo negro, y rugieron con vida. Al fin, iba a volar. Estaba en camino ...

El autobús se paró de sopetón. Afuera, las luces brillantes y los anuncios eléctricos multicolores pestañeaban y destellaban en la fría oscuridad. El hombre al otro lado del pasillo se levantó para salir. Le seguí por la puerta trasera. Las puertas se cerraron con un movimiento rápido, y me encontré a solas entre ocho millones de personas.

Recogí un puñado de nieve sucia y le limpié la costra que la cubría. Allí estaba, blanca, chispeante y pura. Quería llevármela a la boca para comerla, pero mientras la miraba pequeñas manchas negras aparecieron sobre la superficie. De pronto me di cuenta de que el aire estaba lleno del hollín de las chimeneas y que la nieve empezaba a aparecer más como requesón salpicado de pimienta negra. La eché a un lado. Importaba poco. Yo era libre.

Por dos días anduve errante por la ciudad. Hallé un viejo abrigo encima de un barril de basura en un callejón. Las mangas me cubrían las manos y el dobladillo tocaba la acera. Le habían arrancado los botones y los bolsillos estaban rotos, pero me abrigaba. Esa noche dormí en una banca del tren subterráneo.

Al final del segundo día el entusiasmo se había acabado, tenía hambre ... y frío. En dos ocasiones quise hablar con alguien para pedir ayuda. El primer hombre simplemente no me hizo caso. Siguió de largo como si yo no existiera. El segundo hombre me empujó contra la pared. —¡Fuera de aquí, puertorriqueño sucio! ¡No me toques con tus manos mugrosas!—

Yo tenía miedo. Trataba de que el pánico no me retorciera el estómago y la garganta.

Esa tarde deambulaba de nuevo por las calles, con el largo abrigo arrastrándose por la acera, y llevando en la mano mi pequeña maleta. Las personas pasaban por mi lado y miraban hacia atrás pero me parecía que nadie se interesaba en mí. Simplemente miraban y seguían su camino.

Esa noche gasté los diez dólares que papá me había dado. Entré en un pequeño restaurante y pedí un perro caliente, señalando un dibujo que colgaba encima del mostrador grasiento. Lo engullí y señalé que deseaba otro, pero el hombre detrás del mostrador meneó la cabeza y extendió la mano. Metí la mano en el bolsillo y saqué el billete arrugado. Secándose las manos en una toalla, lo desdobló, lo estiró un par de veces, y lo metió en el bolsillo de su sucio delantal. Entonces, me trajo otro perro caliente y un tazón de chile con carne. Después de comer busqué al hombre, pero había desaparecido dentro de la cocina. Recogí mi maleta y salí de nuevo a la calle helada. Había tenido mi primera experiencia con la empresa estadounidense. ¿Cómo podía yo saber que los perros calientes no costaban a cinco dólares cada uno?

Caminando calle abajo me paré delante de una iglesia. Había un portón de hierro delante de las puertas, y estaba cerrado con una cadena y candado. Me quedé frente al edificio de piedra gris mirando al campanario que apuntaba hacia el cielo. Las paredes frías de piedra y las vidrieras oscuras de colores se agrupaban para protegerse detrás de la cerca de hierro. La estatua de un hombre con una cara bondadosa y ojos tristes miraba por el portón cerrado con llave. Tenía los brazos extendidos y cubiertos de nieve. Pero él estaba encerrado y yo estaba en la calle.

Me fui calle abajo ... caminando ... caminando.

El pánico regresaba poco a poco. Era casi medianoche y temblaba no sólo de frío sino de miedo. Siempre esperaba que alguien se detuviera y me preguntara si podía ayudarme. No sé lo que hubiera dicho si alguien hubiese ofrecido ayudarme. Pero yo estaba desamparado. Tenía miedo. Y estaba perdido.

La muchedumbre iba y venía caminando a toda prisa. Yo no sabía que una persona podía sentirse tan sola en medio de un millón de personas. Para mí la soledad era estar perdido en el bosque o en una isla desierta. Pero ésta era la peor de todas las soledades. Vi a gente vestida de gala que regresaba del teatro a la casa ... ancianos que vendían periódicos y frutas en sus puestos abiertos toda la noche ... policías que patrullaban en parejas ... aceras llenas de gente ocupada. Pero cuando les miraba veía que ellos también parecían llenos de soledad. Nadie se reía. Nadie tenía una sonrisa. Todos tenían prisa.

Me senté al borde de la acera y abrí la maleta. Allí dentro había una hoja de papel doblada con el número del teléfono de Frank escrito con la letra de mamá. De pronto sentí algo que me empujaba por detrás. Era un viejo perro peludo, husmeando el abrigo que cubría mi cuerpo.

Los abracé y le hice acercarse. Me lamió las mejillas casi hundiéndome la cabeza entre su pelaje espeso.

No sé cuanto tiempo permanecí allí temblando y acariciando al perro, pero cuando miré alcé la vista vi los pies y las piernas de dos policías uniformados. Llevaban zapatos de goma mojados y sucios. El perro percibió peligro y se escapó hacia un callejón.

Uno de los policías me pegó en el hombro con su gorra. —¿Qué estas haciendo sentado aquí a medianoche? —me preguntó—. Su cara parecía estar a cien millas de mí. Con dificultad quise explicarle en inglés chapurreado que estaba perdido.

El uno le dijo algo al otro y se fue. El que quedaba se arrodilló cerca de mí en la acera sucia. —¿Puedo ayudarte, hijo?

Hice una seña afirmativa con la cabeza y le enseñé el papel con el nombre y el número de teléfono de Frank. —Hermano —dije—. Movió la cabeza al mirar la letra garabateada. —¿Vives allí, hijo?

No sabía qué contestar pero repetí: —Hermano. Hizo una seña afirmativa con la cabeza e hizo que me levantara. Fuimos a una caseta de teléfono detrás de un quiosco de periódicos. Buscando en el bolsillo encontró una moneda y llamó a Frank. Cuando la voz soñolienta de Frank contestó me dio el teléfono. En menos de una hora yo estaba seguro en el apartamento de Frank.

La sopa caliente tenía buen sabor y la cama estaba limpia y confortable. Al día siguiente Frank me dijo que me quedaría con él, y que iba a cuidar de mí y matricularme en la escuela. Pero algo dentro mí dijo que nunca me quedaría. Había comenzado a correr y nada podría detenerme.

Capítulo Dos
La jungla de
asfalto

~~~

Me quedé con Frank dos meses aprendiendo inglés, pero no era feliz, y las tensiones que sentía por dentro me empujaban a escapar.

Frank me matriculó en el colegio secundario la primera semana. El alumnado consistía casi por completo de negros y puertorriqueños. Parecía más una correccional que un colegio público. Los maestros y administradores pasaban más tiempo tratando de mantener disciplina que enseñar. Era un manicomio de peleas, inmoralidad y una batalla constante contra la autoridad.

Toda secundaria de Brooklyn tenía al menos dos o tres pandillas. Estas pandillas estaban compuestas de los muchachos y muchachas que vivían en una vecindad en particular. Algunas veces estas bandas eran enemigas, y esto siempre causaba peleas cuando se encontraban en las clases.

Eso fue para mí una nueva experiencia. Todos los días había una pelea en un corredor o en una de las aulas. Me agazapaba contra la pared, temiendo que uno de los muchachos más grandes que yo buscara pelea conmigo. Después de las clases siempre había una pelea en el patio de recreo y dejaban a alguien herido.

Frank me advirtió que no caminara por las calles de noche. —¡Las pandillas, Nicky! Te matarán. Corren de noche como jaurías de lobos. Matan a cualquier extraño en la calle.

Me advirtió que volviera directamente a casa de clases todas las tardes y me quedara en el apartamento, lejos de las pandillas.

Pronto supe que tenía algo más que temer que las pandillas. Estaban también «la gente chica». Tenían nueve o diez años y andaban por las calles por las tardes y temprano por la noche, o jugaban frente a los apartamentos de sus barrios bajos.

Tuve mi primera experiencia con «la gente chica» la primera semana cuando regresaba de clases a casa. Una banda o pandilla de unos diez muchachos de ocho a diez años de edad salieron corriendo de una puerta lateral y se lanzaron sobre mí en la acera.

—¡Eh, muchachos! ¡Tengan cuidado con lo que hacen!

Uno de los muchachos se volvió y gritó: —¡Vete al infierno!

Otro se puso a hurtadillas detrás de mí de rodillas y antes de darme cuenta me encontré tendido a lo largo en la acera. Quise levantarme pero uno de los niños me agarró la pierna y principió a tirar. Mientras hacían esto, gritaban y se reían.

Me enojé y di al más cercano una bofetada que lo derribó en la acera. En aquel instante una mujer gritó. Mirando hacia arriba la vi inclinarse de una ventana del segundo piso.

—¡Deja a mi hijo, puertorriqueño sucio, o te mato!

En aquel momento no había nada que yo deseara más

que alejarme de su hijo. Pero ahora los otros me atacaron. Uno arrojó contra mí una botella vacía de Coca Cola. Estalló contra la acera cerca de mi hombro y los vidrios me salpicaron la cara.

La mujer gritaba en voz más alta que nunca: —¡No molestes a mis hijos! ¡Socorro! ¡Socorro! ¡Está matando a mi hijo!

De repente, otra mujer salió de una puerta con una escoba. Era gorda, y corría como pato. Tenía la apariencia más amenazadora que hubiera visto jamás. Se puso en medio de la banda de muchachos con la escoba en alto sobre su cabeza. Quise dar vueltas para ponerme a salvo pero me pegó en la espalda con la escoba. Di otra vuelta pero ella me golpeó la cabeza. La mujer gritaba, y de repente me di cuenta que varias otras mujeres se asomaban a las ventanas gritando y llamando a la policía. La gorda me pegó una tercera vez antes de que yo pudiera ponerme de pie y comenzar a correr. Detrás de mí la oí gritar: —Si otra vez vuelves por aquí a pelear con nuestros hijos, te matamos.

La tarde siguiente volví a casa por una ruta diferente.

Una semana más tarde tuve mi primer encuentro con una «pandilla». Había gastado bastante tiempo al volver de clases y haraganeaba en un parque mirando a un hombre que tenía un papagayo que hablaba. Yo bailaba alrededor de él, riendo y hablándole al papagayo cuando el hombre de repente perdió interés, agarró el papagayo contra el pecho, y dio vuelta para partir. Cuando miré alrededor vi a unos quince muchachos de pie detrás de mí en semicírculo. No eran «los pequeños». Eran «los grandes». La mayoría era más grande que yo.

De pronto formaron un círculo alrededor de mí y uno de los muchachos dijo: —¡Eh, chico! ¿De qué te estás riendo?

Señalé al hombre con el papagayo que ahora se apresuraba a salir del parque. —Hombre, me reía de aquel pájaro loco.

—¿Ah sí? ¿Vives por aquí? —dijo a su vez el muchacho de mal aspecto.

Me di cuenta de que algo andaba mal y comencé a balbucear: —Vivo ... con ... mi hermano cerca de aquí. —¿Tú piensas que simplemente porque vives cerca de aquí puedes entrar en nuestro parque y reírte como una hiena? ¿Eh? ¿Es eso lo que piensas? ¿No sabes que este territorio pertenece a «los obispos»? Hombre, no permitimos a nadie de otra vecindad en nuestro territorio ... particularmente los bobos que se ríen como hienas.

Miré alrededor y me di cuenta de que la cosa era seria. Antes de que yo pudiera contestar, el muchacho con el aspecto amenazador sacó de su bolsillo una navaja y al apretar un botón se abrió revelando una hoja brillante de siete pulgadas de largo. —¿Sabes lo que voy a hacer? —preguntó—. Voy a degollarte y dejarte sangrar como el animal que imitas con tu carcajada.

—¡Eh! Ho ... ho ... hombre —yo tartamudeaba—. ¿Qué te pasa? ¿Por qué quieres lastimarme?

—Porque no me gusta tu cara —dijo—. Dirigió el cuchillo en dirección a mi estómago y comenzó a acercarse.

Otro miembro de la banda, un negro grande, dijo —¡Ah, vamos viejo! Déjale. Este chamaco acaba de llegar de Puerto Rico. Él ni sabe lo que está pasando.

El muchacho amenazador retrocedió todavía mirándome con desprecio. —Está bien, pero un día de estos sabrás lo que está pasando y entonces tendrás que respetar el territorio de los «Obispos».

Giraron y se marcharon. Me apresuré al apartamento y pasé el resto de la tarde pensando.

Al día siguiente en el colegio algunos de los muchachos habían oído del incidente en el parque. Supe que el muchacho amenazador se llamaba Roberto. Aquella tarde durante la clase de educación física jugábamos al béisbol. Roberto me derribó intencionalmente. Todos los otros muchachos comenzaron a gritar: —¡Pelea con él, Nicky! ¡Atácale! ¡Pruébale que no es tan fuerte cuando no tiene cuchillo! ¡Vaya, Nicky, te apoyaremos! ¡Pégale! Me levanté y me sacudí.—¡Está bien! —dije—. Vamos a ver como usas tus puños. —Nos plantamos y los otros muchachos formaron un círculo grande alrededor de nosotros. Yo podía oír gritos de —¡Pelea! ¡Pelea! —y sabía que la muchedumbre crecía.

Roberto se sonrió burlonamente porque yo había asumido la posición tradicional de un boxeador, con las manos frente a la cara. Él se inclinó hacia adelante y levantó también las manos. Era evidente que no estaba acostumbrado a pelear de esta manera. Yo bailaba alrededor de él y antes de que pudiera moverse, le di con la mano izquierda.

La sangre le salió a chorro de la nariz y él se echó atrás, sorprendido. Me acerqué a él.

De repente bajó la cabeza y se arrojó contra mí, derribándome de espaldas por tierra. Me esforcé para levantarme pero me pateó con sus zapatos puntiagudos. Di una vuelta, y él me brincó a la espalda, tirando mi cabeza hacia atrás, hundiéndome con fuerza los dedos en mis ojos.

Yo pensaba que los otros muchachos tomarían parte y que vendrían en mi ayuda, pero no hicieron más que quedarse allí gritando.

Yo no sabía pelear de esta manera. Todas mis peleas se habían conformado a las reglas de boxeo. Pero me di cuenta que este muchacho me mataría si yo no hacía algo. Por lo tanto, extendí el brazo hacia arriba, saqué su mano de mis ojos, y le mordí el dedo. Aulló de dolor y rodó de mis espaldas al suelo.

Me puse en pie de un salto, y una vez más me puse en posición pugilista. Él se levantó lentamente del suelo cuidando la mano herida. Me acerqué bailando y le pegué dos izquierdazos en la cara. Le dolieron, y me acerqué más para darle más puñetazos, cuando extendió los brazos contra mi cuerpo. Usando la cabeza como ariete me golpeó repetidas veces en la cara con su frente. Sentí como si me estuviese martillando con un mazo. La nariz me sangraba y el dolor era tan fuerte que no podía ver. Al fin me soltó y me dio dos puñetazos más. Caí desfallecido al suelo. Sentí que me daba otro puntapié antes de que un maestro llegara y lo apartara de mí.

Esa noche llegué a casa y Frank me gritó: —¡Van a matarte, Nicky! Te dije que te apartaras de las pandillas. Van a matarte. —Yo tenía la cara llena de laceraciones y me dolía la nariz como si estuviera rota. Pero yo sabía que de ahora en adelante nadie iba a burlarse de mí. Yo podía pelear tan sucio como ellos, y aun más. Y la próxima vez, estaría preparado.

La próxima vez ocurrió unas semanas más tarde. Después de la última clase yo iba caminando por el pasillo hacia la puerta. Me di cuenta de que algunos muchachos me seguían. Miré hacia atrás por encima del hombro. Detrás de mí había cinco muchachos negros y una muchacha. Yo sabía que habían ocurrido algunas peleas bastante intensas entre los puertorriqueños y los negros. Aceleré el paso pero percibí que ellos también aceleraron el suyo.

Pasando por la puerta de salida comencé a caminar por un corredor que daba a la calle. Los negros me alcanzaron y uno de ellos, un muchacho grande, me aplastó contra la pared. Dejé caer mis libros, y otro muchacho les dio una patada lanzándolos por la acera hasta un charco de agua sucia.

Miré alrededor pero no había nadie a quien yo pudiera llamar para ayudarme.

—¿Qué haces en este territorio, chico? —el muchacho grande me preguntó—. ¿No sabes que este territorio es nuestro?

—Hombre, este territorio es del colegio. No es el territorio de ninguna pandilla —dije.

—No te hagas el vivo, muchacho. Tú no me caes bien. —Me puso la mano contra el pecho y me empujó contra la pared. En aquel momento oí un sonido seco y comprendí que era el sonido de la navaja de hoja automática.

Casi todos los muchachos de menos de veinte años de edad llevaban navajas. Preferían las de hoja automática.

Funciona por medio de un resorte. Cuando se hace presión en un pequeño botón a un lado del mango un resorte fuerte suelta la hoja de golpe y la fija en su sitio.

El muchacho grande tenía la navaja contra mi pecho, picando los botones de mi camisa con la punta afilada como aguja.

—Te diré lo que voy a hacer, guapote —me dijo—. Tú has venido recientemente a este colegio. Todos los alumnos nuevos tienen que comprar protección de nosotros. Y vale la pena. Tú nos pagas veinticinco centavos al día y te aseguramos que nadie te hará daño.

Uno de los otros muchachos se rió tontamente y dijo: —Sí, hombre, y te aseguramos también no molestarte nosotros.

Los otros muchachos se reían.

Dije: —¿Sí? ¿Y qué garantía tengo de que si les doy veinticinco centavos al día no van a maltratarme?

—Ninguna, tonto. Nos los das de todas maneras. Si no, te matamos, contestó.

—Bueno, hombre. Pues, vale más matarme ahora, porque si no, voy a regresar más tarde y los mataré a todos. Yo podía ver que los otros tenían un poco de miedo. El muchacho grande con el cuchillo contra mi pecho no sabía que yo era zurdo. Por consiguiente, no esperaba que yo lo agarrara con la izquierda. Le retorcí la mano alejándola de mi pecho, le hice dar la vuelta, y le doblé el brazo detrás de sus espaldas.

Dejó caer el cuchillo y yo lo agarré del suelo. Me caía bien en la mano. Se lo puse en la garganta, dándole suficiente presión como para hacer que se hundiera ligeramente en la piel sin herirlo. La muchacha comenzó a chillar pensando que yo iba a matarlo.

Me volví hacia ella y le dije: —¡Eh, nena! Yo te conozco. Sé donde vives. Esta noche voy a tu casa para matarte. ¿Qué te parece?

Ella se puso a gritar más fuerte, y agarrando uno de los otros muchachos, comenzó a halarlo hacia fuera. —¡Corre! ¡Corre! —gritó—. Este tipo está loco. ¡Corre!

Todos se echaron a correr, incluso el muchacho grande que yo había tenido contra la pared. Lo solté, sabiendo que podrían haberme matado si lo hubiesen intentado.

Caminé por la acera hasta donde mis libros estaban en el agua. Los cogí y los sacudí. Todavía yo tenía en la mano la navaja. Me quedé largo rato abriendo y cerrando la hoja. Era la primera navaja con hoja automática que yo había tenido jamás en mi vida. Me gustó sentirla en la mano. La metí en el bolsillo de mi chaqueta y me dirigí a casa. Desde ahora en adelante, pensaba, deben pensarlo dos veces antes de tratar de reñir con Nicky.

Pronto se regó la noticia de que yo era de temer. Eso me convertía en carnada para todos los que querían pelear. Yo sabía que dentro de poco algo drástico iba a suceder. Pero estaba preparado para todo.

La explosión final vino cuando yo había estado en clases por dos meses. La maestra acababa de abrir la clase y pasaba lista. Un muchacho negro llegó tarde. Entró bamboleándose, moviendo las caderas de un lado a otro y riéndose. Había una pequeña muchacha puertorriqueña sentada en la última fila. Él se encorvó y le dio un beso en el cuello.

Ella se retiró y se puso de pie junto a su pupitre. Él la agarró por detrás y le dio un beso en la boca, al mismo tiempo que ponía su mano sobre su seno. Ella saltó hacia atrás y comenzó a llorar.

Los otros muchachos en la clase reían y gritaban: —
¡Sigue hombre, sigue!

Yo miraba la maestra que comenzaba a caminar por el
pasillo pero un muchacho grande se alzó enfrente de ella y
dijo: —Vamos, maestra, usted no querrá impedir un poco
de diversión. ¿Verdad?

La maestra miró hacia arriba al muchacho que era
más alto que ella. Retrocedió hacia su escritorio, mientras
que la clase aullaba de satisfacción.

Mientras tanto, el muchacho tenía a la muchacha pegada contra la pared y sus manos corrían por todas partes
de su cuerpo mientras procuraba seguirla besando en la
boca. Ella gritaba y lo empujaba a un lado.

Al fin, él se cansó se dejó caer en su asiento.

—Es absurdo obtenerlo peleando —anunció a la clase—. La cogeré esta noche y ella consentirá bien en dármelo cuando yo haya acabado con ella.

Oí a la maestra limpiarse la garganta y comenzar de
nuevo a pasar lista.

Algo estalló dentro de mí. Me levanté del asiento y caminé a la parte trasera de la clase. La muchacha se había
sentado y sollozaba mientras que la maestra pasaba lista.

Me acerqué por detrás del muchacho que ya estaba
sentado limpiándose las uñas. Extendí los brazos y levanté una silla pesada de madera que había detrás del pasillo.

—Ah, mira nene. Tengo algo para ti.

Cuando se volvió para mirar hacia atrás, dejé caer la
silla pesada sobre su cabeza. Se desplomó en su asiento.
La sangre chorreaba de una herida profunda en la cabeza.

La maestra salió corriendo de la clase y regresó inmediatamente con el director. Él me agarró por el brazo y me llevó
a tirones por el corredor a su despacho. Allí me quedé sentado mientras él llamaba a una ambulancia y hacía los arreglos
necesarios para que alguien cuidara al muchacho herido.

Entonces se dirigió a mí. Después de decirme que en

los dos meses pasados no había oído más que las dificultades que yo había causado, me pidió una explicación de lo
ocurrido en la clase. Le expliqué exactamente lo que pasó.
Le dije que el muchacho abusó de la muchacha puertorriqueña y que la maestra no había hecho nada por prohibir-
lo, por consiguiente yo la defendí.

Mientras que yo hablaba podía ver que su cara empezaba a sonrojarse. Finalmente se levantó y dijo —Bueno,
ya he soportado lo suficiente estas peleas. Ustedes los
alumnos vienen aquí y piensan que pueden comportarse
de la misma manera que en la calle. Creo que ya es hora de
que yo haga un ejemplo y quizás podamos tener respeto
por la autoridad aquí. No voy a quedarme sentado aquí día
tras día escuchándolos a ustedes los muchachos disculpar-
se con mentiras después de haberse matado los unos a los
otros. Voy a llamar a la policía.

Yo estaba de pie. —Señor, la policía va a meterme en
la cárcel.

—Espero que sí —dijo el director—. Al menos los otros
monstruos de aquí aprenderán a respetar la autoridad si te
meten en la cárcel; lo que sería un cambio del estado en
que están las cosas.

—Si usted llama a la policía —dije, marchando hacia
atrás hasta la puerta y temblando de temor y odio—, cuando salga de la cárcel voy a regresar. Y un día, voy a encon-
trarle solo, y lo voy a matar.

Al hablar, yo crujía los dientes.

El director se puso pálido. Pensó un minuto y dijo —
Muy bien, Cruz. Voy a dejarte esta vez, pero no quiero verte jamás cerca de este colegio. No me importa a donde vayas. En lo que a mí me toca bien puedes irte al infierno, pero no quiero volver jamás tu cara por aquí. Quiero que salgas de aquí corriendo y que no te pares hasta que no pueda verte más. ¿Comprendes?

Comprendí. Salí ... corriendo.

Capítulo Tres

A solas

━━━◦◦◦━━━

En una vida motivada por el odio y el temor no hay sitio para nadie excepto para uno mismo. Yo odiaba a todo el mundo, incluso a Frank. Él representaba la autoridad. Y cuando él comenzó a regañarme por mis ausencias a clases y por quedarme fuera hasta altas horas de la noche, decidí marcharme.

—Nicky —me dijo—. Nueva York es una selva. Los que viven aquí viven por la ley de la selva. Sólo los fuertes sobreviven. Tú no has visto verdaderamente cómo es, Nicky. Hace cinco años que estoy aquí, y yo sé. Este lugar hormiguea con rameras, drogadictos, alcohólicos y asesinos. Esas personas te matarán. Y nadie sabrá que estás muerto hasta que algún tecato tropiece con tu cuerpo pudriéndose bajo un montón de basura.

Frank tenía razón. Pero yo no podía quedarme allí. Él insistía que yo volviera al colegio, y yo sabía que tendría que vivir mi propia vida a solas.

—Nicky, no puedo forzarte a volver al colegio, pero si no vuelves, estás perdido.

—Pero el director me echó. Me dijo que no regresara nunca.

—No importa. Si vives aquí tienes que regresar. Tienes que ir al colegio en alguna parte.

—Si tu piensas que voy a regresar —dije con impaciencia—, entonces estás loco. Y si intentas forzarme, te mato.

—Nicky, tú eres mi hermano. Hablas como un loco.

Mamá y papá me pidieron que te cuidara. No voy a permitirte hablar de esa manera. O vas al colegio te vas de aquí. Anda, corre si quieres, pero vas a regresar porque no tienes a dónde ir. Pero si te quedas, vas al colegio, y eso es lo final.

Eso sucedió un viernes por la mañana antes de que Frank se fuera a su trabajo. Esa tarde dejé una nota en la mesa de la cocina diciéndole que unos amigos me habían invitado a ir a pasar una semana con ellos. Yo no tenía amigos, pero no podía quedarme más con Frank.

Esa noche la pasé vagando hasta llegar a un barrio de Brooklyn que se llama Bedford-Stuyvesant buscando algún lugar donde quedarme. Me acerqué a un grupo de jóvenes que mataban el tiempo en la esquina. —¿Alguno de ustedes sabe dónde puedo encontrar una habitación?

Uno de los muchachos jóvenes se dio vuelta y se quedó mirándome mientras fumaba un cigarrillo. —Sí —dijo apuntando con el pulgar por encima del hombro en la dirección de la Secundaria Técnica de Brooklyn—. Mi viejo es superintendente de los apartamentos al otro lado de la calle. Habla con él y él te dará algún lugar. Es el que está sentado allí en la escalera jugando a los naipes con los otros. Es el que está borracho—. Todos los otros muchachos se echaron a reír.

El apartamento a que el muchacho se refería estaba en la plaza Fort Greene, en el centro de uno de los complejos multifamiliares más grandes del mundo. Más de treinta mil personas vivían en los altos edificios. La mayoría eran negros y puertorriqueños. El proyecto de multifamiliares

Fort Greene se extiende desde la avenida Park hasta la avenida Lafayette, alrededor del Parque Washington.

Me dirigí al grupo de hombres y le pregunté al superintendente si tenía una habitación que alquilar. Levantó los ojos de los naipes y gruñó —Sí, la tengo. ¿Por qué?

Yo dudaba y balbuceaba —Pues, porque necesito un lugar donde vivir.

—¿Tienes quince dólares? —me preguntó, escupiendo jugo de tabaco a mis pies.

—Pues, no, ahora no, pero ...

—Entonces, no tengo habitación —dijo, y se volvió a sus naipes. Los otros hombres ni siquiera levantaron los ojos.

—Pero, puedo obtener el dinero —argumenté.

—Mira, muchacho, cuando puedas mostrarme quince dólares por adelantado, la habitación es tuya. No me importa como los obtengas. En lo que a mí toca, puedes robarle a una vieja. Pero mientras no tengas el dinero, ni asomes por aquí tus narices; me estás molestando.

Caminé de regreso hacia la calle Lafayette, más allá de Papa John's, Harry's Meat House, Paradise Bar, Shery's, The Esquire, Valhal Bar, y Lincoln's Rendezvous. Deteniéndome cerca del último, entré en un callejón tratando de pensar cómo obtener el dinero.

Yo sabía que si trataba de robar a alguien, y me pillaban, iría a la cárcel. Pero estaba desesperado. Le había dicho a Frank que no volvería en una semana. Una habitación iba a costar dinero, y yo no tenía ni un centavo. Eran casi las diez de la noche y el viento del invierno era helado. Retrocedí en las sombras del callejón y observaba a la gente pasar por la acera. Saqué la navaja de hoja automática del bolsillo y apreté el botón. La hoja se abrió con un golpecito seco. Empujé la punta contra la palma de mi mano. La mano me temblaba cuando procuraba imaginar exactamente cómo iba a realizar el robo. ¿Sería mejor arrastrarlos hasta el callejón? ¿Debo apuñalarlos o simplemente asustarlos? ¿Y qué si gritan?

Mis pensamientos fueron interrumpidos por dos personas que hablaban en la entrada del callejón. Un viejo borracho había detenido a un joven de unos veinte años que llevaba una bolsa grande de comestibles. El viejo insistía pidiéndole diez centavos para una taza de café. Me quedé oyéndoles mientras el joven procuraba apartarse de él ... diciéndole que no tenía dinero.

Pensé que el viejo tendría el bolsillo lleno de dinero que había mendigado o robado. Él no se atrevería a gritar para pedir socorro si yo lo robaba. Una vez que se fuera el muchacho yo arrastraría al viejo al callejón y le quitaría el dinero.

El joven estaba colocando el saco de comestibles en la acera. Buscó en el bolsillo hasta que encontró una moneda. El viejo murmuró y se marchó.

—¡Maldita sea! —pensé—. Ahora ¿qué hago?

En ese mismo instante el joven se inclinó sobre el saco de comestibles. Dos manzanas rodaron por la acera. Él se agachó para recogerlas y yo le agarré y lo arrastré hasta el callejón y le aplasté contra la pared. Los dos estábamos terriblemente asustados pero yo tenía la ventaja de la sorpresa. Él estaba petrificado por miedo al cuchillo que yo tenía frente a su cara.

—No quiero hacerte daño, pero necesito dinero. Estoy desesperado. Dámelo. ¡Ahora! ¡Pronto! Todo lo que tienes o si no, te mato.

La mano me temblaba tanto que yo temía dejar caer el cuchillo.

—Por favor, por favor. Tómelo todo. No me mate. —me rogaba el muchacho . Sacó su cartera y procuró dármela. La dejó caer, y yo le di un puntapié enviándola más adentro del callejón—. Corre —dije—. Corre, hombre, corre. Y si dejas de correr antes de haber corrido dos cuadras, serás hombre muerto.

Él me miraba con ojos aterrorizados, y empezó a correr. Tropezó con el saco de comestibles y cayó al pavimento de la entrada del callejón. Levantándose de prisa tropezó una vez más, parcialmente arrastrándose, parcialmente corriendo por la acera. Tan pronto como había doblado la esquina, agarré la cartera y corrí por el callejón.

Saliendo de la oscuridad en la calle De Kalb, salté la cerca metálica del parque y corrí por entre los arbustos hasta el centro de una arboleda. Sentándome en cuclillas detrás de un terraplén, me paré para descansar y para tratar de calmar mi corazón que latía a todo dar. Al abrir la cartera conté 19 dólares. Me sentía bien al tener los billetes en la mano. Arrojé la cartera al suelo entre la hierba alta y conté el dinero una vez más antes de doblarlo y metérmelo en el bolsillo.

—No está mal, pensé. Las pandillas matan a los vagabundos por menos de un dólar y yo obtengo 19 al primer ensayo. No estará tan mal después de todo.

Pero la confianza no me quitó todo mi temor, y me quedé escondido entre los arbustos hasta después de medianoche. Entonces era demasiado tarde para buscar una habitación y me marché una vez más al sitio donde había cometido el robo. Alguien ya había recogido los comestibles regados con la excepción de una caja de galletas aplastada. Recogí la caja y la sacudí. Las migas cayeron al cemento. Yo revivía mentalmente una vez más el robo y sonreí. "Debí haberle hecho un tajo, nada más que para saber la sensación", pensaba. "La próxima vez lo haré".

Me fui a la entrada del tren subterráneo cerca de Papa John's y me subí al primer tren que llegó. Pasé la noche en el tren subterráneo, y muy de mañana al día siguiente estaba de nuevo en Fort Greene para alquilar la habitación.

El superintendente subió conmigo al tercer piso. El cuarto daba a la calle enfrente de la secundaria técnica de Brooklyn. Era pequeño y con grietas en el techo. El

superintendente me dijo que había un baño público en
el segundo piso y que podía ajustar el calor haciendo girar el mango del radiador de hierro. Me dio la llave y me
dijo que tendría que pagar la renta todos los sábados
una semana por adelantado. Cerró la puerta al salir, y le
oí bajar ruidosamente por la escalera.

Di una vuelta y examiné el cuarto. Había dos camas
sencillas, una silla, una mesita, un lavamanos en la pared,
y un armario pequeño. Me acerqué a la ventana y miré calle abajo. El tráfico temprano de la mañana se movía con un
ronroneo regular en la calle Lafayette al final de la cuadra.
Al otro lado de la calle, Brooklyn Tech se elevaba hasta el
cielo. Se extendía a lo largo de toda la manzana y cerraba la
vista a lo que yo hubiera podido ver. Yo estaba solo.

Más tarde esa mañana di mi primer viaje por el vecin-
dario. Vi a un joven salir tambaleándose de debajo de la
escalera. Tenía la cara pálida como la muerte y los ojos
hundidos. Su chaqueta sucia y andrajosa colgaba apenas
de un hombro, y llevaba sus pantalones abiertos porque
acababa de orinar detrás del radiador. Yo no sabía si estaba borracho o bajo el efecto de las drogas. Me quedé en la
acera y mirándolo mientras avanzaba tambaleándose por
la puerta y por la escalera exterior. Se encorvó por encima
del pasamano y vomitó sobre la acera. Una banda de pequeños salió corriendo de una puerta lateral del piso bajo
a la calle sin darse cuenta alguna de su presencia. El hombre acabó de vomitar y se desplomó en el peldaño superior, mirando turbadamente a la calle.

Pasé a su lado al bajar las escaleras. Arriba oí el abrir
de una ventana y miré a tiempo para esquivar un montón
de basura arrojada desde el tercer piso a la acera. En la
puerta de al lado un chiquillo estaba agachado usando la
entrada del sótano como letrina. Me dio asco, pero decidí
que tenía que acostumbrarme a esas cosas.

Detrás del edificio había un solar vacío lleno de mala

hierba y maleza. Unos cuantos arbustos medio secos extendían sus escuálidas ramas hacia el cielo gris. Había llegado la primavera, pero los árboles parecían indecisos en cuanto a si valía la pena brotar de nuevo y afrontar otro verano en ese lugar. Di un puntapié a un envase vacío de cerveza; el solar estaba lleno de ellos, así como de cajas de cartón, periódicos y maderas podridas esparcidas entre la hierba. Una dilapidada verja de alambre oxidado cercaba el solar y lo unía a otra casa de apartamentos que daba a la calle St. Edward. Miré hacia mi edificio y vi que muchas de las ventanas del primer piso estaban entabladas o tapadas con láminas galvanizadas para evitar el viento helado. Dos casas más abajo podía ver las caritas de varios negritos con las narices pegadas contra las sucias vidrieras como animalitos enjaulados, deseando libertad pero con miedo de aventurarse a salir, de ser heridos o morir. Una parte de la ventana faltaba y estaba cubierta con cartones manchados por el agua. Pude contar cinco caras asustadas. Había quizás cinco más en el apartamento pequeño de tres cuartos.

Di vuelta hacia el frente del edificio. El apartamento del sótano, bajo el número 54, estaba vacío. La verja de hierro apenas colgaba de sus goznes. La abrí de un puntapié y entré. El olor a orina, excrementos, licor, humo y grasa era más de lo que yo podía soportar y retrocedí con náuseas. Al menos yo tenía un cuarto en el tercer piso.

Me puse a caminar por la acera. Las prostitutas en la calle presentaban una vista lastimosa. Las muchachas blancas trabajaban el lado derecho de la calle y ocupaban apartamentos un poco más allá del mío. Las muchachas negras trabajaban el lado opuesto de la calle y vivían cerca de la entrada del metro. Todas las muchachas eran adictas. Holgazaneaban en «leotardos» o en abrigos sucios. Algunas bostezaban porque estaban enfermas o porque necesitaban un «cantazo», una inyección de heroína por la mañana para ponerlas en marcha.

Después de dos meses todavía no me había acostumbrado a Nueva York. En Puerto Rico yo había visto retratos de la Estatua de la Libertad y del edificio de las Naciones Unidas. Pero aquí en el barrio bajo hasta donde llegaba la vista no había más que apartamentos llenos de carne humana. Toda ventana simbolizaba una familia amontonada en un espacio muy pequeño para vivir, a duras penas sobreviviendo de una manera miserable. Yo pensaba en el parque zoológico de San Juan, con los osos paseándose de un lado a otro y los monos chillando en las jaulas. Se revuelcan en sus propios excrementos. Comen carne echada a perder o lechuga marchita. Se pelean entre sí, y la única ocasión en que se unen es cuando atacan a un intruso. No es natural para los animales vivir de esta manera, con sólo una escena de las selvas pintada en la parte de atrás de la jaula para recordarles lo que deberían ser. Ni para las personas tampoco. Pero aquí en el barrio bajo, sí.

Me detuve en la acera de la esquina con la avenida Myrtle, esperando el cambio de la luz del semáforo. Arriba un tren elevado pasaba tronando y resoplando, echando sobre los de abajo una nube fina de hollín y tizne. Las calles estaban cubiertas de una mezcla fangosa de nieve, lodo y sal, por la cual la gente vadeaba al cambiar la luz.

Detrás de los apartamentos las cuerdas de tendedera se extendían de un balcón u obscura escalera de incendios a otra. Las camisas azules y los pantalones caquis ondeaban al viento helado. La ropa interior que una vez había sido blanca era ya un gris oscuro por estar expuesta constantemente al aire lleno de impurezas.

Era sábado por la mañana y los comerciantes abrían las pesadas rejas de hierro con que cerraban sus almacenes. En manzana tras manzana no había ni una sola tienda que no tuviera una pesada reja de hierro para protegerla de las pandillas que vagaban de noche.

Pero eran los apartamentos los que me entristecían

más que todo. Había evidencia de débiles esfuerzos de sus ocupantes para levantarse de las selvas de concreto y desfiladeros de ladrillo y encontrar alguna forma de identidad. Pero era un esfuerzo en vano. Como un hombre caído en arena movediza que extiende los dedos hacia una rama al margen del cenagal, tratando desesperadamente de agarrarla, pero que sucumbe arrastrado al fondo con sus puños aferrándose a la rama.

Había una maceta sucia de arcilla roja detrás de una ventana cubierta de hollín. Un geranio marchito se inclinaba débilmente contra la vidriera.

De vez en cuando uno de los apartamentos tenía una escalera brillantemente pintada o quizás un antepecho de ventana pintado de tal manera que se destacaba en contraste con la piedra pardusca. En otra ventana una macetera tosca para flores, hecha de madera áspera de listones de embalaje, colgaba de un sucio antepecho de ventana. Había en ella unas pocas flores artificiales que afrontaban el viento de manera patética. Estaban cubiertas por el hollín que caía de mil chimeneas que descollaban sobre la ciudad.

Yo había andado hasta la calle St. Edward y me había parado frente a la biblioteca Walt Whitman, contigua a la escuela pública número 67. Al otro lado de la calle había un edificio gigantesco de apartamentos que tenía 12 pisos y se extendía a todo lo largo de la cuadra. Sus 600 ventanas daban a la calle, cada ventana representaba a alguna persona en un estado miserable temblando de frío detrás de las vidrieras.

En una ventana colgaba una cortina andrajosa, una vez brillante con color, ahora marchita y desgarrada por los efectos del ambiente. La mayoría de las ventanas no tenían cortinas, mirando fijamente a la calle como los ojos desnudos de un cadáver helado.

Volví sobre mis pasos hacia Washington Park. —¿Qué les pasa a estas personas aquí en este lugar sucio? —me preguntaba—. ¿Por qué viven así? Sin patios, sin césped, sin campos, sin árboles. Yo no sabía que una vez establecida en una de estas jaulas de concreto, una persona se hacía prisionera de la misma. No se puede escapar de las selvas de asfalto.

Esa tarde salí otra vez a caminar por la calle. Había notado que había lo que parecía una feria con atracciones y exhibiciones en el patio de recreo detrás de la iglesia católica St. Michael-St. Edwards, en la esquina de las calles Auburn y St. Edwards. Llegué a las cuatro de la tarde y el sonido de la música llegaba hasta la calle.

Yo tenía todavía un poco de dinero del robo, y la idea de una feria me entusiasmaba. En la entrada me fijé en un grupo de muchachos parados alrededor de un organillero italiano. Llevaban chaquetas negras con una doble M roja cosida a la espalda. La música del organillero quedaba casi ahogada por el ruido que los muchachos hacían palmoteando y bailando en medio de la acera.

En el centro del grupo había un muchacho de pelo negro y tez clara, de mi edad más o menos. Su cara guapa se iluminaba con una sonrisa mientras taconeaba en la acera bailando un jazz rápido. Con las manos en las caderas daba vueltas al compás de la música. De repente, sus ojos negros se encontraron con los míos, se paró, y la sonrisa de su cara se cambió en un aspecto duro y frío.

—¡Eh! Chico. ¿Qué haces aquí en este territorio? Este es el terreno de los Mau Mau. No queremos babiecas por aquí.

Me quedé mirándolo, y vi que los otros muchachos de chaquetas negras habían formado en silencio un pequeño círculo alrededor nuestro. El muchacho guapo con los ojos de acero frío se me acercó y me empujó con el pecho, mientras sonreía.

—¿De qué pandilla eres, hombre?

—No pertenezco a ninguna pandilla —repliqué—. He venido aquí para divertirme en la feria. ¿Es eso un crimen?

Uno de los muchachos en la muchedumbre dio un paso hacia adelante. —Eh, hombre, ¿sabes lo que es esto? —me preguntó blandiendo una navaja abierta—. Es una navaja, nene. Te sacará las tripas. ¿Te gustaría vértelas conmigo? No soy tan bonachón como Israel.

El muchacho llamado Israel dio una señal al otro que se retirara y continuó —Tú sabes, un babieca puede morir en el acto. Quizás te mate. Ahora, si deseas vivir, lárgate pronto.

Estaba enojado, y busqué en el bolsillo mi propia navaja de hoja automática, pero me di cuenta de que yo confrontaba fuerzas demasiado superiores a la mía. No deseaba ser «gallina», pero yo sabía que se presentaría otra oportunidad para mostrar mi valor. Bajé la cabeza y volví una vez más por la calle hacia Washington Park a mi apartamento. Detrás de mí oía la pandilla riéndose y burlándose. —Así se habla, Israel. Ese pequeño hijo de perra ha aprendido su lección esta vez. El infierno se congelará antes de que vuelva a meter su nariz por aquí.

Yo me sentía enojado y frustrado. Pasando debajo de la vía elevada en la calle Myrtle, entré al parque y me senté en un banco. Yo no me había fijado en que un joven de quizás trece años de edad me había seguido. Me volví y le miré. Él se sonrió y se sentó en el banco cerca de mí. —Te dieron un susto, ¿no? —me preguntó—. —¿Qué quieres decir? —pregunté—. Yo podía haber vencido a cualquiera de ellos, pero no me parecía lógico pelear con todos ellos a la vez.

—Hombre, estas pandillas por aquí son malas —dijo, sacando un cigarrillo hecho a mano del bolsillo de la camisa—. Te matan, si no te unes a ellas.

Encendió el cigarrillo y se dio cuenta de que yo le miraba. —¿Fumas marihuana? —preguntó—. Sacudí la cabeza, aunque yo sabía de qué hablaba.

—¿Quieres probar uno? Me sobra uno. Hombre, esto es gloria.

—Sí —dije—. Ya había retrocedido una vez esa tarde y no deseaba retroceder de nuevo.

Metió la mano en el bolsillo de la camisa y sacó un cigarrillo, torcido y arrugado. Ambos extremos estaban cerrados a torsión, y había una mancha a lo largo del lado donde él había lamido el papel para hacerlo pegar. —Tienes que fumarlo —dijo el muchacho—. Si no, se apaga. Me lo encendió, y yo me puse a fumarlo.

—No —sonreía el muchacho—, así.

Fumó un largo momento el cigarrillo y aguantó el humo en sus pulmones. —Hombre, sabe a gloria. Si no haces nada más que chupar, se quema y tú no sacas nada de ello. ¡Trágalo, hombre!

Yo inhalaba. Tenía un sabor dulce y extraño, y un olor fuerte.

—¿Qué efecto tiene? —pregunté al comenzar a sentir el efecto embriagador de la hierba.

—Chico, te eleva —contestó el muchacho—. Te hace reír mucho. Te hace creerte el mejor bailarín, el mejor amante, el mejor peleador. Todos los muchachos allá en la feria habían estado fumando marihuana. ¿No viste tú cómo tenían los ojos rojos? Tú puedes saber que están arrebatados con la hierba si tienen los ojos que les brillan.

—¿De dónde consigues esto? —pregunté.

—Oh, es fácil. Tenemos cien tiradores o vendedores aquí en la vecindad. La mayoría de los cabecillas pueden obtenerla para ti. La obtienen de otros contactos mayores. Cuba. Méjico. ¿Yo? Mi viejo la cultiva detrás de la casa. Tenemos mucha hierba en el patio trasero. Nadie va allí, mi viejo sembró las semillas entre las hierbas, y la cultivamos para nosotros. No es tan buena como otras, pero no nos cuesta nada.

—¿Cuánto cuesta si la compras de un tirador? — pregunté, tratando de aprender el vocabulario, y un poco abochornado porque un muchacho de trece años supiera más del asunto que yo.

—Algunas veces cuesta un dólar el cigarrillo. Hay veces que puedes comprarla a 75 centavos. Pero es mejor comprar un paquete. Tú sabes, como una lata de tabaco Prince Albert. Así puedes hacerlos tú mismo por unos 40 centavos. Pero tienes que tener cuidado. Algunos de los vendedores te engañan. Mezclan orégano con la marihuana y no te dan la marihuana pura. Siempre pruébala antes de pagarla o te engañan de seguro.

Yo había terminado el cigarrillo. Estiré las piernas e incliné la cabeza en el respaldo del banco. Parecía que ya no sentía tanto el viento helado, y el mareo se había pasado, dejándome con la sensación de que yo estaba flotando sobre una nube en un sueño.

Volví la cabeza para ver el muchacho. Él estaba sentado en el banco con la cabeza en las manos. —Yo creí que esto debía ponerte contento. ¿Por qué no te ríes?

—Hombre, ¿Qué razón tengo para reír? —me preguntó—. Mi viejo es un borracho. Pero no es mi verdadero padre. Simplemente vino a vivir con mi madre el año pasado. Yo no sé quien es mi verdadero padre. Y este hombre le está siempre dando palizas a mi madre. La semana pasada procuré quitárselo de encima y él me dio con una botella en la cara y me rompió dos dientes. Yo le lancé un reloj, y le di en las espaldas. Entonces mi madre, mi propia madre, me llamó hijo de perra y me dijo que me fuera ... que yo no tenía ninguna razón para hacer daño a su hombre. Ahora, vivo en la calle esperando hasta que pueda matarlo. No pertenezco a ninguna pandilla. No me asocio con nadie. No hago nada más que esperar hasta que aquel borrachín esté solo, y voy a matarlo. Ni siquiera amo a mi madre. ¿Qué razón tengo yo para reír?

No levantaba la cabeza al hablar. —¿Es éste el mismo hombre que cultiva la marihuana en el patio trasero? —pregunté.

—Sí. Él es vendedor también. Hombre, espera hasta

que yo lo encuentre solo. Le voy a meter el cuchillo hasta que lo traspase de un lado a otro—. Levantó los ojos. Tenía la cara cansada y torcida, como la cara de un mono viejo más bien que de un muchacho de trece años. —¿Y tu viejo, es borrachín también?

—No, tengo suerte. No tengo ni viejo ni vieja —mentí—. Estoy solo.

El muchacho levantó los ojos. —Sí, yo también ahora, supongo. —Entonces, animándose, dijo —Pues, te veo por ahí. Ten cuidado de aquellas pandillas. Te matan si te encuentran en la calle de noche.

—Oye. ¿Qué puedes decirme acerca de estas pandillas? ¿Cuántas hay?

—Centenares —dijo—, Hombre, hay tantas que ni siquiera puedes principiar a contarlas.

—¿Qué hacen?

—Pelean, chico, ¿qué otra cosa? Salen a pelear contra otra pandilla o se quedan en su vecindad defendiendo su territorio contra alguna pandilla invasora. Cuando no se pelean la una con la otra, atacan a la policía. Usan todo lo que pueden encontrar para pelear. Llevan cuchillos, garrotes, pistolas, llaves inglesas, rifles, escopetas recortadas, bayonetas, bates de béisbol, botellas rotas, bombas de gasolina, ladrillos, piedras, cadenas de bicicletas ... hombre, lo que imagines; lo usan para matar. Aun sacan puntas a los paraguas, ponen puntas de hierro en los zapatos, y algunas de las pandillas italianas llevan navajas de afeitar, y se ponen cuchillas de afeitar entre los dedos al pelear. Si te quedas por aquí mucho tiempo tú te enterarás. Es por eso que yo no me uno a ellos. Paso el tiempo en los callejones y en las calles obscuras lejos de donde están. Pero tú aprenderás.

Quédate por aquí y aprenderás.

Se levantó y se alejó lentamente por el parque, desapareciendo en el crepúsculo. Me fui de vuelta al número 54 Ft. Greene Place. Ya era de noche.

Capítulo Cuatro

Bautismo de Sangre

❦

Unas semanas más tarde salí del apartamento cerca de las ocho de la noche, y caminé hasta Papa John's en la esquina de la calle Lafayette. Un joven puertorriqueño llamado Tico estaba apoyado contra la pared del edificio fumando un cigarrillo. Le había visto un par de veces y sabía que él era perito con el cuchillo. Él levantó los ojos y dijo —¡Eh, Nicky! ¿Deseas ir a una farra? Quiero que conozcas a Carlos, presidente de la pandilla.

Yo había oído hablar de farras pero no había ido a ninguna, por consiguiente acepté de buena gana su invitación, y le seguí por un callejón y hacia la entrada de un sótano de un edificio de apartamentos.

Me costó que mis ojos se adaptaran a la luz débil. Había una lámpara encendida en un rincón y un poco de luz de los faroles de la calle entraba por las aberturas alrededor de las puertas.

Al entrar en el cuarto apenas pude distinguir figuras pegadas unas a otras, meciéndose al sonido de una música suave. Inclinaban la cabeza sobre el hombro de sus compañeros mientras sus pies se movían al compás de la

53

música lenta. Uno de los muchachos sostenía una botella de licor detrás de la espalda de su compañera, y se tambaleó al enlazar su cuello con el brazo y tomar un trago.

Varios muchachos estaban sentados alrededor de una mesita jugando a los naipes y fumando lo que supe más tarde que eran cigarrillos de marihuana. Había una botella de licor en el centro de la mesa.

Al otro lado del cuarto, lejos de la lámpara, dos parejas estaban acostadas sobre una estera. Una pareja parecía estar durmiendo abrazados. La otra estaba ocupada acariciándose íntimamente. Mientras miraba, se levantaron, sin deshacerse del apretado abrazo, con las bocas unidas en un beso apasionado, y entraron por una puerta lateral.

Tico me miró y me guiñó el ojo.—Hay una cama allí adentro. La tenemos para que puedan hacerse el amor cuando lo quieran.

Había en el suelo cerca de mis pies un montón de revistas llenas de fotografías de mujeres desnudas o semidesnudas.

—Pues ¿esto es una farra? — pensé.

Tico me tomó del brazo y me empujó más adentro. — Eh, muchachos. Este es mi amigo. ¿Desean darle la bienvenida? Una rubia salió de entre las sombras cerca de la puerta y me tomó del brazo. Llevaba un suéter negro que colgaba de su cuerpo, una falda carmesí, y los pies desnudos. Le enlacé la cintura con el brazo y le dije: —¡Hola, nena! ¿Deseas bailar conmigo?

—¿Cómo te llamas? —me preguntó. Antes de que pudiera contestar, Tico dijo; —Se llama Nicky. Es mi amigo, y sabe pelear bien. Puede ser que desee unirse a nosotros.

La muchacha se dio la vuelta hasta ponerse a mí y apretó suavemente su cuerpo contra el mío. —Bueno, Nicky, si sabes pelear bien, vamos a ver qué bien sabes bailar. Deslizándonos por el piso yo podía sentir sus muslos frotarse con los míos mientras que bailábamos al compás de la música.

Sus movimientos comenzaron a excitarme. Su cuerpo estaba caliente, y yo podía sentir todo su movimiento mientras ella me apretaba cada vez más firmemente con sus brazos. Metí la mano debajo de su suéter a lo largo de su espalda y la apreté contra mí.

—Ummmmm, —le oí murmurar—. Eso era lo que esperaba, y moví la mano debajo de su brazo.

De repente, ella puso las manos sobre mi pecho y me empujó violentamente hacia atrás. —¡Basta! ¿Qué piensas hacer? —dijo ásperamente—. No te pongas fresco conmigo. Soy de José, y él te haría pedacitos si yo le dijera que tú trataste de manosearme.

Por la expresión de mi cara ella pudo notar que yo estaba confundido. Esbozó una sonrisa, extendió las manos y me atrajo de nuevo hacia sí. Arrimando sus labios a mi oreja dijo: —Después de todo, esta no es más que la primera vez. No te apresures tanto. Si tú me gustas, te dejaré tenerlo todo.

Bailamos un poco más y nos paramos para ver a dos muchachos jugando a la «gallina» con un cuchillo. Uno de los muchachos estaba de pie contra la pared y el otro lanzaba el cuchillo hacia sus pies. El objeto era lanzar el cuchillo lo más cerca posible sin tocarlo. Si el muchacho retrocedía, era «gallina» o cobarde.

Me sorprendí a mí mismo cuando noté que quería que lo hiriera. La idea de ver sangre me emocionaba. Estando allí de pie, reía y deseaba que errara y que hiriera al muchacho.

La rubia del suéter negro me tiró del brazo. —Ven conmigo. Quiero que conozcas a alguien importante. La seguí hasta un cuarto lateral. Un puertorriqueño alto y larguirucho estaba sentado en una silla, en actitud perezosa, y con las piernas apoyadas sobre una mesita frente a él. Una muchacha estaba sentada a horcajadas sobre sus piernas inclinándose sobre él mientras que él soplaba humo a través de sus cabellos, y se reía.

—¡Hola! —nos gritó—. ¿No saben como comportarse? ¿No saben que deben pedirme permiso antes de entrar de esa forma? Pudieran haberme sorprendido haciendo algo que no deseo que nadie vea. Se reía y extendiendo los brazos acariciaba las caderas de la muchacha con ambas manos.

Viéndome a mí, preguntó: —¿Quién es este tonto?—. La rubia dijo; —Es mi amigo Nicky. Tico le ha traído. Tico dice que pelea bien.

El muchacho larguirucho empujó a la muchacha fuera de sus piernas y me miró fijamente. Entonces sonrió y me extendió la mano. —Chócala, Nicky. Me llamo Carlos. Soy presidente de los Mau Mau.

Choqué la mano suavemente contra la suya y la retiré pasando la palma contra la suya a la manera de los miembros de las pandillas cuando se dan la mano.

Yo había oído hablar de los Mau Mau. Tomaron su nombre de los indígenas salvajes sanguinarios de África. Los había visto en las calles con sus chaquetas de cuero negro con una M doble carmesí cosida en las espaldas. Usaban elegantes sombreros, muchos de los cuales estaban decorados con fósforos de madera. La mayoría llevaba bastones y zapatos muy puntiagudos que podían dar muerte a puntapiés a un hombre en cosa de segundos.

Carlos hizo señas con la cabeza hacia una esquina del cuarto y allí reconocí al muchacho que había visto en la feria. —Ese es Israel. Es vicepresidente de los Mau Mau. La cara de Israel no tenía ninguna expresión al mirarme fijamente. Sus ojos negros me penetraron hasta el alma y me hicieron sentirme confuso.

Supe más tarde que el presidente y el vicepresidente van casi siempre juntos. Se protegen el uno al otro si alguien ataca a uno de ellos.

—¿Cuántos años tienes Nicky? —me preguntó Carlos.

—Dieciséis —contesté.

—¿Sabes pelear?

—Seguro —dije.

—¿Estás listo a pelear sea con quien sea, aun la policía?

—Seguro —contesté de nuevo.

—Oye, ¿has apuñalado a alguien?

—No —repliqué, arrepentido de mi sinceridad.

—¿Ha tratado alguien de apuñalarte a ti? —Sí —contesté.

—¿Sí? —preguntó Carlos, mostrando un nuevo interés—. ¿Qué le hiciste?

—Nada —repliqué—. Pero le haré algo. Estoy esperando atraparlo una vez más, y cuando lo encuentre voy a matarlo.

Israel interrumpió. —Oye, hombre, si deseas unirte a nuestra pandilla tienes que ser como nosotros. Somos los más duros. Aun la policía nos teme. Pero no deseamos ningún gallina. Si tu deseas unirte a nosotros y no eres gallina, está bien. Pero si tú te haces gallina, te destripamos y te matamos.

Sabía que Israel decía la verdad. Yo ya había oído como algunos muchachos cayeron víctimas de sus propias pandillas porque habían denunciado a otro miembro de la pandilla.

Carlos siguió: —Dos cosas, hombre. Si tú te haces miembro de los Mau Mau es para siempre. Nadie renuncia nunca. Segundo, si te coge la policía y cantas, te matamos. O te matamos cuando salgas de la cárcel, o entramos en la cárcel y te matamos. Pero te mataremos.

Israel mostró una ligera sonrisa en su guapo rostro.

—¿Qué dices? Chico. ¿Piensas que todavía deseas hacerte miembro?

—Dame tres días —dije—. Si me hago miembro de la pandilla, quiero hacerlo sin reservas.

—Bueno, chico —dijo Carlos—. Tienes tres días para pensarlo. Y después, vuelve aquí. Déjame saber tu decisión. Él estaba todavía sentado en la misma posición con las piernas extendidas. Había arrimado a la muchacha hacia él y con la mano izquierda debajo de su falda le palpaba las caderas.

Di una vuelta para irme, y Carlos dijo: —¡Oh! Nicky, olvidé decirte. Si revelas a alguien ... sea quien sea ... dónde estamos, te mataré antes de que tengas una oportunidad de darte la vuelta. ¿Comprendes?

—Comprendido —dije—. Y sabía que hablaba en serio. Ya afuera en la calle, le pregunté a Tico. —¿Qué crees Tico? ¿Crees que debo unirme a los Mau Mau?

Tico no hizo más que encogerse de hombros. —Es un buen asunto, hombre. Si tú te unes a ellos, te cuidarán. Si no te haces miembro, puede ser que te maten por no haberte unido a ellos. No tienes mucho que escoger. Además, tendrás que unirte con una de las pandillas si quieres vivir por aquí.

—¿Y Carlos? — pregunté—. ¿Qué tipo de persona es?

—No es malo. No habla mucho, pero cuando habla, todo el mundo escucha. Él es el que manda y todo el mundo lo sabe.

—¿Es verdad que el presidente puede escoger entre las muchachas?— pregunté.

—Sí, es cierto —dijo Tico—. Tenemos unas 75 muchachas en nuestra pandilla, y el presidente tiene preferencia. Una muchacha diferente cada día si así lo quiere. Hombre, a ellas les gusta. Tú sabes, es algo grande asociarse con el presidente. Se pelean entre sí para determinar quién va a ser suya. Y eso no es todo. La pandilla cuida al presidente. Él toma lo que quiere de lo que robamos; por lo general lo suficiente para pagar su cuarto, su comida y su ropa. Es un buen negocio ser presidente.

—Oye, Tico, si tú eres tan experto con el cuchillo, ¿por qué no eres presidente?

—Yo, no, hombre. El presidente no tiene bastante oportunidad de pelear. Tiene que quedarse atrás para hacer planes. A mí me gusta luchar. No quiero ser presidente.

—Eso es lo que a mí me gusta también, yo pensaba. Me gusta pelear.

Tico se dirigió de vuelta a Papa John's, y yo me dirigí hacia el número 54 Ft. Greene Place. Podía sentir la sangre hervirme en las venas al imaginar lo venidero. Las farras, las muchachas. Pero sobre todo las peleas. Yo no tendría que luchar más a solas. Podría hacer tanto daño como quisiera sin que me hicieran daño a mí. Mi corazón aceleraba sus latidos. Quizás tendré la oportunidad de apuñalar a alguien de veras. Casi podía visualizar en mi mente la sangre corriéndome por las manos y goteando en la calle. Simulaba atacar con los brazos mientras caminaba, imaginándome que tenía una navaja en la mano. Golpeaba y hería las figuras imaginarias en la oscuridad. Le había dicho a Carlos que le daría mi decisión dentro de tres días; pero ya me había decidido. No quería más que una navaja automática y una pistola.

Dos noches más tarde, estaba una vez más en el centro. Al entrar Carlos me recibió a la puerta. —Hola, Nicky, llegas a tiempo. Hay otro muchacho que quiere hacerse miembro de los Mau Mau. ¿Quieres presenciar la iniciación?

Yo no tenía ninguna idea de lo que era una iniciación, pero quería observar. Carlos continuó: —Pero, quizás has venido a decirnos que no quieres hacerte miembro, ¿eh?

—No —dije—. He venido para decirte que estoy listo para hacerme miembro. Quiero pelear. Creo que yo soy tan valiente como cualquier otro, y que puedo pelear mejor que la mayoría de estos otros muchachos.

—Bueno —dijo Carlos—. Tu puedes observar, y después te toca a ti. Tenemos dos maneras de averiguar si eres gallina: o te quedas sin resistir mientras cinco de nuestros

muchachos más fuertes te dan una paliza, o te pones de
pie contra la pared esperando el cuchillo. Si procuras evitar lo uno o lo otro, no te permitimos unirte a la pandilla.
Este muchacho dice que él es duro. Vamos a ver que tan
valiente verdaderamente es. Entonces averiguaremos si tú
eres tan fuerte como él.

Yo miré al otro lado del cuarto y vi al otro muchacho.
Tenía quizás trece años, con granos en la cara y una
larga melena de pelo negro que le caía sobre los ojos. Era
pequeño y delgado y los brazos le colgaban rígidos a sus lados. Llevaba una camisa blanca de mangas largas y pechera manchada por fuera de la cintura. Creí que había visto
a este chamaco con la cara llena de granos en el colegio,
pero no estaba seguro, ya que él era más joven que yo.

Había unos cuarenta muchachos y muchachas que esperaban con ansia el espectáculo. Carlos estaba a cargo de
todo. Ordenó que todos se pusieran a un lado, y así todos
se colocaron en fila contra las paredes. Al joven le dijo que
se pusiera de pie de espaldas contra la pared. Carlos se puso frente a él con una navaja de hoja automática abierta en
la mano. La hoja de color de plata brillaba a la tenue luz.

—Voy a dar una vuelta y caminar veinte pasos hacia la
otra pared, dijo—Quédate exactamente donde estás. Tú dices que eres valiente, chico. Pues bien, vamos a determinar exactamente cuánto valor tienes. Cuando yo haya dado veinte pasos, voy a dar una vuelta y lanza la navaja. Si
te mueves o te agachas, eres un gallina. Si no, aunque el
cuchillo te hiera eres valiente y puedes unirte a los Mau
Mau. ¿Comprendes?

El muchachito asintió con la cabeza. —Una cosa más
—dijo Carlos acercando el cuchillo a la cara del muchacho—. Si te vuelves gallina mientras yo estoy andando y
contando, no tienes más que gritar. Pero en ese caso no
debes jamás volver a asomar las narices por aquí. Si te aso-
mas, vamos a cortarte esas orejotas que tienes y obligarte

a comértelas. Después, te vamos a sacar el ombligo con un abrelatas y dejarte sangrar hasta que mueras.

Los muchachos y muchachas comenzaron a reírse y aplaudir. —¡Anda, hombre anda! —le gritaban a Carlos.

Carlos le dio las espaldas al muchacho y comenzó a caminar lentamente por el cuarto. Tenía la navaja por la punta de la hoja, el brazo hacia adelante, doblado al codo y el cuchillo frente a la cara.

—Uno ... dos ... tres...

El grupo comenzó a gritar y a burlarse.

—Pégale, Carlos. ¡Méteselo en medio de los ojos! ¡Hazlo sangrar, chico, hazlo sangrar!

El muchacho se pegaba contra la pared como una rata atrapada por un tigre. Trataba desesperadamente de demostrar valor. Tenía los brazos rígidos a sus lados, las manos cerradas, mostrando los nudillos blancos. Tenía la cara pálida y los ojos desorbitados por el miedo.

—Once ... doce ... trece ... —Carlos contaba en voz alta mientras medía la distancia paso a paso. La tensión aumentaba mientras que los muchachos y las muchachas se burlaban y gritaban pidiendo sangre.

—Diecinueve ... veinte—. Lentamente Carlos se dio la vuelta y movió la mano derecha hacia atrás junto a su oreja, teniendo el cuchillo por la extremidad de la hoja que terminaba en una punta aguda como una aguja. El grupo de jóvenes estaba enloquecido en su frenesí y sed de sangre. Gritaban pidiendo sangre. En el instante mismo que arrojó el cuchillo hacia adelante, el muchachito se encorvó y se cubrió la cabeza con los brazos, gritando —¡No! ¡No! —. La navaja fue a clavarse en la pared sólo unas pocas pulgadas de donde su cabeza había estado.

—¡Gallina! ... ¡Gallina! ... ¡Gallina!—, rugió el grupo.

Carlos estaba enojado. Se le apretaron las comisuras de la boca y se le achicaron los ojos. —Agárrenlo —dijo—. Dos muchachos salieron de diferentes partes del cuarto y agarraron por el brazo al muchacho que se agachaba, y lo empujaron hacia atrás contra la pared.

Carlos atravesó el cuarto y se puso frente al chico que estaba temblando. —¡Gallina! —escupió—. ¡Gallina! Yo sabía que eras un cobarde desde el primer momento que te vi. Debería matarte.

Una vez más los jóvenes en el cuarto comenzaron el sonsonete. —¡Mátalo! ¡Mata a esa gallina puerca!

—¿Sabes lo que hacemos con las gallinas? —preguntó Carlos—. El muchacho alzó los ojos hacia él, tratando de mover la boca pero no salió sonido.

—Te diré lo que hacemos con las gallinas —dijo Carlos. Les cortamos las alas para que no puedan volar más. Arrancó el cuchillo de la pared. —¡Estírenlo! —dijo.

Antes de que el muchacho pudiera moverse los dos muchachos le extendieron los brazos de un tirón. Moviéndose tan rápido que fue casi imposible seguir el movimiento con la vista, Carlos alzó el cuchillo y rápidamente con crueldad lo empujó casi hasta el mango en el sobaco del muchachito. El muchacho se sacudía y gritaba de dolor. La sangre le chorreaba y pronto le cubrió la camisa blanca con un color carmesí.

Retirando el cuchillo del sobaco del muchacho, lo asió rápidamente con la otra mano. —¿Ves? hombre, —dijo, mirando con una expresión salvaje y empujando el cuchillo viciosamente en el otro sobaco—, yo soy zurdo también.

Los dos muchachos lo soltaron y el muchacho se desplomó al suelo, con los brazos cruzados sobre el pecho, y con sus manos penosamente tratando de cerrar las heridas. Gritaba, vomitaba y rodaba por el suelo. . Tenía la camisa casi completamente cubierta de sangre de un rojo brillante.

—Llévenselo fuera de aquí —dijo Carlos bruscamente—. Dos muchachos lo pusieron de pie a la fuerza. El muchacho echó la cabeza hacia atrás y gritó en agonía cuando lo jalaron bruscamente de los brazos. Carlos le puso la mano sobre la boca y los chillidos cesaron. Los ojos del muchacho, desorbitados de horror miraban por encima de la mano.

—Vete a casa, ¡gallina! Si te oigo gritar una vez más o si tú nos denuncias, te cortaré la lengua también. ¿Comprendes? —Mientras hablaba, esgrimía la navaja. La sangre goteaba de la hoja y por encima del cabo de nácar blanco.

—¿Comprendes? —repitió.

El chiquillo asintió con la cabeza.

Los muchachos lo arrastraron por el suelo y hasta la acera. El grupo de jóvenes en el cuarto le gritaban al salir: —¡Vete a casa, gallina!

Carlos se volvió. —¿A quién le toca ahora? —preguntó, mirándome cara a cara—. El grupo guardó silencio.

De pronto me di cuenta de que no tenía miedo.

La pura verdad era que me excitaron tanto las puñaladas y el dolor, que lo estaba disfrutando. La vista de tanta sangre me dio una sensación loca, salvaje, de regocijo. Le tenía envidia a Carlos. Pero, ahora me tocaba a mí.

Me acordé que Carlos me había dicho que podía escoger el método de iniciación. El sentido común me dijo que Carlos estaba todavía enojado. Si le permitía que me lanzara la navaja, de seguro que trataría de herirme intencionalmente. Me parecía que el mejor de los dos métodos era el otro. —¿Tenemos otra gallina? —dijo Carlos con sorna.

Me dirigí al centro del cuarto y miré alrededor. Una de las muchachas que era alta y delgada, y llevaba pantalones estrechos, gritó: —¿Qué tienes, nene? ¿Tienes miedo? Tenemos sangre que nos sobra si tú no tienes bastante—. El grupo abucheaba y se reía a carcajadas. Ella tenía razón. El suelo cerca de donde había estado el muchacho estaba cubierto de un charco de sangre pegajosa.

Yo dije: —No. No tengo miedo. Pruébame, nena. ¿Dónde están tus muchachos que desean golpearme?

Yo trataba de aparentar valor, pero por sentía mucho

miedo. Sabía que me iba a doler. Me di cuenta que esta gente jugaba en serio. Pero yo hubiera preferido morir a ser gallina. Por lo tanto, dije: —Estoy listo.

Carlos gritó cinco nombres: —¡Juanito!—, y un muchacho bajo y rechoncho salió del grupo y se puso delante de mí. Era dos veces más grande que yo, tenía arrugada la frente, y casi no tenía cuello. Parecía que la cabeza le reposaba directamente en los hombros. Se dirigió al centro del cuarto haciendo crujir los nudillos de sus dedos.

Yo trataba de imaginarme mis 120 libras contra sus 200. Él me miraba inexpresivamente, como un mono, esperando la orden de atacar.

—¡Mattie! —Otro muchacho dio un paso al frente. Este era casi de mi tamaño, pero sus brazos eran mucho más largos que los míos. Avanzó al centro del cuarto bailando y moviendo las manos como boxeador. Con la barba pegada al pecho, miraba hacia arriba. Daba vueltas por el cuarto lanzando puñetazos como rayo. Las muchachas silbaban y lanzaban suspiros mientras que él continuaba peleando con un adversario imaginario, soplando y resoplando por la nariz mientras que hacía girar los brazos y lanzaba golpes.

—¡José!—. Un tercer muchacho se unió al grupo. Tenía una cicatriz honda en la mejilla izquierda que se iba desde debajo del ojo hasta la punta de la barbilla. Comenzó a quitarse la camisa y a calentar los músculos. Tenía el cuerpo de un levantador de pesas. Daba vueltas alrededor de mí, mirándome de todos los ángulos.

—¡Búho! —Se oyó un rugido de los otros muchachos en el cuarto. Era de comprender que Búho era un favorito. Supe más tarde que le llamaban Búho porque podía ver tan bien de noche como de día. Le ponían en primera línea durante las peleas entre las pandillas para divisar al enemigo cuando se acercaba. Tenía ojos grandes y anchos y una nariz aguileña que evidentemente la habían roto varias veces. Había perdido la mitad de una oreja a raíz de un golpe de una tabla con un clavo largo. Ocurrió durante una reyerta en un patio de recreo de un colegio. El clavo le había penetrado la oreja y le había rasgado más de la mitad. Búho era un muchacho bajo y gordo con la mirada más amenazadora que yo jamás había visto.

—¡Paco!—. No vi a Paco. Le oí llamarme detrás de mí —¡Hola, Nicky! —Me volví para mirar y me golpeó en las espaldas poco más arriba de la correa. El dolor era atroz. Sentía como si me hubiese roto un riñón. Me esforzaba por respirar, pero me pegó de nuevo. Cuando me enderecé y puse las manos en las espaldas para frotarme la parte afectada, uno de los otros muchachos me golpeó en el estómago con tanta fuerza que perdí la respiración. Podía sentir que estaba a punto de desmayarme del dolor cuando alguien me golpeó en la cara y sentí el hueso de la nariz deshacerse del golpe.

No tenía oportunidad de defenderme. Me sentía caer, y me di cuenta de que alguien me agarró por el pelo. Mi cuerpo cayó al suelo pero mi cabeza quedaba sostenida por los cabellos. Alguien me dio un puntapié en la cara con un zapato sucio, y sentí la arena estregarse sobre mis mejillas y labios. Me daban puntapiés por todas partes, y el que me sostenía por el pelo me golpeaba la cabeza.

Entonces perdí el conocimiento y no recordé nada más.

Más tarde, me di cuenta de que alguien me daba empujones suaves y me daba palmadas en la cara. Oí a alguien decir,

—¡Oye! ¡Despiértate!

Traté de enfocar los ojos pero no podía ver nada más que el techo. Me pasé la mano por la cara y sentí sangre. Estaba bañado en sangre. Alzando los ojos vi la cara del que llamaban Búho. La sangre me volvió loco. Extendí el brazo y le pegué en la boca. De repente recobré todas mis

energías. Estaba echado de espaldas en aquel grande charco de sangre pegajosa, girando alrededor y dando puntapiés a todo el que veía, maldiciendo, gritando, y golpeando con las manos y los pies.

Alguien me agarró por los pies y me sostuvo contra el
suelo hasta que se me pasó la rabia. Israel se inclinó hacia
mí riéndose.

—Tú eres como nosotros, Nicky. Hombre, te podemos
usar. Tú podrás ser muchas cosas pero no eres gallina. Te
lo aseguro. Toma. —Puso algo en mi mano.

Era un revólver calibre .32 —Eres un Mau Mau, Nicky.
Un miembro de los Mau Mau.

Capítulo Cinco

Reyerta

En las Calles

❧

Israel y yo nos hicimos casi inseparables desde el principio. Tres noches más tarde pasó por el apartamento para decirme que habría una pelea con los Obispos. Al fin, yo pensaba, tendré la oportunidad de disparar mi revólver, una oportunidad de pelear. Sentí que se me erizaba el pelo cuando Israel me reveló el proyecto.

Los Mau Mau iban a reunirse en Washington Park cerca de la calle De Kalb. Debíamos estar allí a las nueve de la noche. Nuestro consejero de guerra ya había conferenciado con el consejero de guerra de los Obispos, una pandilla de negros, y habían acordado el sitio y la hora, a las diez de la noche en el patio de recreo detrás de la escuela pública número 67.

Israel dijo: —Lleva tu revólver. Todos los otros tienen armas. Algunos de los jóvenes se han fabricado armas, y Héctor tiene una escopeta recortada. Vamos a arreglar a esos Obispos. Si tenemos que matar, mataremos. Pero si perdemos, perderemos luchando. Somos los Mau Mau.

Esa gente ... los Mau Mau de África beben sangre, hombre, y nosotros somos exactamente como a ellos.

La pandilla ya se había reunido a las ocho y media cuando yo llegué al parque. Habían escondido las armas en los árboles y en los matorrales porque temían que la policía pasara por allí. Pero esa noche no había policías e Israel y Carlos daban instrucciones. A las diez de la noche había más de cien muchachos rodando por el parque. Algunos llevaban pistolas. La mayoría, cuchillos. Unos pocos tenían bates de béisbol, palos con clavos en la punta, o garrotes hechos a mano. Otros, cadenas de bicicleta, con las cuales pegaban perversamente en la cabeza. Carlos tenía una bayoneta de dos pies de largo, y Héctor su escopeta recortada. Algunos de los muchachos tenían que avanzar dos cuadras y ponerse detrás del patio de la escuela en Park Avenue para evitar el escape de los Obispos. Debían esperar hasta que oyeran que la pelea ya había empezado, y entonces atacar el flanco trasero. Los restantes habíamos de entrar del lado de la escuela en St. Edward Street y tratar de forzar la retirada de los Obispos hasta donde nuestra retaguardia les cortaría el paso.

Nos movíamos en silencio, recogiendo las armas que habíamos escondido. Tico iba a mi lado sonriendo, —¿Qué dices? ¿Tienes miedo?

—¡No, hombre! Esto es lo que yo esperaba, —dije, abriendo la chaqueta para que él pudiera ver mi revolver.

—¿Cuántas balas tienes en eso? —me preguntó.

—Está lleno, chico. Cinco.

—¡Vaya! —dijo Tico, silbando con sorpresa—. No está mal. Con seguridad vas a matar a uno de esos negros bastardos esta noche. ¿Yo? Yo me quedo con mi navaja.

Nos dividimos en grupos pequeños para no llamar la atención de la policía al pasar la estación en la esquina de las calles Auburn y St. Edward. Nos reunimos frente a la escuela y Carlos nos dio la señal de ataque.

Dentro del patio de recreo avanzamos rodeando el edificio. Los Obispos nos esperaban. —¡Vamos! ¡Vamos! ¡Matémoslos! —gritábamos al entrar cual jauría en el patio de la escuela, y correr cruzando el espacio abierto que separaba a las dos pandillas.

Me abrí camino hasta estar frente al grupo, y desenvainé mi revólver. Israel se viró a un lado haciendo oscilar su bate de béisbol. Había muchachos moviéndose alrededor de mí por todos lados, gritando, maldiciendo y blandiendo sus armas, los unos contra otros. Habría quizás 200 muchachos en el patio de recreo y era difícil distinguir una pandilla de la otra en la oscuridad. Vi a Héctor corriendo a través de una cancha de baloncesto. Alguien que llevaba una tapa de un recipiente de basura chocó contra él. Héctor cayó hacia atrás y su escopeta se disparó, tronando estridentemente.

Un muchacho negro cayó de bruces cerca de él, sangrando por una herida en la cabeza. Yo pasé corriendo y le pateé el cuerpo. Era como un saco de grano.

De repente, sentí que me empujaban por detrás y caí de bruces sobre el duro asfalto de la cancha de baloncesto. Extendí los brazos para amortiguar la caída y sentí que se me laceraba la piel de mis manos. Me di vuelta para ver quién me había empujado y apenas logré retirar la cabeza justo cuando un bate de béisbol chocaba contra el pavimento cerca de mi cabeza. Oí el bate romperse por el impacto. Un golpe directo me hubiera matado.

Una gritería enorme brotó de los Mau Mau cuando el resto de nuestra pandilla atacó por la retaguardia. —¡Quémalos, chico, quémalos! —. Me puse de pie tambaleando mientras los Obispos, ahora en confusión, comenzaban a huir hacia los corredores que daban a la calle St. Edward. Israel estaba a mi lado gritando: —¡Dispara contra ese, Nicky, dispárale!

Señalaba a un muchachito que trataba de escapar pero

había sido herido, y corría cojeando detrás por los Obispos que huían. Apunté mi revolver a la figura tambaleante y apreté el gatillo. El revolver se disparó pero él continuaba corriendo. Así el revolver con ambas manos y apreté el gatillo una vez más.

—Le alcanzaste, hombre, le alcanzaste. —El pequeñito cayó hacia adelante herido en la cadera. Se arrastraba todavía cuando Israel me asió del brazo y gritó: —Vamos de prisa, aquí viene la policía. — Podíamos oír los silbatos y los gritos de la policía frente a la escuela que trataba de capturar a los Obispos que corrían en gran número por los callejones tratando de escapar. Nosotros corrimos en dirección opuesta, dispersándonos por detrás del patio de la escuela. Mientras yo trepaba la cerca de malla de alambre, miré hacia atrás. A la luz opaca podía divisar a tres muchachos todavía tendidos inmóviles en el suelo, y a varios otros sentados sujetándose las heridas con las manos. La batalla completa no duró más de diez minutos.

Corrimos unas seis o siete cuadras hasta que el cansancio nos obligó a pararnos. Carlos y otros dos muchachos nos habían alcanzado y saltamos a una zanja detrás de una gasolinera.

Israel jadeaba casi sin aliento pero se reía tanto que estuvo a punto de vomitar. —¿Vieron a ese Nicky, loco? —decía jadeando entre carcajadas—. Vaya, él pensaba que era una película de vaqueros y disparaba su revolver al aire.

Los otros jadeaban y reían también. Yo hice lo mismo. Estábamos boca arriba en la zanja riéndonos hasta pensar que íbamos a reventar de risa. Israel contuvo bruscamente el aliento y apuntando hacia arriba con los dedos índices gritó: —¡Pum! ¡Pum! ¡Pum! —y estalló una vez más en carcajadas. Los otros nos sujetábamos la barriga estómago con las manos y nos revolcábamos en la zanja riendo.

Yo tenía una sensación de bienestar. Había visto correr la sangre. Yo había herido a alguien, y quizás le había matado. Y nos habíamos escapado. Nunca antes había sentido yo la sensación de pertenecer que sentí mientras estábamos en esa zanja. Era casi como si fuésemos una familia, y por primera vez en la vida sentí que alguien me quería. Israel extendió el brazo y lo puso en mis hombros.

—Me caes bien, Nicky. Hace mucho tiempo que buscaba a alguien como tú. Somos del mismo tipo, los dos somos locos.

Comenzamos a reír una vez más, pero muy adentro sentí que era mejor estar loco y ser querido que ser normal y siempre a solas.

—¡Oye! ¿Por qué no bebemos algo? —dijo Carlos, todavía inspirado por la excitación—. ¿Quién tiene dinero?

Nadie tenía dinero.

—Yo voy a buscar dinero —dije—.

—¿Qué vas a hacer, robar a alguien? —preguntó Israel—.

—Eso, es, chico. ¿Quieres acompañarme?

Israel me dio en el brazo con el puño —Tú eres buen tipo, Nicky. Vamos, no tienes corazón, no tienes sentimiento ninguno. Lo único que quieres hacer es pelear. Vamos, hombre, te acompañamos.

Miré a Carlos que debía ser el jefe. Él estaba de pie listo a seguir. Esta fue la primera indicación que tuve de que los muchachos seguirían al más atrevido, al más sanguinario, al más valiente.

Salimos de la zanja y corrimos por una de la calle hasta la oscuridad de un callejón. En la esquina las luces brillaban en un pequeño restaurantucho que estaba abierto toda la noche. Yo entré al pequeño establecimiento.

Había tres personas en el restaurante. Dos de ellos, un hombre y una mujer, estaban detrás del mostrador. Un hombre viejo acababa de levantarse de su silla y pagaba su comida. Me acerqué a él y le empujé contra el mostrador. Él se volvió sorprendido y atemorizado, sus labios temblaron cuando yo abrí con un golpecito seco la hoja de mi navaja y la empujé suavemente contra su estómago.

—¡Vaya! viejo. Démelos —dije—, señalando con la cabeza los billetes que tenía en la mano.

El hombre que estaba detrás del mostrador iba hacia el teléfono público en la pared, cuando Israel abrió de un golpe su cuchilla automática y lo agarró por la pechera de su delantal. Arrastrándole por encima del mostrador le espetó —¡Vamos, hombre! ¿Deseas morir? Oí a la mujer lanzar un gemido y ponerse la mano sobre la boca para ahogar un grito. Israel empujó al hombre contra el mostrador lleno de buñuelos y levantó el receptor del teléfono. —¿Deseas llamar a la policía, jefe? —dijo burlándose—. ¡Muy bien, tómalo! Sonreía al arrancar el teléfono de la pared y lanzárselo al hombre—. ¡Llámalos! El hombre atolondrado lo agarró y se quedó sujetándolo por el cordón.

—Pronto, viejo. No puedo esperar toda la noche —dije yo, regañando al anciano—. El hombre levantó su mano temblorosa frente a mí y yo le arrebaté los billetes de los dedos. —¿Es todo? —pregunté—. Él trató de contestar pero ningún sonido salió de su garganta. Puso los ojos en blanco y la saliva le caía de la boca mientras gruñía.

—¡Vamos! —dijo uno de los otros muchachos—. Carlos golpeó la tecla de la caja registradora y cogió todos los billetes mientras retrocedíamos hacia la puerta. El viejo cayó al suelo, agarrándose el pecho con ambas manos y cacareando como una gallina.

—¡Oigan, esperen! —dijo Israel, al tomar un puñado de monedas de la caja registradora—. Monedad de cinco y de diez centavos rebotaron contra el duro suelo. Israel reía a carcajadas.

—No salgan nunca de un lugar sin dejar una propina —se rió burlonamente—. Todos nos reímos. El hombre y la mujer estaban agazapados en el otro extremo del mostrador, y el viejo de rodillas sobre el suelo, doblado por la cintura.

Levanté un azucarero pesado y lo arrojé al cristal de la ventana.

—Hombre, estás loco —gritó Carlos. Echamos a correr por la calle—. Eso atraerá a todos los policías de Brooklyn! ¡Vámonos de aquí! El viejo cayó de bruces boca abajo, y nosotros corrimos por la calle obscura hacia casa, dando carcajadas y gritando.

Dos meses más tarde la policía capturó a Carlos y lo condenaron a seis meses de cárcel.

Esa noche tuvimos una gran reunión de la pandilla en el auditorio de la escuela pública número 67. Nadie tiene permiso para entrar en la escuela después de clases, pero hicimos un arreglo con Firpo el vicepresidente cuyo padre era el portero de la escuela. Él nos permitía usar el auditorio por las noches para las reuniones de nuestra pandilla porque su hijo pertenecía a ella. Esa noche elegimos a Israel como presidente y a mí me eligieron por unanimidad para vicepresidente.

Después de la reunión de la pandilla tuvimos una farra en el sótano de la escuela. Había allí muchas muchachas y uno de los muchachos me presentó a su hermana Lydia que vivía enfrente de la escuela. Estuvimos mucho tiempo en la escuela esa noche, fumando marihuana, bebiendo licor barato, y sentados en la escalera de adentro acariciándonos, mientras que algunos de los otros bailaban a la música de un tocadiscos. La escalera estaba protegida con alambre grueso, y las parejas subían en la oscuridad para sus actividades sexuales.

Yo tiré a Lydia de la mano. —Salgamos de aquí. —Al pasar por la puerta ella se apretujó contra mí. —Soy tuya para siempre, Nicky. Cuando tú me quieras, soy tuya.

Caminamos hasta Washington Park pero no encontramos ningún lugar donde pudiéramos estar a solas. Al fin ayudé a Lydia a saltar por encima de una cerca de malla de alambre, y ella cayó riendo en la hierba al otro lado.

La seguí, y nos acostamos abrazados sobre la hierba. Ella se reía suavemente lo bajo mientras yo la acariciaba, pero de repente me di cuenta de que alguien nos observaba.

Miré hacia arriba al edificio directamente al otro lado de la calle y podía ver las caras de una docena de muchachas en el dormitorio de enfermeras que nos observaban. Nos acariciábamos como si estuviésemos actuando en una ópera.

Yo iba a levantarme cuando Lydia dijo: —¿Qué pasa?

—Mira hacia arriba —susurré—. Toda la maldita ciudad nos está viendo.

—¿Qué importa? —dijo Lydia riéndose y sujetándome en el suelo—. Volvimos muchas veces más al parque ignorando completamente las caras curiosas en la ventana y a las otras parejas que pudieran estar tendidas en la hierba cerca de nosotros.

Los cuatro meses siguientes fueron llenos de luchas, robos, y actividades de la pandilla. La policía me detuvo cuatro veces pero nunca pudieron probar nada contra mí. Siempre me soltaban con una advertencia.

Los miembros de la pandilla me querían y me respetaban. Yo no temía nada y me gustaba pelear tanto a pleno día como bajo la sombra de la noche.

Una tarde uno de los Mau Mau me dijo que Lydia me había traicionado con un Apache. Me enojé y dije que iba a matar a Lydia.

Volví a mi apartamento en busca de mi revólver. Uno de los muchachos informó al hermano de Lydia y él se lo advirtió sin demora. Cuando llegué a su apartamento hablé con Luis, su hermano mayor. Él me dijo que uno de los Apaches había atrapado a Lydia en la calle la noche anterior y la había abofeteado, tratando de averiguar dónde yo vivía para matarme.

Salí del apartamento y fui al de Israel. Fuimos a buscar al Apache de que Luis nos había informado. Lo encontramos en la esquina de las calles Lafayette y Ft. Greene frente a Harry's Meat House. Otros seis Mau Mau se reunieron en un círculo pequeño. Derribé al muchacho al suelo de un golpe y le pegué con un tubo de metal. Él me rogaba que no lo matara. La pandilla se reía mientras yo golpeaba al muchacho repetidas veces hasta que quedó cubierto de sangre. Los espectadores huyeron mientras la paliza continuaba. Al fin, no pudo mantener los brazos en alto para esquivar los golpes y le pegué brutalmente con el tubo a través de los hombros. Continué pegándole hasta que quedó tendido sin conocimiento en un charco de sangre.

—¡Mugroso tonto! Esto te enseñará a abofetear a mi novia. —Salimos a la carrera. Yo tenía muchas ganas de informar a Lydia lo que había hecho para defender su honor, a pesar de que una hora antes estaba dispuesto a matarla.

Durante el verano las peleas en las calles se intensificaron. El calor en los apartamentos era insoportable, y permanecíamos en las calles la mayor parte de las noches.

Casi no había noche sin alguna actividad de la pandilla.

Ninguno de nuestra pandilla tenía automóvil. Si queríamos ir a algún sitio teníamos que usar el metro o robar algún vehículo. Yo no sabía conducir, pero una noche Mannie Durango vino y me dijo: —Vamos a robarnos un coche y a dar una vuelta.

—¿Sabes de alguno? —pregunté.

—Sí, hombre, a la vuelta de la esquina. Es hermoso, y algún tonto ha dejado las llaves en él.

Le acompañé, y allí estaba, estacionado frente a un edificio de apartamentos. Mannie tenía razón. Era hermoso. Era un Chevrolet convertible con la capota bajada. Nos subimos de un salto y Mannie se puso detrás del volante. Yo me hundí en el asiento fumando un cigarrillo, lanzando las cenizas al aire por encima de la puerta como un rico sofisticado. Mannie movía el volante de un lado a otro haciendo ruidos con la boca imitando el rugir del motor de un carro de carrera

—¡Rrrruuuummmmm! ¡Rruuuuummmmmmmm! ¡Rrooorrrrr! —Yo me eché a reír.

—Seguro, hombre, fíjate en esto.

Movió la llave que estaba en el interruptor de la ignición y el motor se puso en marcha. Puso la palanca en reversa y empujó hundió el pie en el pedal del acelerador, y el auto fue a estrellarse contra una camioneta estacionada detrás. Oímos el chasquido de cristales rotos.

—¡Vamos, hombre! —dije riendo a carcajadas—. Eres un conductor experto. Tú sabes bien cómo manejar esto. Vamos a ver como arrancas.

Mannie movió la palanca en primera, y yo me sujeté mientras que él hacía avanzar el auto hasta chocar con que estaba delante. Una vez más hubo un fuerte choque y oímos oír el tintineo de cristal roto.

Nos reíamos tanto que no nos fijamos en un hombre que salió corriendo del apartamento y que nos gritó.

—¡Bájense de mi carro, y váyanse al infierno, puertorriqueños mugroso! —gritó, tratando de sacarme del asiento a la fuerza. Mannie engranó reversa haciendo que el hombre perdiera el equilibrio, arrastrándole hacia atrás. Yo agarré una botella de Coca Cola del asiento delantero y le pegué en la mano mientras él se agarraba desesperadamente a la puerta. Gritaba de dolor. Mannie engranó hacia adelante y salimos disparados por la calle. Yo estaba todavía hundido en el asiento riéndome a carcajadas. Tiré la botella en la acera y la oí estallar mientras partíamos a escape.

Mannie no sabía conducir. Las llantas chirriaron cuando Mannie dio vuelta en la esquina y avanzaba por el lado contrario al que le correspondía por Park Avenue. Casi chocamos con dos autos y otro automóvil se subió a la acera, haciendo sonar la bocina y tratando de evitar un choque de frente. Los dos nos reíamos y gritábamos. Mannie pasó por una gasolinera y dio vuelta en una esquina.

—Vamos a quemar este carro: —dijo Mannie.

—¡No, hombre! Este es un automóvil hermoso. Vamos a guardarlo. Vamos. Vamos a mostrarlo a las muchachas.

Pero Mannie no podía controlarlo, y al fin, fue a chocar chocó contra la parte trasera de un camión parado en un semáforo. Nos apeamos y echamos a correr por la acera, dejando el automóvil malamente averiado contra el trasero del camión.

Mannie era el tipo de persona que me gustaba. Poco sabía yo el horror que le esperaba.

Todos los días estaban repletos de actividad criminal. Las noches eran aún peores. Una noche Tony y cuatro muchachos más agarraron a una mujer que regresaba a su casa y la arrastraron hasta un parque donde los cinco la asaltaron sexualmente dos veces cada uno. Tony trató de ahorcarla con el cinturón. Más tarde ella lo identificó y lo echaron a la cárcel por 12 años.

Dos semanas más tarde, 16 de nosotros detuvimos a un muchacho italiano que caminaba por el territorio Mau Mau. Lo rodeamos y lo derribamos al suelo. Yo me acerqué a él y le amenazaba con mi navaja, apuntando a su manzana de Adán y a los botones de su camisa. Maldiciéndome, me hizo soltar la navaja con un golpe, y antes de que yo pudiese moverme Tico le hizo un tajo sobre la cara. El muchacho aullaba de dolor mientras Tico le rasgaba su camisa y le hacía una gran M en la espalda con la navaja. —Vamos, eso te enseñará a no entrar al territorio de los Mau Mau, —dijo—. Echamos a correr, dejándole sangrando en la acera.

Todos los días los periódicos publicaban artículos sobre los asesinatos en los patios de enfrente de las casas, en el metro, en las calles, en los corredores de los edificios de apartamentos y en los callejones. Todas las noches había una reyerta.

Los oficiales del Brooklyn Tech pusieron alambradas gruesos sobre todas las puertas y ventanas de la escuela. Todas las ventanas, aun las del quinto piso estaban cubiertas de alambradas.

Muchos de los propietarios de almacenes compraban perros y los dejaban encadenados durante la noche.

Las pandillas se organizaron mejor, y se formaban nuevas pandillas. Había tres pandillas nuevas en nuestra área. Los Escorpiones, los Virreyes, y los Quintos.

Nos enteramos de que la ley de Nueva York prohíbe que un policía registre a una muchacha. Por consiguiente, hacíamos que las muchachas llevaran nuestras armas y navajas hasta que las necesitábamos. Si un policía nos detenía para registrarnos, las muchachas se quedaban atrás gritando: —¡oye, policía mugroso! ¡Déjale! Él no tiene nada. Él no ha hecho nada. ¿Por qué no vienes a abrazarme a mí y haré que te pongan en tu propia cárcel? ¡Oye, policía! ¿Quiere manosearme? Ven.

Usando la antena de un automóvil y el mecanismo de una cerradura de puerta aprendimos a hacer pistolas que disparaban balas calibre .22. De vez en cuando estas armas explotaban en la mano del que disparaba, o el tiro salía por la culata cegándole. Las fabricábamos en cantidades y las vendíamos a los miembros de otras pandillas, sabiendo que las usarían contra nosotros si tenían la oportunidad.

El cuatro de julio de ese verano todas las pandillas se reunieron en Coney Island. Los periódicos calcularon que más de 8.000 miembros de bandas de menores de veinte años atestaron Coney Island. Ninguno de ellos pagó. Empujaron hasta pasar la entrada y nadie se atrevió a decir nada. Lo mismo sucedió en el subterráneo.

El primero de agosto la policía detuvo a Israel. Cuando salió de la cárcel nos dijo que tenía muchos líos y que quería mantenerse aislado hasta que las condiciones mejorasen. Quedamos de acuerdo y me eligieron a mí como presidente por la pandilla. A Israel lo hicieron vicepresidente hasta que el asunto con la policía se calmara. Yo había sido miembros de la pandilla apenas por seis meses cuando asumí el mando.

No tardé mucho tiempo en darme cuenta de que los Mau Mau eran temidos y que yo había adquirido gran reputación de pandillero sanguinario. Yo me gloriaba de esta fama.

Una noche fuimos todos a un gran baile patrocinado por el centro de la iglesia St. Edward-St. Michael. La iglesia se esforzaba por atraer a los jóvenes que generalmente pasaban su tiempo en las calles, y había abierto un salón de baile a corta distancia de la estación de policía para bailes los fines de semana. Todos los viernes por la noche tenían una banda de música y todos los miembros de las pandillas callejeras venían al centro a bailar. Holgazaneaban fuera y bebían cerveza y licor barato. La semana anterior nos habíamos emborrachado y cuando los curas trataron de calmarnos, los golpeamos y escupimos. La policía vino y nos ahuyentó. Era raro el viernes en que el baile no se convirtiera en una reyerta.

Cierta noche acompañé a Mannie y a Paco. Bebimos mucho y fumamos marihuana. Vi una linda muchacha rubia y bailé con ella varias veces. Ella me dijo que su hermano tenía dificultades con los Phantom Lords. Iban a matarlo.

—¿Dónde está tu hermano? —pregunté—. Nadie lo tocará si yo digo que no. Deseo hablarle.

Me llevó a un lado de la sala y me presentó a su hermano. Él me dijo que los Phantom Lords de Bedford Avenue querían matarlo porque había tenido una cita con una de sus muchachas. El muchacho estaba tan borracho que se tambaleaba y tenía miedo.

—Te voy a decir lo que voy a hacer —dije—. Tu hermana es una polla interesante. Creo que me gustaría salir con ella de vez en cuando. Y puesto que ella me gusta, me encargaré de ti también.

Ya yo había arreglado una cita con ella para llevarla al cine. Le dije que ella tendría que hacer lo que yo deseaba, fuese lo que fuese, puesto que yo era presidente de los Mau Mau. Ella tenía miedo y dijo que me acompañaría pero que no deseaba que los otros muchachos la manoseasen. Nos besamos y le dije que mientras fuera mi novia, yo la protegería.

Alzamos los ojos al mismo instante que tres Phantom Lords entraban por la puerta. Iban vestidos con chaquetas escandalosas y pantalones de cuadros con largas cadenas para llaves, y uno se acercó despacito guiñándole el ojo a la rubia. Ella se retiró, y yo le abracé la cintura. —¡Oye nena! —dijo con sorna—, ¿qué tal salir conmigo? Mi hermano tiene un carro ahí afuera y podemos tener el asiento trasero todo para nosotros.

—¿Quieres morir? —pregunté enojado.

—Vaya fanfarrón —dijo el Phantom Lord riéndose—. Ya tenemos pensado matar a tu amigo el borracho y puede ser que te matemos a ti también, bribón. Mannie se mofó del muchacho lanzando una «trompetilla» con los labios. El muchacho volvió la cabeza repentinamente. —¿Quién hizo eso? —Mannie se echó a reír, pero yo, sospechando que habría lío dije: —Nadie. —Yo comencé a dar un paso hacia atrás, pero el muchacho le pegó a Mannie y lo derribó al suelo. Después de Israel, Mannie era mi mejor amigo. Nadie iba a golpearle sin pagarlo. Extendí el brazo y le di un puñetazo en la espalda, un poco más arriba de los riñones. Él se agarró la espalda con ambas manos y gritó con agonía.

Mannie se puso de pie como un relámpago y sacó su cuchillo. Yo buscaba el mío mientras que los otros muchachos en la sala formaban un semicírculo y avanzaban hacia nosotros. Eran muchos en contra y comenzamos a retroceder hacia la puerta. Cuando llegamos a la escalera, un muchacho grande se lanzó hacia mí con su cuchillo. La puñalada erró pero el cuchillo me rasgó la chaqueta. Cuando pasó tambaleándose, le pegué en la nuca y lo eché escalera abajo de un puntapié. Otros dos se lanzaron hacia mí. Mannie me tiró de la chaqueta y nos echamos a correr. —¡Vamos! —dije gritando—. Voy a buscar a los Mau Mau y vamos a quemar este lugar.

Los muchachos se quedaron mirándose. Ellos no sabían que yo era un Mau Mau puesto que iba vestido de traje y corbata esa noche. Comenzaron a retirarse hacia atrás y Mannie y yo dimos vuelta y salimos.

Al día siguiente llamé a Mannie y a Paco. Íbamos en busca de Santo, el Phantom Lord que había amenazado al hermano de la rubia. Mannie y yo habíamos bebido y estábamos casi borrachos. Fuimos a la dulcería en la tercera avenida y yo divisé a unos Phantom Lords. —¿Quién de ustedes es Santo? —pregunté—. Uno de los muchachos miró en dirección a un muchacho alto y con pelo lacio. Dije: —Eh, nene, ¿cómo te llamas? ¿Santa Claus? —Mannie se echó a reír y el muchacho alzó los ojos y me llamó «hijo de perra». —¡Oye, che! Acabas de meter la pata. ¿Sabes quiénes son los Mau Mau?

—Sí, he oído hablar de ellos. Pero son muy listos para meter las narices por aquí.

—Hoy están rondando por aquí, nene. Estos son los Mau Mau. Yo me llamo Nicky. Soy el presidente. Tú vas a recordar ese nombre para siempre, chiquillo.

El propietario de la tienda extendió la mano para coger el teléfono. Metí la mano en el bolsillo y empujé el dedo contra el forro como si tuviese escondida allí una pistola. —¡Oiga hombre! —grité—. ¡Cuelgue eso!

Los otros se asustaron y retrocedieron. Me acerqué a Santo y le di dos bofetadas en la cara. Todavía tenía la otra mano en el bolsillo. —Quizás te acuerdes de mí ahora, nene.

Él se echó hacia atrás y le pegué en el estómago. —Vamos —le dije a Paco—. Salgamos de aquí. Estos muchachos tienen miedo. Nos volvimos y nos pusimos en marcha. Dije al escupir por encima del hombro: —La próxima vez, di a tu madre que te ponga el pañal antes de dejarte salir de casa. Tú eres un bebé todavía. —Riéndonos, salimos caminando.

Cuando estábamos en la calle Mannie puso la mano en el bolsillo de la chaqueta y apuntó el dedo debajo de la tela. —¡Pum! ¡Pum! Estas muerto —dijo—. Riéndonos, salimos calle abajo.

Aquella noche Israel vino y dijo que los Phantom Lords preparaban una reyerta a causa de la pelea en la dulcería.

Israel y yo pasamos a recoger a Mannie y nos dirigimos al territorio de los Phantom Lords para sorprenderlos de antemano. Al acercarnos al Brooklyn Bridge nos separamos. Israel y Mannie doblaron la esquina y yo caminé calle adelante.

Unos minutos más tarde oí a Israel gritar y doblé la esquina del edificio corriendo. Habían sorprendido a uno de los Phantom Lords que estaba solo, y le tenían tendido en la acera pidiendo clemencia.

—Quítenle los pantalones —mandé—. Los muchachos desabrocharon su cinturón y le quitaron los pantalones. Los arrojaron al arroyo y después le quitaron los calzoncillos rasgándolos. —¡En pie, aborto, y echa a correr! —Nosotros nos reíamos, lanzándole insultos.

—Vamos —dijo Israel—, ninguno de esos atorrantes están por aquí. Vamos a casa. Empezamos a caminar cuando de repente nos vimos rodeados por un grupo de doce o quince Phantom Lords. Era una emboscada. Reconocí a unos miembros de una pandilla de judíos que les acompañaban. Un tipo me atacó con un cuchillo y yo le di con un tubo. Otro trató de apuñalarme, di vuelta y le di en la sien con el tubo.

Entonces sentí una explosión en la nuca y caí a la acera. Tenía la sensación que se me iba a separar la cabeza del cuerpo. Traté de mirar hacia arriba pero alguien me dio un puntapié en la cara con un zapato con clavos. Otro me dio un puntapié en los riñones. Me esforcé para ponerme de pie pero me pegaron con un tubo encima del ojo. Yo sabía que me matarían si no escapaba, pero ni podía levantarme. Caí de nuevo en la acera boca abajo y sentí al muchacho de los clavos patearme las piernas y después las caderas. Los clavos estaban tan afilados como una navaja de afeitar. Podía sentir el acero cortante rasgar mis pantalones delgados y desgarrar la carne de mis caderas y mis nalgas. Me desmayé de dolor.

Lo último que pude recordar era que Israel y Mannie me arrastraban por un callejón trasero. Yo sabía que estaba gravemente herido porque no podía usar las piernas.

—¡Ven! ¡De prisa! —repetían—. Aquellos bastardos volverán en cualquier momento. Tenemos que salir de aquí.

Una vez más perdí el conocimiento del dolor y cuando me desperté, estaba en el suelo de mi apartamento. Me habían arrastrado toda la distancia hasta mi casa y me subieron a mi cuarto arrastrándome por las escaleras de los tres pisos. Me ayudaron a meterme en cama y me desvanecí de nuevo. Cuando me desperté el sol caliente entraba por la ventana y me escurrí de la cama. Estaba tan rígido que apenas podía moverme. Tenía toda mi espalda cubierta de sangre seca. Procuré quitarme los pantalones pero la tela estaba pegada a la piel y sentía como si me la arrancara. Bajé por la escalera tambaleándome hasta el baño público y me metí a la ducha completamente vestido hasta que la sangre se ablandó y pude desvestirme. Tenía la espalda y las caderas como una sola masa de profundos cortes y magulladuras horribles. Subí la escalera medio a rastras, desnudo, y recordando aquel muchacho que corría por la calle sin pantalones.

—Hombre —pensaba—, si él pudiera verme a mí ahora.

Me metí en mi cuarto y pasé el resto del día curándome las cortaduras. Ser presidente de los Mau Mau era bueno, pero a veces era penoso. Esta vez me escapé de poco.

Capítulo Seis
Quemadores
del Infierno

———∞∞∞———

Aquel otoño mi hermano Louis, que vivía en el Bronx, vino a mi apartamento a suplicarme que me fuera a vivir con él. Había leído acerca de mis altercados con la policía en los periódicos de Nueva York. —Nicky, te estás jugando la vida y es un juego peligroso. Te van a matar—. Dijo que él y su esposa ya habían hablado y que ellos deseaban que yo fuera a vivir con ellos. Me reí de él.

—¿Por qué quieres que yo vaya a vivir contigo? —pregunté—. Nadie me quiere. ¿Cómo es que tú te has decidido a quererme? ¿Qué quieres de mí?

—Eso no es verdad, Nicky —contestó Louis—. Todos te queremos. Frank, Gene, todos te queremos. Pero tú debes decidir quedarte en un lugar permanente.

—Escucha —dije—, nadie me quiere. Tú eres un embustero. No me quiere ni Frank, ni Gene, ni papá, ni mamá.

—Aguarda un momento —interrumpió Louis—. Papá y mamá te aman.

—¿Sí? Pues, ¿por qué me despidieron de casa? ¿Qué puedes decir de eso, listo?

—Te despidieron porque no podían manejarte. Tú eres como un salvaje ... como si estuvieses siempre huyendo de algo.

—¿Sí? Tal vez esté corriendo de ustedes, bribones. Dime, ¿sabes cuántas veces papá se ha sentado a mi lado para hablarme? Una vez. Él no se sentó para hablar conmigo más que una sola vez. Fue cuando me contó la historia de un pájaro estúpido. ¡Una sola vez! No más. Hombre, no me digas que él me ama. Él no tiene tiempo para nadie más que para sí.

Louis se levantó y se paseaba de un lado a otro de la habitación. —Nicky, ¿no puedes razonar?

—¿Por qué debo irme a tu casa? Tú me forzarías a volver al colegio, al igual que Frank. Aquí lo tengo todo arreglado. Tengo 200 muchachos que hacen lo que yo les digo y 75 muchachas que me acompañan cuando yo se lo pido. Me dan todo el dinero que necesito. Me ayudan a pagar la renta. Aún la policía me teme. ¿Por qué tengo que ir a tu casa? Mi familia es la pandilla. Eso es lo único que necesito.

Louis se quedó sentado al borde de la cama hasta altas horas de la noche tratando de convencerme de que un día todo esto cambiaría. Me dijo que si no me mataban o me metían en la cárcel, un día tendría que obtener un empleo y que necesitaría una buena educación. Le dije: —Olvídalo. —Tenía algo bueno entre manos y no iba a volverme atrás.

A solas en mi cuarto la tarde siguiente el temor que había escondido tan expertamente, me agobiaba. Me tendí en la cama y bebí licor hasta emborracharme y no poder ni siquiera sentarme. Esa noche dormí completamente vestido, pero no esperaba lo que sucedió. ¡Pesadillas! ¡Pesadillas horribles, horripilantes! Soñé con papá. Soñé que él estaba encadenado en una cueva. Él tenía dientes de lobo, y el cuerpo cubierto de pelo sarnoso. Ladraba lastimosamente y yo deseaba acercarme a él para acariciarle, pero temía que me mordiera.

Entonces, veía pájaros. La cara de Louis iba y venía frente a mí mientras que se iba montado en un pájaro volando libremente al cielo. Después, fui atacado por millones de pájaros que revoloteaban, rasgando mi carne, y dándome picotazos los ojos. Cada vez que me libraba de ellos veía a Louis volando hacia alguna libertad desconocida.

Me desperté gritando. —¡No tengo miedo! ¡No tengo miedo! —Pero al dormirme una vez más, veía a papá encadenado en la oscuridad y los pájaros llegaban en bandadas volando para atacarme.

El espanto continuó. Durante más de dos años temía dormirme. Cada vez que me adormecía los sueños horribles reaparecían. Recordaba a papá y deseaba que él viniera a Nueva York para echar fuera de mí a los demonios. Estaba poseído de culpa y de temor, y de noche me quedaba acostado en la cama luchando por no dormir y diciendo repetidas veces: —Es en vano. Es en vano. No hay remedio. No hay remedio. Sólo la actividad de la pandilla me salvó de volverme completamente loco.

Los Mau Mau se habían convertido en parte de mi vida. Aunque teníamos la fuerza nosotros mismos, de vez en cuando formábamos una alianza con otra pandilla. En el invierno de 1955 los Quemadores del Infierno de Williamsburg hicieron contacto con nosotros para formar una alianza.

Estaba oscureciendo y algunos de nosotros nos habíamos reunido en el patio de recreo de la escuela pública número 67 para discutir una refriega contra los Obispos. Alce la vista y vi a tres muchachos que aparecieron en la oscuridad caminando hacia nosotros. Nos pusimos en guardia inmediatamente. Uno de los Mau Mau se escurrió por la oscuridad y comenzó a rodear a los tres que se nos acercaban.

Grité: —¡Oigan! ¿Qué quieren?

Uno de ellos dijo: —Buscamos a Nicky, líder de los Mau Mau. —Yo sabía que esto podía ser una trampa.

—¿Sí? ¿Qué desean con Nicky?

—¡Hombre, oye! Esto no es ninguna trampa. Estamos en un apuro y necesitamos hablar con Nicky.

Yo tenía sospechas. —¿Qué clase de dificultad tienen? —pregunté—.

—Me llamo Willie «el Butch», —dijo el muchacho que estaba más cerca y que yo podía ver—. Soy el líder de los Quemadores del Infierno. Necesitamos ayuda. —Entonces le creí—.

—¿Qué clase de ayuda?

—¿Has oído lo que los Phantom Lords hicieron a Ike? Indicó con la cabeza que Ike era el muchacho a su derecha.

Yo me había enterado. Había salido en todos los periódicos. Ike tenía 14 años y vivía en la calle Keap. Estaba jugando con dos otros muchachos cuando un grupo de Phantom Lords les atacaron. Los otros muchachos escaparon pero agarraron a Ike contra una empalizada. Cuando trató de defenderse lo subyugaron y lo arrastraron a un sótano al otro lado de la calle. Allí, según los informes de los periódicos, le ataron las manos, lo abofetearon y le dieron puntapiés hasta que perdió el conocimiento. Después derramaron gasolina en sus manos y le prendieron fuego. Salió tambaleándose hasta la calle donde se desplomó, y lo encontró un camión de policía que pasaba por allí.

Yo miré rápidamente hacia el muchacho que Willie «el Butch» había presentado como Ike. Tenía las manos y los brazos vendados y la cara malamente magullada.

Willie continúo: —Ustedes son los únicos que nos pueden ayudar. Queremos ser pandillas hermanas. Todo el mundo teme a los Mau Mau, y necesitamos su ayuda en una refriega contra los Phantom Lords. Si no vengamos a Ike, somos «gallinas».

Las otras pandillas sabían de mi reputación y de la reputación de los Mau Mau. No era la primera vez que alguien había venido a nosotros en busca de ayuda. Y nos gustaba darla porque nos daba una excusa para pelear.

—¿Y si no te ayudo?

—Entonces perderemos nuestro territorio a los Phantom Lords. Anoche entraron en nuestro territorio y quemaron nuestra dulcería.

—¿Quemaron su dulcería? Pues, chico, voy a quemarlos a ellos. A todos ellos. Mañana por la noche estaré en el territorio de los Quemadores del Infierno y formularemos planes para matar a aquellos andrajosos.

A la noche siguiente salí de mi apartamento después del anochecer y caminé hasta la calle Williamsburg. En el camino, diez miembros de mi pandilla se juntaron conmigo. Al entrar a su territorio podíamos sentir la tensión en el aire. Los Quemadores del Infierno tenían miedo y se habían retirado a los tejados. De repente fuimos bombardeados con piedras y botellas. Afortunadamente, su puntería era mala y entramos rápidamente en la puerta de un edificio de apartamentos para escapar de la lluvia de piedras y vidrios que caía con violencia desde arriba.

Dije a los otros muchachos que se mantuvieran donde estaban mientras yo subía por los apartamentos hasta el último piso. Allí encontré una escalera de mano que conducía al tejado a través de una puerta.

Abriendo la puerta cautelosamente, podía ver a los muchachos en el tejado, inclinándose por encima del borde, mirando hacia la calle. Me deslicé sin hacer ruido por la puerta y me escondí detrás de un tubo de ventilación.

Avanzando cautelosamente detrás de dos de ellos, les toqué en el hombro. —¡Ayyyyyyyyy! —gritaron—. Ambos casi se cayeron del tejado. Miraron hacia atrás con ojos asustados, agarrándose del parapeto con las bocas abiertas de miedo.

—¿Quiiii-i-ién eres? —balbucearon—.

Yo no podía reprimir la risa. —¡Eh, chico! Soy Nicky. ¿Quién eres tú, un búho o algo así?

—¿Quiiii-i-ién, Nicky? —uno de ellos tartamudeó—.

—Ven chico. Soy el líder de los Mau Mau. Hemos venido a ayudarles, a menos que no nos maten antes. ¿Dónde está tu líder? ¿Dónde está Willie «el Butch»?

Willie estaba en otro tejado. Me llevaron a su lado. Unos quince Quemadores del Infierno se congregaron alrededor de nosotros mientras que los otros Mau Mau subieron y se unieron al grupo.

Willie me dijo como habían tratado de evitar la invasión de los Phantom Lords, pero que hasta el momento no lo habían logrado. Aquella noche todo estaba en calma, pero no sabían nunca cuando la pandilla iba a aparecer en la calle y hacerlos pedazos. La policía sabía de la guerra entre las pandillas pero no podía hacer nada para evitarla.

Willie tenía un revólver en la mano, pero por lo que yo supe, ninguno de los otros muchachos tenían pistolas.

Escuché, y entonces comencé a planear la estrategia para la lucha. La pandilla guardó silencio mientras yo hablaba.

—La razón por la cual están perdiendo es que están a la defensiva. Les permiten venir aquí y tienen que defender su propio territorio. Hombre, la manera de pelear es atacarlos.

Hice una pausa, y después continué. —Y sin pistolas. Hubo excitación entre el grupo. —¿Sin pistolas? ¿Cómo podemos pelear sin pistolas?

—Usaremos armas silenciosas. —Metí la mano en mi chaqueta y saqué una bayoneta envainada de dos pies de largo. La desenvainé y corté el aire. Podía escuchar los silbidos por lo bajo del grupo de muchachos que estaban alrededor.

Había ganado su respeto y aprobación. Me escuchaban atentamente, ansiosos de saber cómo los iba a dirigir.

Me dirigí una vez más a Willie. —Quiero cinco de tus muchachos más valientes. Nosotros llevaremos cinco de los nuestros, y mañana por la noche penetraremos en territorio de los Phantom Lords para hablar con sus jefes.

Ellos no desean enfrentarse a los Mau Mau.

—Les diré que somos pandillas hermanas y que si no

les dejan en paz tendrán que luchar contra nosotros también. Y si no aceptan, quemaremos su tienda para convencerles de que hablamos en serio. ¿Qué dicen?

—¡Sí, sí, chico! —la banda comenzó a gritar—. Vamos a quemar a esos bastardos. Vamos a arreglarlos bien. Sí, vamos a demostrarles, chico.

A la tarde siguiente yo fui con cinco de nuestros muchachos y nos reunimos en la dulcería en White Street en el territorio de los Quemadores del Infierno. La tienda se había reparado después de una pelea entre pandillas hacía algunas noches. Cinco de los Quemadores del Infierno, incluso Willie «el Butch», se nos reunieron allí. Hablé con el gerente y le dije que sentíamos que los Phantom Lords hubiesen dañado su tienda y que nosotros íbamos a asegurarnos de que no ocurriría de nuevo. Entonces le pedí que guardara mi bayoneta hasta que regresáramos.

Eran como las cinco de la tarde y caía una lluvia ligera en el crepúsculo fresco. Salimos de la tienda y caminamos a través de la ciudad hacia la calle Tres en territorio de los Phantom Lords. Había cinco de ellos en la dulcería. Nos vieron venir pero no pudieron escapar porque teníamos bloqueada la puerta.

Nos paramos con las manos dentro de los bolsillos de nuestras chaquetas como si lleváramos pistolas. Me acerqué a los muchachos que ahora estaban de pie detrás de su mesa y maldiciendo, pregunté: —¿Dónde está su líder?

Un muchacho con una apariencia amenazante y que llevaba anteojos opacos dijo: —Freddy es nuestro jefe.

—¿Quién de ustedes es Freddy?

Un muchacho de unos 18 años con una tez morena y pelo ensortijado avanzó y dijo; —Yo Soy Freddy. ¿Quién diablos eres tú?

Yo llevaba todavía las manos en el bolsillo con el cuello del impermeable alzado alrededor de la nuca. —Soy Nicky, presidente de los Mau Mau. ¿Tú has oído hablar de

los Mau Mau? Este es Willie «el Butch», líder de los Quemadores del Infierno. Somos pandillas hermanas. Deseamos terminar las peleas.

—Bien, hombre —dijo Freddy—, Vengan por aquí y vamos a hablar.

Nos retiramos a un lado para hablar, pero uno de los
Phantom Lords maldijo a Willie, y antes de que yo pudiera moverme, Willie había sacado su mano del bolsillo y
abrió repentinamente su navaja. En vez de retirarse, el
muchacho avanzó rápidamente su paraguas hacia Willie.
La punta de metal, aguda como una aguja, rasgó su impermeable pasándole ligeramente por encima de las costillas.
Inmediatamente, uno de los Quemadores del Infierno agarró del mostrador un azucarero pesado y se lo arrojó al
muchacho con el paraguas, pegándole en el hombro y de-
rribándolo al suelo.

Freddy comenzó a gritar: —¡Oigan! ¡Cálmense! —Pero
nadie le oía. Mientras que los muchachos avanzaron los
unos contra los otros, Freddy volvió hacia mí y dijo: —
Hazlos parar.

—Páralos tú, hombre. Tus muchachos comenzaron.

En aquel momento alguien me golpeó en la nuca. Oí el
estallido de vidrio roto cuando una botella dio contra un
espejo detrás del mostrador.

Afuera un auto de la policía se detuvo chirriando las
llantas en medio de la calle y con la luz roja oscilando. Dos
policías uniformados saltaron del carro, dejando las puertas abiertas de par en par mientras que corrían hacia la
dulcería con sus porras en la mano.

Los otros muchachos les habían visto al mismo tiempo. Como en reacción a una señal, todos salimos corriendo por la puerta y nos esparcimos entre los automóviles.
Un policía me seguía de cerca, pero volqué un barril grande de basuras en el centro de la acera, parándole lo suficiente como para escaparme dentro de un callejón.

El escenario para una gran refriega había quedado preparado. A la noche siguiente más de cien de los Mau Mau se reunieron frente a la dulcería en territorio de los Quemadores del Infierno. Willie «el Butch» estaba por allí con más de 50 de sus muchachos y caminamos juntos por el centro de la calle hacia la dulcería en el territorio de los Phantom Lords.

Charlie Cortez, uno de los Mau Mau, había estado bajo la influencia de la heroína durante la última semana y aquella noche tenía ganas de pelear. Al llegar a la dulcería abrió la puerta de un golpe y agarró a uno de los Phantom Lords que había tratado de correr. Le tiró una cuchillada pero falló y lo empujó hacia atrás en mi dirección.

Yo me reía. Así me gustaba luchar, 150 contra 15. Di al muchacho un fuerte golpe con un tubo de plomo que tenía una tuerca pesada en la punta. Cuando el tubo le dio en las espaldas gritó de dolor y se derribó en la acera. Le di de nuevo, esta vez en la nuca y cayó de golpe en el concreto de la acera, sangrando de una herida profunda.

—Vamos —alguien exclamó—, prendamos fuego a esta turba. —Los muchachos se esparcieron. Algunos entraron en la tienda, otros se metieron en el salón de billares de al lado. La ola humana me empujó a la dulcería. Todavía llevaba el tubo de plomo y daba golpes a diestra y siniestra. Las vidrieras ya las habían roto y yo vi al dueño escondido bajo el mostrador para protegerse. Los muchachos se habían vuelto locos. Rompían todo. Alguien volcó el tocadiscos y yo me subí encima, haciéndolo añicos con mi tubo. Otros arrancaron los armarios detrás del mostrador, rompiendo vasos y platos. Alguien limpió la caja registradora y la arrojó por la ventana ya rota.

Salí corriendo a la calle, sangrando de la cara donde me había dado un trozo de vidrio y seguí corriendo de un lado a otro de la calle, rompiendo con mi tubo los parabrisas de los automóviles.

Dentro del salón de billares había como cincuenta muchachos. Habían volcado todas las mesas de billar y roto los punteros y tiraban las bolas a las tiendas de enfrente.

Una cuadrilla había detenido un auto en medio de la calle y saltaron sobre él hasta arruinarlo. Todos estaban riéndose, gritando y destruyendo.

Las sirenas sonaban mientras los autos de la policía entraban por ambos lados de la calle. Generalmente esto servía de señal para que los muchachos escaparan corriendo. Pero las ganas de pelear se habían apoderado de nosotros y nada nos importaba.

Un carro de la policía había llegado hasta el centro de la cuadra pero los policías no podían abrir las puertas a causa de los muchos jóvenes que los rodeaban, golpeándolos con botellas rotas, ladrillos y palos. Rompieron los faroles y las ventanas. Los policías atrapados dentro, trataban de llamar ayuda por medio de su radio, pero subimos al techo del auto y arrancamos la antena. Uno de los muchachos dio puntapiés a la sirena hasta desprenderla y cayó a la calle.

Más autos de policía se pararon con las llantas chirriando al fin de la cuadra. Era como un manicomio. Más de 150 muchachos peleaban, gritaban, volcaban automóviles y destrozaban cristales. Los policías entraron con energía al tumulto dando golpes con sus porras en todas direcciones. Vi a Carlos luchando con dos policías en el centro de la calle. Corrí para ayudarle pero oí el disparo de una pistola y supe que era tiempo de escabullirse.

Nos esparcimos en todas direcciones. Algunos de los muchachos corrieron por las calles y los callejones. Otros entraron en los apartamentos, subieron las escaleras y salieron a los tejados. A los pocos minutos la escena de la refriega estaba desierta y no quedaba más que una calle llena de destrucción. Ni un sólo auto había escapado del daño. La dulcería estaba completamente demolida. La sala de billar también. Todas las vidrieras de la cantina al otro lado de la calle habían sido rotas y una gran cantidad de whisky fue robada del mostrador. Alguien había abierto la puerta de un carro, rasgó los asientos y entonces pegó fuego al relleno. Los policías trataban de extinguir el fuego, pero el carro estaba envuelto en llamas cuando nosotros partimos.

Todo el mundo escapó excepto Charlie y tres de los Quemadores del Infierno. La ley de las pandillas establecía que si alguno era capturado, él sólo tenía que sufrir. Si «cantaba» o denunciaba a los otros sería juzgado por la pandilla. O, si iba a la cárcel castigarían a su familia. Charlie fue condenado a tres años de cárcel y los otros fueron condenados también.

Pero los Phantom Lords no regresaron nunca jamás al territorio de los Quemadores del Infierno.

Capítulo Siete

El hijo de Lucifer

Al acercarse el segundo verano parecía que todo el barrio bajo estaba inflamado de odio y violencia. Las pandillas se habían retirado durante el invierno y regresaron en la primavera con sus fuerzas bien organizadas. Durante todo el invierno habíamos estado fabricando pistolas, robando armas y ahorrando municiones. Yo había ganado reputación como el líder más temido de las pandillas de Brooklyn. Había sido arrestado 18 veces, y una vez ese invierno pasé 30 días en la cárcel esperando juicio. Pero nunca pudieron probar mi culpabilidad.

Al comenzar el calor empezamos a agitarnos como locos salvajes. Los Dragones habían estado luchando casi continuamente con los Viceroys. El primero de mayo, Mingo, presidente de los Chaplains, entró en una dulcería llevando bajo el brazo una escopeta recortada.

—¡Eh, nene! —dijo, apuntando la escopeta hacia un muchacho que estaba sentado junto a una mesa—, ¿tú te llamas Sawgrass?

—¡Sí, hombre, soy yo! ¿Qué vas a hacer? —Mingo no contestó. No hizo más que alzar la escopeta y apuntarle a la cabeza. —¡Oye, hombre! —dijo Sawgrass sonriendo débilmente, poniéndose de pié y retrocediendo—. No me apuntes con eso. Pudiera dispararse.

Mingo estaba bajo los efectos de la heroína y no hizo más que mirarle inexpresivamente y apretó el gatillo. El tiro le dio un poco más arriba de la nariz y le voló la parte superior de la cabeza. El resto de su cuerpo cayó al suelo moviéndose convulsivamente. Sangre, hueso, y perdigones quedaron incrustados en la pared.

Mingo se volvió y salió de la dulcería. Cuando la policía lo alcanzó iba caminando calle abajo con la escopeta colgando de su mano. Le gritaron que se detuviera. Pero se volvió y apuntó la escopeta en dirección de los policías. Ellos abrieron fuego y Mingo cayó en la calle acribillado a balazos. Pero, adentro, cada uno de nosotros era un Mingo. Era como si toda la ciudad estuviese loca.

Ese verano declaramos guerra contra la policía. Escribimos una carta a los policías del recinto 88 y a la policía de los apartamentos. Les informamos que estábamos en pie de guerra contra ellos y que desde ese entonces cualquier policía que entrara en nuestro territorio sería matado como enemigo.

La policía duplicó el número de sus patrullas y a menudo tres hombres juntos hacían las rondas. Esto no nos impidió. Nos reuníamos en los techos exteriores y arrojábamos ladrillos, botellas y barriles de basura sobre ellos. Cuando salían a la calle para ver quien estaba arrojando aquellas cosas, abríamos fuego. Nuestra puntería era muy mala y nuestros «zip guns» muy inexactos excepto en peleas de cerca. Nuestro deseo más intenso era matar a un polizonte.

Una de nuestras tretas favoritas era arrojar bombas de gasolina. Hurtábamos la gasolina de los autos estacionados de noche y la guardábamos en botellas de agua gaseosa o vino. Entonces formábamos una mecha de paño, la encendíamos, y la estrellábamos contra el lado de un edificio o un auto policíaco. Explotaba en una masa de llamas. De vez en cuando esto era contraproducente. Una tarde, Dan Brunson, miembro de nuestra pandilla, encendió una bomba de gasolina para arrojarla a la estación de policía. La mecha se gastó demasiado rápido y la bomba le explotó en la cara. Antes de que nadie pudiera prestarle ayuda, quedó envuelto en llamas. Los policías salieron de prisa y extinguieron las llamas con sus manos. Uno de los policías recibió una quemadura seria al extinguir el fuego. Llevaron a Dan al hospital rápidamente, pero los médicos dijeron que pasarían años antes de que volviese a estar normal.

Durante la semana siguiente las actividades menguaron, pero pronto resurgieron con más furia aún.

Los días de fiesta eran ocasiones favoritas para las refriegas de las pandillas. El Día de Pascua, el Día de los Caídos y el Cuatro de Julio, la mayoría de las 285 pandillas de la ciudad se congregaban en Coney Island. Cada uno llevaba su mejor ropa y trataba de lucirse. Como resultado, había luchas implacables y a veces fatales. Aquel día, el Cuatro de Julio, los Obispos mataron a Larry Stein, uno de nuestros muchachos. Tenía sólo 13 años y cinco de ellos lo mataron golpeándole con cadenas de bicicleta. Luego enterraron su cuerpo en la arena y pasó casi una semana antes de que encontraran su cuerpo.

Cuando nosotros nos enteramos del asunto, casi 200 de nosotros nos reunimos en el sótano de la escuela para planear la venganza. La sala estaba cargada de odio. La mitad de los muchachos estaban borrachos y deseaban salir aquella noche y quemar las casas de apartamentos de los Obispos e incendiar la sección de Bedford Avenue en Brooklyn. Sin embargo, yo podía mantener orden y acordamos en asistir al funeral de Larry la tarde siguiente y reunirnos por la noche para planear el golpe.

A la tarde siguiente nos reunimos en el cementerio para el entierro. Dos automóviles se pararon y un grupo pequeño de enlutados se apearon. Reconocí al padre, la madre y los cuatro hermanos de Larry. Los Mau Mau estaban en los alrededores del cementerio y cuando el cortejo fúnebre llegó nos acercamos más de 200 muchachos y muchachas, la mayoría llevando chaquetas negras con la roja doble M en la espalda.

Di un paso hacia adelante para hablar a la Sra. Stein. Ella me vio avanzar y comenzó a gritar. —¡Sáquenles fuera de aquí! ¡Sáquenles fuera de aquí! ¡Monstruos! ¡Brujas! — Se volvió y tambaleándose se puso en marcha hacia el automóvil, pero se desmayó y cayó en el césped. Su marido se arrodilló a su lado y los hermanitos estaban absolutamente horrorizados mirando a nuestra pandilla que avanzaba de entre las tumbas para ponernos alrededor de la fosa.

El Sr. Stein levantó los ojos hacia mí y maldijo: —Tú tienes la culpa de esto. Si no fuese por ti y tu sucia pandilla, Larry estaría vivo hoy. —Dio un paso hacia mí con odio reflejado en sus ojos, pero el encargado del funeral le asió y le haló hacia atrás.

—Por favor, espera al otro lado de la fosa, —me dijo el encargado—. Déjanos en paz, te suplico.

Consentí y nos retiramos al otro lado de la fosa mientras revivían a la señora Stein, y continuaron el servicio.

Aquella noche tuvimos nuestra segunda reunión. Esta vez nada iba a detenernos. Supimos aquella tarde que los GGI habían matado a uno de los Obispos y que iban a tener el funeral al día siguiente. Los muchachos deseaban interrumpir el funeral arrojando bombas de gasolina de los edificios. La intensa lealtad de la pandilla para vengarse de un miembro caído era sorprendente. Estaban hirviendo de odio y al fin no pudieron reprimirlo más. Mannie fue el que gritó que se iría a la funeraria donde el cuerpo del miembro de los Obispos esperaba el entierro.

—Vamos a destruir ese lúgubre lugar, gritó. Si esperamos hasta mañana será demasiado tarde. Vamos ahora.

—Sí, sí, sí, vamos ahora —gritaron a una voz—. Más de quince de ellos se dirigieron hacia la pequeña funeraria de negros, donde volcaron ataúdes y rasgaron las cortinas con sus cuchillos.

El servicio tuvo lugar el día siguiente bajo una guardia amplia de la policía, pero nos considerábamos vengados.

Las reyertas en las calles eran superadas sólo por las pesadillas de violencia que hervían dentro de mi propio corazón. Yo era animal sin conciencia, sin escrúpulos, sin razón y sin ningún sentido de lo bueno o lo malo. La banda me mantenía de sus robos de todas las noches, y Frank me ayudaba un poco, pero prefería vivir mi vida a solas.

En la primavera de 1957 Frank vino para decirme que mamá y papá venían de Puerto Rico de visita. Él quería que fuera a su apartamento a la noche siguiente para visitarlos. Rehusé. No los necesitaba. Ellos me habían rechazado y ahora yo no deseaba tener nada que ver con ellos.

A la tarde siguiente Frank trajo a papá a mi cuarto. Él dijo que mamá había rehusado venir puesto que yo no deseaba verla.

Papá se paró en la puerta un largo rato y me miraba mientras yo estaba sentado al borde de la cama.

—Frank me ha informado acerca de ti —dijo. Su voz iba alzándose a medida de que hablaba hasta que estaba casi gritando cuando terminó. —Él dice que tú eres el jefe de una pandilla y que la policía te persigue. ¿Es cierto?

No le contesté, pero di una vuelta hacia Frank, que estaba de pie cerca de él y gruñí: —¿Qué infierno le has dicho? Te dije que yo no deseaba ver a ninguno de ellos.

—Le dije la verdad, Nicky —dijo Frank tranquilamente—. Quizás es hora de que tú te des cuenta de la verdad.

—Tienes un demonio —dijo papá, fijando en mí su mirada sin pestañear—. Estás poseído. Tengo que echarlo fuera.

Yo miré a papá y me eché a reír. —El año pasado yo creí que tenía un demonio. Pero aún los demonios me temen ahora.

Papá cruzó el cuarto y puso una mano pesada sobre mi hombro. Me empujó hacia abajo hasta que tuve que arrodillarme en el suelo. Él se destacaba sobre mí agarrándome con sus manos grandes como cadenas.

—Puedo sentir cinco espíritus malos en él —dijo papá—. Dio señal a Frank de asir mis brazos y sujetarlos sobre mi cabeza. Me esforcé por librarme pero tenían más fuerza que yo. —¡Cinco demonios! —dijo papá—. Esa es la razón por la que él es delincuente. Hoy lo curaremos.

Uniendo las manos en la parte superior de mi cabeza empujó con presión intensa hacia abajo y torció las manos como si tratara de quitar la tapa de un jarro.

—¡Fuera! ¡Fuera! —gritó—. ¡Les mando salir! —Papá hablaba a los demonios en mi mente. Entonces me dio bofetadas con ambas manos en las dos sienes, y me abofeteó las orejas numerosas veces. Podía oírle gritar a los demonios que salieran por mis orejas.

Frank mantuvo mis brazos encima de mi cabeza mientras que papá puso sus manos enormes alrededor de mi garganta y comenzó a ahogarme. —Hay un demonio en su lengua. ¡Fuera! demonio, ¡fuera! —Entonces gritó— ¡Allí está. Le veo salir!

—También tiene negro el corazón —dijo—, y me dio en el pecho con los puños varias veces hasta que yo creía que me iba a romper las costillas.

Finalmente, me agarró por las caderas y me puso en pie, dando palmadas sobre mis ingles y mandando a los espíritus malos a que salieran de mis entrañas.

Me soltó y Frank retrocedió diciendo: —Te ha hecho un gran favor, Nicky. Tú has sido muy malo, pero él te ha limpiado.

Papá estaba de pie en el centro del cuarto temblando

como una hoja. Maldije y salí por la puerta como un relámpago y corrí escalera abajo hasta la calle. Dos horas más tarde, encontré a un marino borracho durmiendo en un banco en el Parque Washington y le robé la cartera. Si papá había echado a los demonios fuera de mí no tardaron mucho tiempo para entrar de nuevo. Yo seguía siendo hijo de Lucifer.

Las pesadillas empeoraron. La visita de papá pareció haber intensificado mi temor al futuro. Noche tras noche permanecía gritando en mi cama al despertarme de una pesadilla tras otra. Redoblé mis frenéticos esfuerzos tratando de cubrir el temor que me consumía por dentro.

Ese verano nuestras peleas con la policía se hicieron aún más intensas. Todas las noches estábamos en las azoteas esperando que pasaran los policías. Dejábamos caer sacos de arena, arrojábamos botellas y piedras, pero necesitábamos armas, especialmente rifles, y estos costaban dinero.

Yo tenía la idea de un plan fácil para llevar a cabo un robo. Me había fijado en que todos los sábados a las tres de la mañana un hombre llegaba a un apartamento en un gran Cadillac negro. Los muchachos le observaban mucho y hacíamos muchos chistes de él. Sabíamos que era de New Jersey y que siempre esperaba hasta que Mario Silvario había salido para su trabajo. Nos figurábamos que dormía con la esposa de Mario.

Una noche, uno de los muchachos nos invitó a Alberto y a mí a observarlos. De modo que subimos por la escalera de incendios y le observamos acostarse con la señora Silvario.

Todos los sábados a las tres de la mañana era la misma función. Dejaba estacionado su Cadillac, cerraba con llave las puertas y subía las escaleras al apartamento de Mario.

Dije a Mannie lo fácil que sería el asunto y él quedó de acuerdo. Pedimos a Willie «el Butch» traer su revólver y reunirse con nosotros a las dos de la mañana.

Cuando llegamos al apartamento Willie ya estaba allí examinando su revólver. Había sacado todas las balas y las tenía puestas en línea en la escalera. Al vernos acercarnos recargó el revólver y se lo metió al cinturón.

Nuestro plan era que Willie y Mannie esperaran detrás del edificio. Cuando el hombre bajase de su auto yo iba a acercarme a él para hacerle una pregunta. Entonces Willie y Mannie saldrían y Willie apuntaría el revólver hacia él mientras le registrábamos y quitábamos el dinero.

El reloj en el alto edificio de Flatbush en la esquina de la calle Houston dio las tres de la mañana, y Willie quería probar el revólver una vez más. Esta vez fue detrás del edificio y volvió dentro de unos minutos susurrando que todo estaba preparado.

Como a las tres y cuarto, el Cadillac dobló la esquina y se paró frente al edificio. Willie y Mannie se escondieron en la oscuridad y yo me puse el impermeable y salí a la acera. Era un tipo grande, de unos 40 años de edad, y llevaba un impermeable y un sombrero caros. Cerró el carro con cuidado y se dirigió hacia el edificio. Las calles estaban desiertas. Sólo los automóviles por la calle principal rompían el silencio.

Me vio acercarme y se apresuró. —¡Oiga, señor! Me he extraviado. ¿Puede decirme como ir a Lafayette Avenue?

El hombre dio un paso hacia atrás, miró en todas direcciones y dijo: —Vete, chamaco, no quiero líos.

—Eh, hombre, solo quiero saber cómo llegar a Lafayette Avenue. Sonreí y metí la mano en el bolsillo como si tuviera una pistola apuntada hacia él.

—¡Socorro! ¡Un ladrón! —gritó caminando hacia atrás en dirección de su automóvil—.

Me acerqué a él y le dije: —¡Cállese o lo mato!

El jadeó y me miró con incredulidad. Entonces comenzó a gritar: —¡Ayúdeme alguien! ¡Socorro!

En aquel momento Willie lo agarró por el cuello por detrás y empujó el cañón del revólver contra el lado de su cara. —Un grito más y te mato —dijo Willie entre dientes.

El hombre se puso rígido mientras que Willie y yo comenzamos a registrarlo.

En el bolsillo de su chaqueta encontré el rollo más enorme de billetes que había visto jamás. Estaban amarrados juntos con una banda de goma. Supongo que se lo llevaba a la esposa de Mario.

—¡Eh, mira, Willie! ¿Qué te parece esto? Este hombre es rico. ¡Hombre, mira todo este dinero!

Me eché atrás riendo. Nos habíamos vuelto ricos. Comencé a bailar en la calle y a reírme de él.

—¡Eh, hombre! ¿Si le permito dormir con mi vieja, me dará dinero todas las semanas?

Mannie empezó a desabrochar el cinturón del hombre. —¿Que le parece, señor? ¿A usted no le importa si nosotros le quitamos los pantalones para que las damas puedan ver lo hermoso que es usted? ¿Verdad?

El hombre apretó los dientes y comenzó a lamentarse.

—¡Eh, hombre! Le estamos haciendo un favor, —dijo Mannie—. ¡Vamos! Bajemos estos pantalones como un buen muchachito.

Desabrochó la hebilla y el hombre principió a gritar de nuevo: —¡Socorro! ¡Socorro!

Pero yo salté delante y le puse la mano en la boca. Él me clavó los dientes en la mano. Salté hacia atrás gritando: —¡Mátalo, Willie! ¡Mátalo! Me mordió.

Willie dio un paso atrás y con ambas manos apuntó el revólver hacia las espaldas del hombre y apretó el gatillo. Oí un sonido seco pero no sucedió nada.

Pegué al hombre con toda mi fuerza en el estómago con mi mano buena. Se dobló hacia adelante y le di un golpe al lado de la cabeza con la otra mano, pero me causó tanto dolor que yo creía que iba a desmayarme. Me moví hacia un lado y comencé a dar vueltas alrededor del hombre. —¡Mátalo, Willie! ¡Mátalo!

Willie apretó el gatillo una vez más, pero no sucedió nada. Continuó tratando pero el revólver no disparaba. Le quité la pistola a Willie y golpee al hombre en la cara. Oí el sonido de metal contra hueso. La carne se abrió y su pómulo se envolvió en rojo carmesí. Trataba de gritar pero le golpeé una vez más encima de la cabeza. Se dobló y cayó en el desaguadero a orillas de la acera.

No esperamos. Se encendieron las luces en las ventanas de los apartamentos y oímos a alguien gritar. Corrimos calle abajo y entramos por un callejón que conducía detrás de la escuela. Mientras corríamos me quité el impermeable y lo tiré en un barril de basura.

Nos separamos en la calle siguiente. Volví corriendo a mi calle y trepé la escalera a mi cuarto. Una vez dentro, cerré la puerta con llave y quedé parado en la oscuridad jadeando y riéndome. Esto era vivir.

Encendí la luz y me examiné la mano. Podía ver la impresión de los dientes del hombre en la palma. La lavé con vino y la envolví con un pañuelo.

Apagué la luz y me dejé caer sobre la cama. Las sirenas de la policía sonaban a lo lejos mientras yo me reía. —¡Qué rollo! —pensaba al palpar en mi bolsillo buscando el rollo de billetes.

¡Dios mío! ¡No estaba allí! Me puse de pie de un salto buscando frenéticamente por todos los bolsillos. De repente, me di cuenta. Lo había puesto en el bolsillo de mi impermeable cuando la pelea comenzó. —¡Ay, no! —Lo había tirado en el barril de basura. ¡Y la pistola! El revolver de Willie había desaparecido también. Debí haberlo dejado caer después de golpear al hombre.

No podía regresar allí ahora. El lugar estaría repleto de policías. Tendría que esperar hasta mañana, pero el basurero habría llegado para entonces y el dinero habría desaparecido.

Me dejé caer una vez más sobre la cama y golpeé el colchón con los puños. Todo aquel lío para nada.

Capítulo Ocho
La carcajada de
Satanás

***

Durante el período de dos años que había sido el líder de los Mau Mau, 17 personas habían sido asesinadas. Yo había sido arrestado más veces de lo que podía recordar. Todos de las pandillas vivíamos como si no hubiese ninguna ley. Nada era sagrado excepto nuestra lealtad de los unos para con los otros, especialmente el vínculo de lealtad que yo sentía hacia Israel y Mannie.

Una noche Israel subió secretamente a mi cuarto a media noche y soltó una paloma por la puerta. Se quedó afuera y se echó a reír al oír mis gritos llenos de temor. Cuando abrió la puerta y encendió la luz yo estaba debajo de la cama. Traté de cubrir mi temor riéndome cuando arrojó la paloma por la ventana. Pero después que él había salido quedé temblando en la cama y con el sonido de alas zumbando en mis oídos. Cuando al fin me dormí soñé que me estaba cayendo. Me desperté pensando que había oído la carcajada de Satanás.

A la mañana siguiente Israel volvió para informarme que Mannie había sido apuñalado y que estaba en el hospital.

—¿Qué tienes, Nicky? —me preguntó después de haberme informado acerca de la puñalada—. ¿Por qué te pones así?

El estómago se me hizo un nudo y podía sentir la sangre desaparecer de mi cara. Mannie e Israel eran los únicos amigos que tenía. Ahora de repente sentí una parte de mi seguridad desaparecer al escuchar a Israel informarme de como Mannie estuvo a punto de morir.

Sacudí la cabeza. —Estoy bien, pero enojado. Iré a visitarle y averiguaremos quién lo hizo y tendrá que pagarlo.

Aquella tarde traté de entrar en el hospital pero había dos policías en uniforme a la puerta. Subí por la escalera de incendios y toqué en la ventana hasta que Mannie la abrió del otro lado. Él estaba débil y apenas pudo regresar a la cama arrastrándose.

—¿Quién lo hizo, chico? —pregunté—. Nadie puede apuñalarte sin pagarlo.

—Fueron los Obispos. Me cogieron solo y me apuñalaron dos veces, en la pierna y el costado.

—¿Quién? —pregunté—. ¿Sabes quién de ellos lo hizo?

—Sí. Él que se llama Joe. Él es su nuevo vicepresidente. Siempre está fanfarroneando. Cuando partió corriendo dijo que vendrían a acabar de matarme. Por eso es que hay policías allá afuera.

—Pues bien, chico, restablécete y haremos pagar a aquel negro sucio.

Bajé por la escalera de incendios y aquella noche me reuní con Israel y Homer Balanchi, nuestro consejero de guerra, para planear la venganza. Decidimos en un secuestro.

Al día siguiente Homer robó un auto. Lo escondimos detrás de un almacén por dos semanas hasta que Mannie saliera del hospital.

Era la semana antes de la Navidad de 1957 cuando lo llevamos a cabo. Homer conducía el auto y recogimos a Mannie. Todavía cojeaba con un bastón. Augie, Paco y yo íbamos en el asiento trasero. Recorrimos la St. Edward Street más allá del Centro Católico. Había un baile de Navidad en el Centro aquella noche y dos policías en uniforme estaban de guardia en la puerta. No vimos a ninguno de los Obispos en la vecindad, de manera que fuimos a la dulcería y estacionamos el auto al otro lado de la calle. Eran casi las once de la noche. Dijimos a Mannie que se quedara en el auto.

Atravesamos la calle y entramos en la dulcería. Había varios Obispos en la tienda y dije: —¡Eh, muchachos! Buscamos a nuestro amigo el vicepresidente de los Obispos. Oímos que él desea hacer la paz y hemos venido para considerarlo. ¿Está por aquí?

Uno de los Obispos dijo: —¿Quieres decir Joe? Si, está allá atrás en la esquina besando a su chamaca.

Marchamos despacio hasta donde estaba Joe sentado en el suelo al lado de su muchacha. Él alzó los ojos y Augie dijo: —Hombre, somos los bravos, los Mau Mau. Hemos venido por ti.

Joe trató de levantarse pero Augie puso un pie en su hombro y lo empujó hacia abajo una vez más. Ambos teníamos pistolas en los bolsillos y él podía ver que las teníamos apuntadas en su dirección. Comenzó a gritar. Augie sacó su pistola y la apuntó hacia los otros muchachos en la tienda. —No se muevan, ninguno. El primero que se mueva será hombre muerto.

Parecía que el dueño iba a dejarse ganar por el pánico. —No vamos a hacerte nada a ti, papá —dijo Augie—. Quédate quieto y estaremos fuera de aquí en un minuto.

Me dirigí a Joe, que estaba sentado todavía en el suelo al lado de la muchacha aterrorizada. —¡Eh, bribón! Puedes escoger entre dos cosas. O vas con nosotros ahora o te matamos donde estas sentado. ¿Quieres un minuto para pensarlo?

El muchacho comenzó a tartamudear cuando yo dije: —Bueno, me alegro que te hayas decidido. —Lo puse de pie de un tirón y salimos por la puerta mientras que Israel apuntaba su pistola hacia los otros muchachos en la tienda.

—Digan a los Obispos que lo devolveremos después de haberle enseñado una lección acerca de apuñalar a un Mau Mau —dijo Augie—. Cerramos la puerta tras nosotros y lo forzamos a correr a través de la calle donde subimos de prisa al auto. Él estaba sentado en el asiento trasero entre Augie y yo mientras que apuntábamos nuestras pistolas. Homer puso en marcha el auto y marchamos a un edificio abandonado cerca de Manhattan Bridge.

Lo llevamos adentro y le amarramos a una silla y le pusimos una mordaza en la boca.

—Quizás te matemos enseguida, o puede ser que te dejemos aquí el resto de tu vida —le dije sonriendo con sorna—. Augie le escupió a la cara y salimos, echando el cerrojo a la puerta. Era medianoche.

No regresamos por dos noches. Cuando lo hicimos, iban con nosotros 25 de los Mau Mau. Joe estaba acostado de lado todavía amarrado a la silla. Había tratado de escaparse pero estaba atado demasiado bien. Lo enderezamos y encendimos la luz. Había estado dos días enteros sin agua y sin alimento. El edificio estaba helado. Él pestañeaba con temor y horror mientras nosotros estábamos a su alrededor.

Le dije a Mannie que se parase frente a él. —Mannie ¿es éste el muchacho que te apuñaló y amenazó con matarte? —Mannie se acercó cojeando en su bastón. —¡Ese es! ¡Es él!

Le saqué la mordaza de la boca. Sus labios y su lengua estaban inflados y agrietados. Tenía la garganta seca y hacia sonidos jadeantes y toscos al tratar de hablar.

—Ves, admite que es él —dije dando carcajadas—.

Augie lo agarró por los cabellos largos y le tiró la cabeza hacia atrás. Mannie sacudió su cigarrillo para hacer caer la ceniza y lo acercó al cuello del muchacho. Los ojos de Joe estaban desorbitados por el temor y Mannie se reía al aplicarle la lumbre encendida sobre la piel. Dio un grito de dolor y Mannie lo retiró.

—Una vez más —dijo Augie a Mannie—. Él te apuñaló dos veces. Esta vez Mannie apagó lentamente el cigarrillo contra la boca del muchacho, empujándolo deliberadamente entre sus labios agrietados que los tenía cerrados firmemente. El mentón del muchacho temblaba ligeramente mientras corría su lengua seca a través de las ampollas rojas e inflamadas en un esfuerzo débil de escupir las cenizas y los fragmentos de tabaco que se adherían a ellos.

—Ahora, muchachos, les toca a ustedes —dijo Augie—.

Cada uno de los presentes encendió un cigarrillo y se acercó a él mientras que Augie le sujetaba por los cabellos una vez más, tirando la cabeza hacia atrás. Gritaba de temor, de su garganta salían ruidos extraños como papel de lija raspando tela metálica. Los muchachos se acercaron, cada uno apagando su cigarrillo contra su cara y cuello. Él continuó gritando hasta desmayarse de dolor.

Le desatamos y cayó al suelo en la inmundicia y telarañas. Maldiciendo en alta voz, los muchachos le daban puntapiés con sus zapatos puntiagudos, rompiéndole las costillas y la mandíbula. Entonces lo tiramos en el asiento de atrás del auto y condujimos a la dulcería en el territorio de los Obispos. Augie escribió una nota y se la pegó a la espalda: —Nadie hiere a un Mau Mau sin pagar las consecuencias. —Pasamos lentamente por delante de la tienda y arrojamos el cuerpo inconsciente en la calle y salimos disparados.

El día de la Navidad encontré a Mannie en Gino's. Estábamos sentados en taburetes frente al mostrador fumando cigarrillos y riendo acerca de la semana anterior.

Alcé los ojos y vi a cinco de los Obispos atravesando la calle. Miré alrededor y aunque estábamos en el centro de territorio Mau Mau, estábamos solos. Di a Mannie con el codo. —¡Obispos, hombre! ¡Salgamos de aquí!

Pero era demasiado tarde. Nos vieron pasar detrás del mostrador para salir por la puerta lateral. Les llevábamos un poco de ventaja y salimos corriendo a toda prisa por la puerta y a través de la calle y nos metimos en un callejón. Corríamos a toda prisa pero Mannie se atrasaba a causa de su débil condición. Al doblar la esquina del callejón y salir a la calle, dieron con nosotros cara a cara.

Bajé la cabeza y me lancé a través de ellos. Quedaron sorprendidos por mi atrevimiento y no estaban preparados para el ataque. Embestí contra el estómago de uno de ellos con la cabeza y él cayó hacia atrás en la acera, resbalando en el trasero de sus pantalones. Puse la mano encima de un auto estacionado y salté a la calle. Un camión de reparto pasaba ruidosamente por la calle y sonó la bocina con furia mientras yo me ponía a salvo. Yo esperaba que Mannie hubiese tomado ventaja de mi ataque y que me siguiese. De repente me di cuenta de que Mannie no me había seguido, y salí a la calle a ver lo que pasaba. En la salida del callejón vi que los cinco tenían a Mannie arrimado contra la pared, dándole puñetazos y puntapiés en el estómago y la ingle.

Vi un rápido rayo de luz y sabía que era el reflejo del sol en la hoja de un cuchillo. Volví corriendo, buscando mi cuchillo y gritando: —¡Bastardos! ¡Puercos sucios! ¡Déjenle! ¡Les voy a matar!

Pero era demasiado tarde. Vi al muchacho con el cuchillo

mover su brazo hacia atrás y con gran fuerza empujarlo hacia las costillas de Mannie. Mannie jadeó y lo vi sacudirse convulsivamente. Quedó erguido sólo un minuto y entonces comenzó a desplomarse boca abajo en el concreto. Al caer, el muchacho con el cuchillo se lo hundió viciosamente una vez más en el pecho.

Yo me había parado en el arroyo. No creía que tratarían de matarle. Ahora yo estaba como un salvaje. Corrí de prisa entre el grupo cortando con el cuchillo y dando puñetazos. Se esparcieron y corrieron por la calle en ambas direcciones. Mannie estaba todavía tendido en la acera, la sangre le brotaba de la boca y nariz y comenzaba a formar un charco de la sangre que se filtraba por debajo de su chaqueta de cuero.

Estaba tendido sobre el estómago con la cara torcida a un lado y alzando sus ojos llenos de terror hacia mí. Trató de hablar, pero cuando abrió la boca no salió nada excepto pequeñas burbujas de sangre.

Me puse de rodillas y lo volteé boca arriba. Cogí su cabeza y la coloqué en mis piernas, abrazando su cabeza contra mi chaqueta de cuero. Su sangre me tiñó los pantalones y la sentí caliente y pegajosa en mis manos.

Él continuaba esforzándose para decir algo. Tenía los ojos espantados de terror. Cuando abrió sus labios para hablar, yo no podía oír nada más que un murmullo en sus pulmones. Continuaba formando pequeñas burbujas de sangre con sus labios.

—¡Mannie! ¡Mannie! —grité—. ¡No te mueras, Mannie. No te mueras, Mannie!

Abrió la boca un poco y salió el sonido de aire en escape. Parecía el silbido flojo de una llanta que se desinflaba contra la calle. Giró la cabeza en mis brazos y sentí su pecho hundirse bajo su chaqueta.

Yo miré fijamente sus ojos que no pestañeaban. ¡Estaba muerto! —¡Mannie! ¡Mannie! ¡Mannie! —grité con todas mis fuerzas—. Estaba horrorizado por la realidad que acababa de experimentar.

Oí voces calle abajo. Una mujer gritaba: —¡Eh! ¿Qué pasa allá abajo? —Yo no podía quedarme. Con mi ficha policíaca me culparían a mí. No había nada más que hacer. Las voces se acercaban. Me levanté de prisa. El cuerpo inerte de Mannie cayó de nuevo pesadamente a la acera. El sonido vacío de su cabeza chocando contra el duro concreto me resonaba a cada paso que daba mientras corría por el callejón y salía a la próxima calle. En mi mente podía imaginarme a Mannie tendido allí en la acera, con la cara vuelta hacia arriba, hacia mí con los ojos llenos de terror, abiertos y helados por la muerte. Yo estaba asustado.

Fui corriendo hasta mi apartamento. Cerré la puerta de un golpe y agarré mi revólver del armario. Sentado y temblando al borde de la cama con mi pistola apuntada hacia la puerta cerrada, respiraba sofocado. Estaba petrificado de temor.

Jamás había visto la muerte de tan cerca. Al menos no la había visto cara a cara. Él era mi amigo. Un minuto antes reía y hablaba, y ahora estaba tirado en la calle con la sangre burbujeando de la boca. No podía soportar esto. Yo creía que era valiente, que no temía a nada. Pero la muerte era demasiado para mí. Se me revolvió el estómago. Grandes olas de náuseas me inundaron y vomité repetidas veces. Deseaba llorar pero no sabía cómo.

Salté en pie y corriendo me pegué contra la pared. —¡No tengo miedo! ¡No tengo miedo! —repetía, gritando—.

Estaba como un hombre poseído de demonios. Me miré las manos. Podía ver la sangre seca en la piel y bajo las uñas. De nuevo la imagen de sus labios agrietados y de sus ojos vidriosos pasó por mi mente como un relámpago.

Comencé a golpear la cabeza contra la pared, gritando: —¡Nadie puede hacerme daño! ¡Nadie puede hacerme daño! Nadie ...

Rendido, caí al suelo jadeando. ¡Temor! ¡Temor absoluto, aterrador, implacable, invencible temor! Era como una pesadilla hecha realidad. Me revolqué repetidas veces en el suelo abrazándome el pecho con los dos brazos, lamentándome y gritando. Me parecía que las paredes del cuarto se me acercaban, se movían hacia mí y que el techo se alzaba y se extendía hasta 10 millas de distancia. Estaba echado en el fondo de un pequeño rectángulo mirando hacia arriba a la puerta y la ventana que estaban a miles de pies sobre mi. Estaba metido y atrapado en el fondo de lo que parecía una chimenea cuadrada que tenía diez millas de alto y sin medio de escape.

Entonces, desde arriba, una espesa nube negra aparecía y comenzaba a bajar hacia mí. Me estaba sofocando. Abría la boca para gritar, pero no salía nada excepto burbujas de sangre. Rasgaba las paredes tratando de escaparme, tratando de trepar, pero mi cuello se movía hacia un lado y podía sentir la cabeza golpeando el suelo con un sonido como el que hizo la cabeza de Mannie cuando dio contra el concreto al deslizarse de mis brazos.

La nube negra descendía y yo quedaba acostado boca arriba tratando de esquivarla. Era la nube de la muerte ... muerte ... muerte ... y venía por mí. Podía oír el silbido apagado del aire al escaparse de mis pulmones que se desinflaban. Vomitaba y trataba de gritar, pero no había más que nuevas burbujas, y después, aquel bajo murmullo que había oído en el pecho de Mannie cuando la sangre corría por sus pulmones y salía por su garganta. Lo oía dentro de mi propio pecho. De repente la nube negra cayó sobre mí y una carcajada vacía resonaba hacia los lados de aquella chimenea cuadrada dentro de la cual yo estaba acostado. Resonaba repetidas veces. La muerte ... la muerte ... Era la carcajada de Satanás.

Cuando desperté era de día. El sol trataba de penetrar por las sucias ventanas. Estaba todavía en el suelo, entumecido, sufriendo y frío. Lo primero en que yo me fijé fue en las manos todavía cubiertas de sangre pegajosa.

Capítulo Nueve

Dentro del abismo

———— ∽∽∾ ————

Tres días antes de la Pascua Florida, cuatro de nosotros estábamos en la esquina de la calle Auburn con la calle St. Edward frente a la iglesia St. Edward-St. Michael. Sabíamos que los curas recibían mucho dinero durante los servicios especiales de Semana Santa y teníamos la intención de forzar entrada en la iglesia.

Un policía salió de la estación del precinto del conjunto multifamiliar al otro lado de la calle y nos vio inclinándonos contra la verja de hierro alrededor de la iglesia. Cruzó la calle y dijo: —¡Lárguense de aquí, cochinos puertorriqueños! —Nos quedamos allí con los brazos apoyados sobre la verja, y le miramos fijamente sin parpadear.

—¡Fuera, puertorriqueños! Les dije que se largaran —repitió—. Los muchachos se esparcieron en todas las direcciones, pero yo no me moví. El policía me miró con rencor. —Te dije que te largues, puertorriqueño sucio, muévete—. Movió su porra como para golpearme.

Le escupí. Blandió la porra en mi dirección pero yo me esquivé y la porra dio contra la verja. Me arrojé contra él y él me asió del cuello. Era dos veces más grande que yo, pero iba a matarlo si me fuese posible. Estaba buscando mi cuchillo cuando le sentí desabrochar su pistolera y extender la mano hacia su revólver. Al mismo tiempo pedía ayuda.

De repente me eché hacia atrás y levanté las manos. —¡Me rindo! ¡Me rindo!

Varios policías salieron de la estación y se apresuraron a cruzar la calle. Me agarraron y me arrastraron al otro lado de la calle, escalera arriba, y dentro de la estación. El policía que había luchado conmigo me dio una fuerte bofetada en la cara. Podía saborear la sangre de mis labios. —Usted es un hombrón cuando tiene una pistola, pero adentro es un cobarde como el resto de estos cochinos policías aquí —dije—.

Me pegó de nuevo y fingí desmayarme y caí al suelo. —Levántate, cochino sucio. Esta vez vamos a enviarte a prisión para siempre.

Mientras que me arrastraban al otro cuarto oí murmurar al sargento: —Ese muchacho debe de estar loco. Hombre, deben meterle en la cárcel para siempre antes de que mate a alguien.

Había sido arrestado por la policía muchas veces antes, pero no podían nunca detenerme. No daría nadie testimonio contra mí porque sabían que cuando yo saliese, los mataría, o que los Mau Mau los matarían por mí.

Esta vez me llevaron a otra parte de la ciudad y me metieron en una celda. El carcelero me hizo entrar a empellones a una celda. Me volví y le embestí con ambos puños. Me sacó al corredor y un segundo policía me sujetó mientras que el primero me daba puñetazos.

—La única manera de subyugar a estos hijos de perras es sacando al diablo de ellos a golpes —dijo—. Todos son una pandilla de sucios, cochinos despreciables. Tenemos una cárcel llena de negros, italianos y puertorriqueños. Tú eres como todos los demás y si no andas derecho, te haremos desear la muerte.

Me empujaron una vez más dentro de la celda y me quedé acostado en el duro suelo maldiciéndoles. —Okey, bribón —dijo el guardia al cerrar la puerta de la celda—. ¿Por qué no te levantas y nos bailas un jazz ahora? ¿No eres tan fuerte, verdad?—. Me mordí los labios pero no contesté. Pero sabía que lo mataría al salir.

Al día siguiente el carcelero volvió a mi celda. Cuando abrió la puerta, le embestí de nuevo enviándole hacía atrás a través del corredor. Me golpeó en la cabeza con sus llaves y sentí la sangre correr de una hcrida por encima del ojo.

—Vaya, pégueme —grité—. Pero un día iré a su casa y mataré a su esposa y a sus niños. Usted verá.

Sólo me acusaron de una violación menor, la de haber resistido arresto y de no haber obedecido a un agente de la policía. Pero yo estaba empeorando el asunto. El carcelero me empujó dentro de la celda de un golpe y cerró la puerta con llave.

—Muy bien, puertorriqueño, puedes quedarte ahí hasta que te pudras. —Mi audiencia tuvo lugar a la semana siguiente. Me pusieron en esposas y fui llevado al tribunal. Me senté en una silla mientras el policía leía las acusaciones.

El juez, un hombre de cara seria, de unos cincuenta años de edad con espejuelos sin aro dijo: —Un momento. ¿No he tenido en este tribunal antes a este muchacho? —Sí, su señoría: —contestó el policía—. Esta es la tercera vez que aparece en este tribunal. Además tiene una conducta de veintiún arrestos y ha estado acusado de varias violaciones desde robo hasta asalto con intención de matar.

El juez dio vuelta y me miró.

—¿Cuántos años tienes, joven?

Me hundí en la silla y miré al suelo.

—¡Levántate cuando yo te hable! —dijo el juez enojado—. Me puse de pie y lo miré.

—Te pregunté, ¿cuántos años tienes? —repitió con fir-
meza—.

—Dieciocho —contesté—.

—Tienes dieciocho años de edad y has estado arrestado veintiún veces, y has estado en este tribunal tres veces.
¿Por qué no estás con tus padres?

—Están en Puerto Rico —contesté—.

—¿Con quién vives?

—Con nadie. No necesito a nadie. Vivo solo.

—¿Desde cuándo vives solo?

—Desde que vine a Nueva York hace tres años.

—Su señoría, interrumpió el oficial de la policía —él
no es bueno—. Es presidente de los Mau Mau. Él es la causa de todas las dificultades que hemos tenido en los multifamiliares. No he visto nunca a un muchacho tan malo y
buscapleitos como él. Es como un animal, y lo único que se
puede hacer con un perro rabioso es encerrarlo. Me gustaría recomendar a su señoría que le condene a un penal
hasta que tenga veintiún años de edad. Quizás para aquel
entonces podremos restaurar el orden en Ft. Greene.

El juez dio una vuelta y miró al oficial de policía.

—Usted dice que es como un animal, ¿eh? Un perro
rabioso, dice usted.

—Eso es, su señoría, Y si Ud. le suelta, mataría a alguien antes de anochecer.

—Sí, creo que necesitamos al menos tratar de descubrir lo que causa comportarse como un animal. ¿Por qué
es él tan cruel? ¿Por qué le gusta odiar, robar, pelear y matar? Tenemos a centenares de personas exactamente como
él que pasan por nuestros tribunales todos los días, y creo
que el estado tiene la obligación de tratar de salvar a algunos de estos muchachos, y no de simplemente encerrarlos
por el resto de su vida. Y yo creo que muy adentro en el co-

razón de este brutal perro rabioso hay un alma que puede ser salvada.

Volvió hacia el oficial y preguntó —¿Cree usted que debemos tratar de hacerlo?

—No sé, su señoría —dijo el policía—. Estos muchachos han matado a tres agentes de policía durante los dos años pasados y hemos tenido casi 50 homicidios allí desde que estoy en esa zona. Lo único a que responden es a la fuerza. Y yo sé que si su señoría lo suelta, tendríamos que encerrarle de nuevo, excepto que la próxima vez quizás sea por homicidio.

El juez miró a la hoja de papel delante de él.

—Cruz, ¿verdad? Avanza y ponte de pie delante del tribunal. Me levanté y caminé al frente de la sala. Podía sentir que las rodillas comenzaban a temblarme.

El juez se inclinó hacia adelante por encima de la mesa y me miró a la cara.

—Nicky, tengo un hijo de aproximadamente de la misma edad que tú. Asiste al colegio. Vive en una buena casa en una vecindad respetable. No tiene dificultades con la policía. Juega pelota en el equipo de la escuela y recibe buenas notas. No es un perro rabioso como tú. Y la razón de que él no es un perro rabioso es porque tiene alguien que lo ama. Es claro que no tienes a nadie que te ame y que no amas a nadie tampoco. Eres malo y yo deseo saber por qué. Deseo saber lo que te impulsa a odiar tanto. No eres normal como los otros muchachos. El oficial tiene razón. Eres un animal. Vives como un animal y te comportas como un animal. Debo tratarte como un animal, pero voy a descubrir por qué eres anormal. Voy a ponerte a la custodia del psicólogo de la corte, el doctor John Goodman. Yo no estoy capacitado para determinar si eres un psicópata. Él te examinará y hará la decisión final.

Asentí con la cabeza. Yo no sabía si él iba a soltarme o

guardarme en la cárcel, pero sí comprendí que él no iba a enviarme a la prisión, al menos en aquel momento.

—Una cosa más, Nicky —dijo el juez—. Si tienes más dificultades con la policía, si yo recibo una sola queja acerca de ti, si te conduces mal de cualquier modo, entonces voy a dar por sentado que tú no tienes la capacidad para comprender instrucciones y responder a responsabilidades, y te enviaré a Elmira a la finca agrícola donde tendrás que trabajar ¿Comprendes?

—Sí, señor —dije—. Y me quedé sorprendido de mí mismo. Era la primera vez que yo había dicho «señor» a un hombre. Pero parecía la cosa apropiada de decir en este caso.

A la mañana siguiente el psicólogo de la corte, el doctor John Goodman, vino a mi celda. Era un hombre grande con cabellos encanecidos prematuramente en las sienes y una cicatriz profunda en la cara. El cuello de su camisa estaba desgastado y los zapatos sin lustre.

—Me han asignado para revisar tu caso —me dijo, sentándose en mi catre y cruzando las piernas—. Esto quiere decir que tendremos que pasar algún tiempo juntos.

—Seguro, hombrón, todo lo que diga.

—Escucha bribón, hablo con 20 muchachos como tú todos los días. Si me faltas al respeto lo vas a lamentar.

Su manera abrupta me sorprendió pero yo sonreí arrogantemente —Es muy jactancioso por ser psicólogo. Quizás gustaría recibir una visita de los Mau Mau una noche de estas.

Antes de que pudiese moverme el doctor me agarró por la pechera de la camisa y casi me levanta del suelo. —Déjame decirte algo, ¡mocoso! Pasé cuatro años en las pandillas y tres años en la infantería de marina antes de comenzar mis estudios en la universidad. ¿Ves esta cicatriz? —Torció la cabeza para que yo pudiese ver la cicatriz que corría desde su pómulo hasta el cuello—. Recibí eso en las pandillas, pero no antes de haber casi matado a seis otros bribones con un bate de béisbol. Si quieres jugar a la violencia, aquí tienes al hombre apropiado.

Me empujó hacia atrás y tropecé con el catre y me senté. Escupí en el suelo pero no dije más.

Su voz volvió una vez más a un tono natural y me dijo —Mañana por la mañana tengo que ir a Bear Mountain. Puedes acompañarme y hablaremos.

Todo el día siguiente estuve sometido al examen formal del psicólogo. Fuimos en automóvil de la ciudad hacia el norte del estado de Nueva York. Era mi primer viaje fuera de la selva de asfalto desde que había llegado de Puerto Rico hacía tres años. Sentía alguna emoción pero me ponía malhumorado y arrogante cuando me preguntaba algo.

Después de una breve parada en la clínica, me llevó al parque zoológico. Caminamos por la senda enfrente de las jaulas. Me detuve para observar las fieras que andaban de un lado a otro detrás de las barras.

—¿Te gustan los parques zoológicos, Nicky? —me preguntó—. —Los odio —dije—, alejándome de las jaulas y regresando por la senda.

—¿Ah? ¿Por qué?

—Odio a esos animales hediondos. Siempre andando de un lado a otro. Siempre deseando escaparse.

Nos sentamos en un banco en el parque y hablamos. El Dr. John sacó unas libretas de su cartera y me pidió que dibujara algunos cuadros. Caballos, vacas, casas. Hice un dibujo de una casa con una puerta grande en el frente.

—¿Por qué pusiste una puerta tan grande en la casa? —me preguntó.

—Para que los estúpidos psicólogos puedan entrar —contesté—.

—No acepto eso. Dame otra respuesta.

—Muy bien, para que yo pueda salir de prisa en el caso de que alguien me persiga.

—La mayoría de las personas dibujan puertas para entrar.

—Yo, no. Yo trato de salir.

—Ahora, dibuja un árbol —me dijo—.

Dibujé un árbol. Entonces pensaba que no era correcto tener un árbol sin un pájaro y dibujé un pájaro en la copa del árbol.

El doctor Goodman observó el dibujo y me preguntó —¿Te gustan los pájaros, Nicky?

—Los odio.

—Me parece a mí que no hay nada que tú no odies.

—Sí, puede ser. Pero odio sobre todo a los pájaros.

—¿Por qué? —preguntó— ¿Porque son libres?

En la distancia se podía oír el rumor amenazante del trueno. Este hombre comenzaba a asustarme con sus preguntas. Tomé el lápiz e hice un agujero en el dibujo del pájaro. —Bien. Puede olvidar lo del pájaro. Acabo de matarlo. —Tú crees que es posible deshacerte de todo lo que temes al matarlo, ¿verdad?

—¿Quién diablos cree que es? Charlatán estúpido —grité—. ¿Cree que puede hacerme dibujar un cuadro estúpido y hacerme preguntas tontas y de esa manera conocerme a fondo? Yo no temo a nadie. Pregunte a los Obispos, ellos le informarán acerca de mí. No hay ninguna pandilla en Nueva York que quiera pelear con los Mau Mau. Yo no le temo a nadie. —Mi voz había llegado a un alto grado de excitación y me puse de pie delante de él.

El doctor Goodman continuaba tomando notas en la libreta. —¡Siéntate Nicky! —dijo, alzando la vista—. No necesitas impresionarme.

—Escuche, hombre, si continúa regañándome terminará por morir.

El ruido en el horizonte crecía mientras yo temblaba enfrente de él. El doctor Goodman alzó los ojos hacia mí e iba a decirme algo, pero las gotas de lluvia comenzaron a salpicar el camino cerca de nosotros. Sacudí la cabeza. —Debemos irnos antes de que nos mojemos — dijo—.

Cerramos de golpe las puertas del automóvil al mismo instante que las primeras gotas grandes de lluvia intensa salpicaban el parabrisas. El doctor John quedó sentado en silencio un largo rato antes de poner en marcha el automóvil y dirigirlo a la carretera. —No sé, Nicky —dijo—. Simplemente no sé.

El viaje de regreso fue miserable. La lluvia golpeaba el automóvil sin misericordia. El doctor John conducía en silencio. Yo estaba absorto en mis pensamientos, y detestaba regresar a la ciudad. Temía el sólo pensar de volver a la cárcel. No podía soportar el estar encerrado en una jaula como una fiera.

Había cesado de llover pero el sol ya se había puesto mientras conducíamos por centenares de calles de edificios altos y sucios. Tenía la sensación de hundirme en un abismo. Deseaba bajarme del auto y echar a correr. Pero en vez de virar hacia la cárcel, el doctor John cortó la velocidad y viró en la calle Lafayette hacia el proyecto de Ft. Greene.

—¿No me lleva a la cárcel? —pregunté perplejo.

—No. Tengo el privilegio de encerrarte o de soltarte. No creo que la cárcel te ayude.

—Sí, hombre, ahora estamos de acuerdo —dije sonriendo—.

—No. Tú no comprendes lo que quiero decir. Creo que no hay nada que pueda ayudarte.

—¿Qué quiere decir, doctor? ¿Cree usted que no hay esperanza para mí? —dije riendo—.

Paró el auto en la esquina de la calle Lafayette con Ft. Green Place. —Eso es, exactamente, Nicky. He trabajado con muchachos como tú por años. Viví en el barrio bajo, pero no he visto a un muchacho tan duro, frío y salvaje como tú. No has respondido a nada de lo que yo he dicho.

Odias a todo el mundo y temes a toda persona que amena-
ce tu seguridad.

Abrí la puerta y me apeé. —Bueno, doctor, váyase al
infierno. No lo necesito a usted ni a nadie.

—Nicky —dijo, cuando yo comenzaba a alejarme del
carro—. Voy a decirte la verdad. Estás destinado a una
suerte irrevocable. No hay esperanza para ti. A menos que
cambies, vas en una sola dirección a la cárcel, a la silla
eléctrica, y al infierno.

—¿Sí? Pues, allí le veré —dije.

—¿Dónde? —me preguntó.

—En el infierno, hombre —dije riendo.

Sacudió la cabeza y se alejó en el auto en la oscuridad
de la noche. Traté de seguir riéndome, pero la risa murió
en mi garganta.

Me quedé en la esquina con las manos en los bolsillos
de mi impermeable. Eran las siete de la noche y las calles
estaban llenas de caras sin nombres y piernas apresuradas
... moviéndose, moviéndose, moviéndose. Me sentí como
una hoja de árbol en el mar de la humanidad, llevado en
todas direcciones por mis propias pasiones locas. Observaba el pueblo. Todo el mundo se movía. Algunos corrían.
Era el mes de mayo, pero el viento soplaba frío. Me azota-
ba las piernas y sentía el frío adentro.

Las palabras del psicólogo continuaban repitiéndose
en mi mente como un disco rayado.

«Vas en una sola dirección, camino a la cárcel, la silla
eléctrica y el infierno». Nunca antes me había examinado
a mí mismo. Al menos no lo había hecho de una manera
sincera. Naturalmente, me gustaba mirarme al espejo.
Siempre había sido un muchacho limpio, algo raro entre
los puertorriqueños de mi vecindad. En contraste con la
mayoría de los tipos de nuestra pandilla me enorgullecía
de mi manera de vestir. Me gustaba llevar camisa de color
y corbata. Siempre trataba de mantener los pantalones

planchados, y usaba mucha loción en la cara. No me gustaba mucho fumar porque producía un olor desagradable en el aliento.

Pero adentro me sentí sucio repentinamente. El Nicky que yo veía en el espejo no era el Nicky verdadero. Y el Nicky que yo observaba en aquel momento era sucio, inmundo, perdido.

El tocadiscos en Papa John's tocaba una pieza estrepitosa. Los automóviles en la calle estaban inmovilizados parachoques contra parachoques. Las bocinas sonaban, los pitos silbaban, la gente gritaba. Yo observaba sus caras vacías y sin nombres. Nadie veía. Todo el mundo tenía prisa. Algunos de los sujetos estaban borrachos. La mayoría de los tipos enfrente a la cantina estaban hartos de drogas. Este era el Brooklyn verdadero. Este era el Nicky verdadero.

Comencé a marchar calle arriba hacia mi cuarto en la calle Ft. Greene. Los periódicos estaban pegados contra la cerca de hierro y las rejas enfrente de las tiendas. Había botellas rotas y latas de cerveza vacías a lo largo de las aceras. El olor de alimentos grasientos flotaba por la calle y me revolvía el estómago. Las aceras vibraban bajo mis pies cuando los trenes del subterráneo se alejaban ruidosamente hacia una destinación sombría y desconocida.

Alcancé a una vieja infeliz. Digo vieja, aunque desde detrás no podía determinar su edad. Era baja, más bajita que yo. Llevaba una banda de tela alrededor de la cabeza. Su pelo de un amarillo rojizo que había sido teñido muchas veces se escapaba por debajo de los bordes. Llevaba un viejo chaquetón de marinero que era unos seis tamaños demasiado grande para ella. Sus piernas flacas cubiertas de pantalones negros salían como palillos de dientes por el borde del chaquetón. Llevaba zapatos de hombre y no llevaba medias.

La odiaba. Ella simbolizaba toda la suciedad y la inmundicia de mi vida. Busqué mi navaja en el bolsillo.

Esta vez no iba de broma. Me preguntaba con cuánta fuerza tendría que empujar la hoja a través del fieltro duro del chaquetón y clavársela en la espalda. Me daba una sensación de calor al imaginar la sangre cayendo gota a gota por debajo del borde del chaquetón y formando un charco en la calle.

En aquel instante un perrito se acercó corriendo por la calle, y viró para no chocar con ella. Ella dio una vuelta y lo miró fijamente con ojos vacíos. La reconocí como una de las prostitutas «consumidas» que una vez vivía en mi calle. Por su apariencia, los párpados caídos y la mirada vacía en sus ojos yo sabía que estaba endrogada.

Solté el cuchillo y recuperando mis sentidos, le pasé por el lado. En ese instante, vi sus inexpresivos ojos observando un globo de color rojo brillante que rebotaba al viento en el centro de la calle.

Un globo. Mi primera inclinación fue correr calle abajo y pisarlo. Lo odiaba. ¡Maldita cosa! ¡Cuánto lo odiaba! Él era libre.

De repente, una ola gigantesca de compasión me invadió. Yo me identificaba con aquel estúpido globo que saltaba. Era extraño que la primera vez en mi vida que sentía compasión era por un objeto inanimado empujado por el viento y sin rumbo.

Así es que en vez de caminar para pisarlo, pasé la vieja y aceleré el paso para mantenerme al lado del globo que saltaba y rodaba por la calle sucia.

Parecía extrañamente fuera de lugar en aquel sitio inmundo. Por todo el alrededor había papeles y basura arrastrados por el viento frío. En la acera había botellas de licor rotas, y latas de cerveza aplastadas. Alzándose como torres estaban las paredes sombrías y tristes de concreto y piedra de la prisión inescapable donde yo vivía. Y aquí en el centro de todo esto había un globo rojo libre levantándose ante las fuerzas invisibles de los vientos de la naturaleza.

¿Qué tenía aquel globo estúpido que me interesaba? Apresuré el paso para mantenerme a su lado. Me di cuenta que estaba deseando que no chocara con un fragmento de vidrio roto que lo hiciera explotar. Y al mismo tiempo sabía que no duraría mucho. Estaba demasiado limpio, demasiado tierno y puro para continuar existiendo en medio de todo aquel infierno.

Yo retenía el aliento cada vez que el globo saltaba en el aire y volvía a caer a la calle, esperando aquella explosión final e irrevocable. Sin embargo, yo continuaba pensando: «Quizás se escape. Es posible que lo logre. Puede que logre llegar al parque empujado por el viento. Quizás tenga una oportunidad después de todo»

Estaba casi orando por él, pero el desánimo volvía cuando pensaba en el parque. Aquel parque hediondo y estúpido. Y si llega al parque, ¿qué? No hay nada para él allí. Se lanzará contra la cerca mohosa y explotará. Aun si logra saltar la cerca y entra en el parque, caerá en algunas de aquellas espinas en la hierba y desaparecerá.

—Ah —pensé—, aun si alguien lo coge, lo que haría es llevarlo a su apartamento inmundo donde estará encarcelado el resto de su existencia. No hay ninguna esperanza, ninguna esperanza para él ni para mí.

De súbito y sin advertencia un carro de la policía apareció en la calle. Antes de que yo pudiese romper la cadena de mis pensamientos, pasó por encima del globo y oí el «pum» lastimoso cuando el carro lo aplastó contra el pavimento. El carro desapareció por la calle y dobló la esquina. Él no sabía lo que había hecho, y aun sabiéndolo, no le hubiese importado. Quise correr tras el carro y gritar: «¡Policías cochinos! ¿No les importa?» Yo deseaba matarles por haberme aplastado contra el pavimento.

La vida se había escapado de mí. Me quedé de pie al borde de la acera observando la calle obscura, pero no había rastro del globo. Había sido molido entre la basura y los escombros en el centro de la calle Ft. Greene y se había convertido en suciedad como todo el resto de Brooklyn.

Volví a los escalones de mi apartamento y me senté. La vieja prostituta caminaba por la calle arrastrando los pies en la noche. El viento continuaba silbando y los papeles y los escombros continuaban moviéndose por la fuerza del viento hasta pegarse contra la cerca alrededor del parque. Otro tren del metro pasaba ruidoso por debajo y zumbó en la noche. Yo tenía miedo. Yo, Nicky, tenía miedo. Estaba temblando, no de frío, sino por dentro. Puse la cabeza en mis manos y pensé. «No hay esperanza. Estoy perdido. Es exactamente como dijo el Doctor John. No hay esperanza para Nicky excepto la cárcel, la silla eléctrica y el infierno».

Después de eso no me importaba nada. Devolví la presidencia de la pandilla a Israel. Estaba en el abismo hasta más no poder. No había más esperanzas. Ya, puesto que qué más daba hacerme como todos los demás en el barrio: buscar consolación en la aguja. Además estaba cansando de correr. ¿Qué dijo el juez que yo necesitaba? ¿Amor? Pero, ¿dónde puede hallarse amor en el abismo?

Capítulo Diez

El Encuentro

～～～

Era la tarde de un caluroso viernes de julio 1958. Israel, Lydia, y yo estábamos sentados en los escalones de la entrada frente a mi apartamento cuando algunos de los muchachos se acercaron corriendo por la calle. —¡Eh! ¿Qué pasa? —les grité—.

—Hay un circo en la escuela —contestó uno de los muchachos—. No hay muchas actividades en Brooklyn. Esta es una de las razones por la cual teníamos que crear nuestros propios pasatiempos en forma de peleas, drogas y sexo. Cualquier cosa era mejor que el aburrimiento de no hacer nada. De manera que nos dirigimos a través del parque hacia la escuela en la calle St. Edward.

Al llegar, una gran muchedumbre se había formado enfrente de la escuela pública número 67. Nos abrimos paso a codazos por entre la muchedumbre derribando a los pequeños al suelo para ver lo que pasaba.

Un hombre estaba de pie en una esquina tocando «Firmes y Adelante» con una trompeta. Tocó la misma melodía muchas veces. Cerca de él, de pie en la acera, había otro hombre. El hombre más flaco, más débil y más enfermizo que jamás había visto. Por encima de ellos ondeaba al aire una bandera estadounidense.

Al fin, el trompetista dejó de tocar y la muchedumbre comenzó a gritarle. Como cien muchachos y muchachas se habían congregado, cerrado el paso en la calle y la acera.

El hombre flaco tenía un taburete de piano que había obtenido de la escuela. Se subió sobre él y abrió un libro negro. Comenzamos a alborotar y a gritar. Se quedó con la cabeza inclinada y podíamos ver que tenía miedo. La gritería se intensificó. La muchedumbre estaba apretada cerca de él. Yo tenía el brazo alrededor de Lydia. Ella se reía mientras yo metía la mano por debajo de su suéter.

Pronto me di cuenta de que todo el mundo quedó en silencio. Quité mi atención de Lydia y miré hacia el hombre en el taburete de piano. Estaba de pié con la cabeza inclinada y con el libro negro abierto en las manos ante él. Una sensación de susto me llenó, como la que yo sentía en Puerto Rico cuando mi padre ejercía la brujería. Todo se tornó extrañamente quieto y aun los automóviles en Park Avenue, a una distancia de media cuadra, parecían no hacer ruido. Era un silencio sobrenatural. Yo tenía miedo.

El viejo temor que no había sentido desde que me hice miembro de los Mau Mau, de súbito me inundó. Era el mismo temor contra el que había luchado en la corte frente al juez. Era el temor que sentía la noche que caminé a casa después del día que pasé con el psicólogo. Cada vez había podido evadirlo y escaparme de él. Pero ahora se apoderó de mi corazón y de mi cuerpo, y podía sentirlo agarrarse a mi alma misma. Deseaba escaparme corriendo pero todas las demás personas escuchaban y esperaban.

De repente, el hombre flaco alzó la cabeza y con una voz tan débil que apenas podía oírse, empezó a leer del libro negro ... «Porque de tal manera amó Dios al mundo, que ha dado a su hijo unigénito, para que todo aquel que en él cree, no se pierda, mas tenga vida eterna».

Yo estaba temblando de miedo. Este tipo tenía que ser una especie de cura o brujo o algo así. Había hablado acerca del amor. Yo sabía acerca del amor. Yo era experto. Extendí la mano y pellizqué la cadera de Lydia. Ella me miró. —Escúchale, Nicky. —Puse mala cara y volví la mirada hacia el hombre flaco. Dijo algo acerca de pedir un milagro. Yo no sabía lo que era un milagro, pero todos los demás escuchaban, y yo no deseaba ser diferente.

Había terminado de hablar, y quedó de pie esperando que algo sucediese. Después dijo que deseaba hablar con los presidentes y con los vicepresidentes de las pandillas. Comenzaba a darme cuenta de que este hombre era peligroso. Estaba invadiendo nuestro mundo, y no deseaba que los de afuera se impusiesen.

Continuó: —Si ustedes son tan grandes y tan fuertes, no tendrán miedo de venir aquí y darle la mano a un predicador flaco, ¿verdad?

La muchedumbre estaba inquieta. Alguien gritó de atrás: —¡Eh! ¡Buckboard! ¿Qué tienes? ¿Tienes miedo? ¿Tienes miedo? —Se refería a Buckboard, presidente de los Chaplains, una pandilla hermana de la nuestra.

Oí un movimiento al fondo de la muchedumbre y alcé los ojos. Buckboard avanzaba con Stagecoach y otros dos negros miembros de la pandilla. Marchaban hacia el predicador flaco que ya se había bajado del taburete y estaba de pie esperándoles.

Me puse más nervioso. No me gustaba aquello. Miré alrededor pero todo el mundo parecía estar sonriendo y abrían paso para Buckboard y Stagecoach.

Se dieron la mano y entonces el predicador y el trompetista condujeron a Buckboard y a Stagecoach y a los otros dos muchachos hacia la entrada de la escuela. Se quedaron allí hablando. Me separé de Lydia y me acerqué a Israel. —¿Qué están haciendo? —le pregunté—. Israel no contestó. Tenía una expresión extraña en la cara.

De repente, vi al grupo entero arrodillarse en la misma calle. Buckboard y Stagecoach se habían quitado el sombrero y los mantenían en la mano mientras se arrodillaban en la acera.

Al levantarse regresaron hacia la muchedumbre. Grité a Buckboard. —Eh, ¡Buckboard! ¿Tienes religión ahora? —Buckboard era un muchacho grande de unos seis pies y dos pulgadas de alto y pesaba cerca de 200 libras. Se volvió y miró de una manera que nunca antes había visto en él. Tenía la cara seria, muy seria. Sus ojos penetraron al fondo de los míos y comprendí lo que quería decir, aunque no comprendí lo que le había ocurrido. Dijo con los ojos: —No me molestes, Nicky. Esta no es ocasión para bromear.

Pronto alguien me preguntó gritando: —¡Eh, Nicky! ¿Vas a permitir a aquellos negros eclipsarte? ¿Tienes miedo de pasar al frente?

Israel me golpeó y sacudió la cabeza hacia los dos hombres. —Ven. Nicky, vamos—. ¡Pude ver que estaba serio y rehusé. Había algo siniestro en todo aquello ... algo peligroso y engañador. Tenía sabor a algo que me asustaba de muerte.

La muchedumbre comenzó a burlarse y a gritar: —Eh, mira nuestro jefe. Tiene miedo de un predicador flaco.

Israel me haló la chaqueta. —Ven, Nicky, vamos. —No tenía otra alternativa que adelantarme y pararme frente a los dos hombres.

Israel les dio la mano a los dos. Yo tenía miedo todavía y vacilaba. El hombre flaco se me acercó y extendió la mano. —Nicky, yo me llamo David Wilkerson. Soy un predicador de Pennsylvania.

Le miré fijamente y dije: —Váyase al infierno, predicador. —Nicky —dijo—, pero yo siento algo muy diferente hacia ti. Te amo. Pero eso no es todo. He venido para hablarte acerca de Jesús quien te ama también.

Me sentí como un animal atrapado a punto de ser enjaulado. Tras mí estaba la muchedumbre. Frente a mí la cara sonriente de este hombre flaco que hablaba de amor. Nadie me amaba. Nunca me había amado nadie. Mientras estaba allí vino a mi mente como un relámpago, el momento de hace tantos años cuando oí decir a mi madre: «No te amo, Nicky». Pensé: «si tu propia madre no te quiere entonces nadie te ama, jamás te amará nadie».

El predicador continuaba sonriendo y con su mano extendida. Siempre me enorgullecí de no tener miedo, pero tenía miedo. Tenía mucho miedo de que este hombre iba a meterme en una jaula, de que iba a alejarme de mis amigos. Iba a trastornarlo todo, y por consiguiente, le odiaba.

—Si se acerca a mí, predicador, le mato —dije—, retrocediendo hacia la protección de la muchedumbre. Yo tenía miedo y no sabía dominarlo.

El miedo me inundaba. Estaba a punto de aterrorizarme. Le gruñí, di vuelta y me volví a la muchedumbre. —Este hombre es comunista, muchachos —grité—. Déjenle solo. Él es comunista.

Yo no sabía lo que era un comunista, pero sabía que era algo a lo que todo el mundo se debe oponer. Huía, lo sabía, pero no podía luchar contra aquel ataque. Si me hubiese atacado con un cuchillo, yo podría haber peleado. Si hubiese venido suplicando y mendigando me habría reído de él, y le habría dado un puntapié en la boca. Pero vino diciendo, «te amo». Y yo no me había enfrentado con este método antes.

Pasé por la muchedumbre precipitadamente con la cabeza alta y sacando el pecho. Extendí la mano, así a Lydia por el brazo y comenzamos a caminar por la calle St. Edward, alejándonos de la escuela.

Algunos de los muchachos nos siguieron. Bajamos al sótano y puse a tocar el tocadiscos todo lo fuerte que daba. Trataba de ahogar el sonido de las palabras «Jesús te ama». ¿Por qué me molestó tanto una cosa semejante? Bailé un rato con Lydia y bebí media botella de licor barato. También me fumé una cajetilla de cigarrillos, encendiendo uno tras otro. Lydia podía sentir que yo estaba nervioso. —Nicky, quizás debes hablar con el predicador. Es posible que el ser cristiano no sea tan malo como tú piensas. —La miré fijamente y bajó la cabeza.

Yo me sentía miserable y tenía miedo. De repente, hubo una conmoción en la puerta. Alcé los ojos y vi al predicador flaco que entraba. Parecía muy fuera de su ambiente vestido en su buen traje, camisa blanca y corbata de buen gusto al entrar en aquel sucio sótano. Preguntó a uno de los muchachos —¿Dónde está Nicky?

El muchacho señaló al otro lado del cuarto donde yo estaba sentado con la cabeza en las manos y con un cigarrillo pendiente de los labios.

Wilkerson atravesó el cuarto como si fuese el dueño. Llevaba en la cara una gran sonrisa. Extendió la mano de nuevo y dijo —Nicky, yo no deseaba más que estrecharte la mano—y antes que pudiese terminar la frase, le di una fuerte bofetada en la cara—. Él trató de sonreír, pero era obvio que le había causado impresión. Mantuvo su posición y el temor una vez más me inundó de manera que se me revolvió el estómago. Hice lo único que sabía hacer para vengarme. Le escupí.

—Nicky, escupieron sobre Jesús también, y Él oró: «Padre, perdónalos, porque no saben lo que hacen». Le grité maldiciéndole —¡Fuera de aquí en el nombre del diablo! —y le empujé hacia atrás en dirección de la puerta.

—Nicky, antes de que salga permíteme decirte una cosa: Cristo te ama.

—Salga de aquí, cura loco. Usted no sabe lo que dice. Le doy 24 horas para irse de mi territorio o le mato.

Wilkerson se volvió hacia la puerta, sonriendo todavía.

—Recuerda. Nicky, Cristo te ama. —Era más de lo que yo podía tolerar. Me incliné y tomé la botella de licor vacía y la hice añicos contra el suelo. Nunca me había sentido tan frustrado, tan desesperado, tan completamente desecho.

Salí disparado por la puerta, mi orgullo parecía explotar en mis adentros. Me di cuenta de que todos los demás muchachos sabían que aquel tipo me había caído mal. El único modo que conocía para desengañarlos era hacerme el valiente. Si dejaba ver mis verdaderas emociones, aún por un solo momento, temía perder todo el respeto de la pandilla.

—Si aquel brujo estúpido y loco vuelve por aquí —dije—. Voy a pegarle fuego. Di un portazo y quedé de pie en la acera mirándole, mientras se alejaba caminando a pasos acelerados.

«Arrogante», me dije. Sin embargo yo sabía muy adentro que había algo genuino en este hombre extraño.

Di vuelta y caminé en dirección opuesta. Entrando en el salón de billar, pedí las bolas y trataba de concentrarme en la punta de mi taco pero lo único que oía en la mente era la voz de aquel predicador flaco y las palabras, «Cristo te ama».

«No me importa», me dije, «él no me va a asustar. Nadie me puede asustar».

Tiré las últimas dos bolas y arrojé el taco en la mesa. «Cristo te ama», las palabras se repetían en mis oídos. Dije a los muchachos que estaba enfermo, y regresé a mi apartamento.

Temía que estuviera enfermo de veras. Nunca había regresado a mi cuarto tan temprano. Eran las diez y media, y siempre esperaba hasta la tres o las cuatro de la mañana antes de acostarme. Cerré la puerta con llave.

Temblaba al atravesar el cuarto para encender la pequeña lámpara en la mesa junto a mi cama. Saqué mi pistola del armario, le puse dos balas y la coloqué en la mesa junto a la cama. Me quité los zapatos y la ropa. Poniendo la cajetilla de cigarrillos en la mesa, me acosté boca arriba en la cama mirando el techo. No oía más que aquellas palabras de David Wilkerson repitiéndose: «Cristo te ama, Nicky, Cristo te ama».

Levanté la mano, apagué la luz y encendí un cigarrillo. Seguí fumando cigarrillo tras cigarrillo. No podía dormir. Me daba vueltas sobre vueltas, pero no podía dormir. Pasaron las horas. Al fin me levanté y encendí la luz. Observé el reloj. Eran las cinco de la mañana. Toda la noche la había pasado dando vueltas en la cama.

Levantándome, me vestí, y puse de nuevo la pistola en el armario. Cogí los cigarrillos y bajé las escaleras. Abrí la puerta principal de la casa de apartamentos. El cielo apenas comenzaba a ponerse gris. A lo lejos, se podía oír los sonidos de la grande ciudad que bostezaba y despertaba estirándose.

Me senté en la escalera de enfrente con la cabeza en las manos. «Cristo te ama». «Cristo te ama ... Cristo te ama».

Oí llegar un automóvil frente al edificio y cerrarse la portezuela. Una mano me dio en el hombro. Levanté la cabeza fatigada y vi al predicador flaco, de pie frente a mí. Todavía sonriendo dijo: —¡Hola, Nicky! ¿Recuerdas lo que te dije anoche? Quise venir para decirte una vez más, Nicky, «Cristo te ama».

Salté en pie y me moví hacia él. Wilkerson dio un salto hacia atrás fuera de mi alcance. Me quedé rugiendo como un animal que se preparaba para saltar. Wilkerson me miró directamente a los ojos y dijo. —Puedes matarme, Nicky. Puedes cortarme en mil pedazos y tirarlos a la calle, pero cada pedazo gritaría: «Cristo te ama». Nunca podrás huir de eso.

Yo traté de desconcertarle mirándole fijamente, pero él continuó hablando. —Nicky, tú no me asustas. Tú hablas de una manera malvada pero adentro eres como todos nosotros. Tienes miedo, estás cansado del pecado. Te sientes solo. Pero Cristo te ama.

Aquello me chocó. ¿Cómo sabía él que yo estaba solo? No sabía lo que él decía cuando hablaba del pecado. Temía admitir mi temor. Pero ¿cómo sabía él que yo me sentía solo? La pandilla estaba conmigo a todas horas. Podía escoger la muchacha que deseaba. La gente me temía. Me veían venir y dejaban la calle. Había sido jefe de la pandilla. ¿Cómo podía alguien pensar que yo estaba solo? Sin embargo, era verdad. Y ahora este predicador lo sabía.

Traté de hacerme el listo. —¿Cree usted que va a cambiarme en un abrir y cerrar de ojos? —dije—, castañeteando los dedos. —Cree usted que le voy a escuchar y tomar una Biblia y caminar por ahí como un predicador, mientras la gente dice, ¿Nicky Cruz ángel santo? —Pero me di cuenta de que él era sincero y hablaba en serio.

—Nicky, no dormiste mucho anoche, ¿verdad? —De nuevo me maravillé. ¿Cómo sabía él que yo no había dormido?

Wilkerson continuó: —Yo no dormí mucho anoche tampoco, Nicky. Estuve despierto la mayor parte de la noche orando por ti. Pero antes de eso, hablé con algunos de tus muchachos. Me dicen que nadie puede acercarse a ti. Todos te temen. Nicky, he venido para decirte que hay alguien que se interesa por ti. Cristo se interesa por ti. Él te ama. —Entonces me miró directamente a la cara—, Algún día, pronto, Nicky, el Espíritu de Dios va a tratar contigo. Algún día, Nicky, dejarás de correr y vendrás corriendo a Él.

No dijo más. Me levanté y volviéndole las espaldas entré de nuevo en el apartamento, cerrando la puerta tras de mí. Subí la escalera a mi cuarto y me senté al borde de la cama mirando por la ventana. Su auto había partido cuando miré hacia abajo. En el Este el cielo comenzaba a teñirse de rojo. El enorme edificio al otro lado de la calle obstruía mi vista al horizonte. Pero, de repente, como cuando se aspira un soplo del mar aún estando millas río arriba, tuve la impresión de que había más que esto en la vida. Más que estos altos edificios de concreto, y estas prisiones de vidrio y piedra.

Pensaba en sus palabras: «Algún día dejarás de correr y vendrás corriendo a Él». Yo no sabía ni siquiera quién era Él. Pero, yo pensaba, allí sentado al borde de la cama mirando a la calle llena de basura y con el estruendo de camiones por la carretera, que Él debe de ser algo como el sol al levantarse del océano en un día sin nubes. O quizás algo como la estrella matutina en el cielo matinal. Quizás ... algún día.

La hora estaba más cerca de lo que yo suponía.

En los días que siguieron, no podía escaparme de mi encuentro con el hombre que representaba a Dios. Era Israel quien me molestaba hablándome constantemente acerca de él. Cada vez que lo veía, me hablaba algo acerca de Dios. —¡Maldita sea! Israel, si no te callas acerca de este asunto de Dios, te voy a matar.

Pero Israel continuaba hablando de ello, y sospeché que él estaba viendo a Wilkerson en secreto. Pero no me gustó. Yo tenía la impresión que éste era un hombre que quizás podía destruir nuestra pandilla ahora que Mannie estaba muerto y sólo quedaba Israel. Y aun él parecía inclinarse a otra dirección. Sus referencias constantes a Wilkerson y su deseo continuo de forzarme a hablarle me tenían al borde de la desesperación. No podía aguantar más. La víspera del Cuatro de Julio cuando todas las bandas debían reunirse en Coney Island, Israel pasó la noche conmigo. Me habló hasta tarde en la noche tratando de persuadirme de no ir a Coney Island la noche siguiente y que en cambio fuera a hablar con Wilkerson. Me puse las manos sobre las orejas tratando de apagar sus palabras. Finalmente se durmió. Yo quedé en la cama mirando el techo oscuro. El temor casi me estaba consumiendo. Tenía que pararlo. Era necesario hacer callar a Israel. No podía soportar oír más acerca de Wilkerson.

Extendí el brazo bajo el colchón y empuñé el mango de madera del picahielo que yo tenía escondido allí.

Podía oír a Israel respirar en la cama cerca de la mía. Cuanto más pensaba en él molestándome acerca de Dios, más me enfurecía.

No podía más. —Esto te enseñará a no molestarme— grité al sacar el picahielo de debajo del colchón y lanzarlo hacia la espalda de Israel.

El grito le despertó y se levantó bruscamente enderezándose en la cama al instante que el picahielo se enterró profundamente en el colchón tras de él.

Lo saqué y traté de blandirlo otra vez gritando. —Te dije que te callaras acerca de Dios. ¿Por qué no te callas? ¿Por qué? ¿Por qué? ¿Por qué?

Israel me agarró y luchamos cuerpo a cuerpo, y rodamos de la cama al suelo mientras yo pinchaba ciegamente en su dirección. Me empujó hacia atrás y cayó sobre mí, sentándose a horcajadas sobre mi pecho y sujetando mis manos sobre mi cabeza y contra el suelo.

—¿Por qué no te callas? —yo continuaba gritando.

—¿Qué tienes? —Israel me preguntó gritando y tratando de sujetarme. —Estás loco. Soy yo, tu amigo. ¿Qué te pasa?

Pronto me di cuenta de que él lloraba mientras gritaba y luchaba conmigo. Las lágrimas corrían por su cara. —¡Nicky, Nicky, para! Soy tu amigo. No me obligues a hacerte daño. ¡Para, por favor, soy tu amigo, te amo!

Él lo dijo. Me inundó como si hubiese echado agua helada en mi cara. Lo dijo exactamente como lo había dicho Wilkerson. Aflojé la mano del picahielo y me lo quitó de la mano. Yo no lo había visto llorar nunca antes. ¿Por qué lloraba?

Tenía el picahielo alzado sobre mi cara. Su mano lo asía con tanta fuerza que yo podía ver el blanco de sus nudillos, a la luz tenue. Temblaba mientras sus músculos permanecían tensos. Por un momento creí que iba a apuñalarme en la cabeza con el picahielo, pero lo arrojó violentamente al otro lado del cuarto. Todavía lloraba al dejarme libre y se arrojó en la cama.

Di vuelta frustrado, confuso y agotado. ¿Qué me pasaba? ¡Acababa de tratar de matar a mi mejor amigo!

Salí corriendo del cuarto y subí la escalera hacia la azotea. Afuera estaba oscuro y hacía calor. Caminé por el techo al lugar donde el viejo González guardaba enjauladas sus palomas. Forcé para abrir la puerta y cogí uno de los pichones. Los otros revolotearon y se fueron volando en la noche.

Sujetando el pichón firmemente contra mi pecho desnudo, avancé al ventilador y me senté.

—¡Pájaros! Los odio. Tan libres. Dios, odio a los que son libres. —Wilkerson estaba libre. Israel se acercaba a la libertad. Yo podía sentirlo. Este pájaro era libre pero yo estaba atrapado en mi jaula de odio y temor.

Sentí los dedos apretarse alrededor de la cabeza del pájaro y estirarla del cuerpo. —No tengo miedo.

El pájaro dio un pequeño chirrido lastimoso y sentí su cuerpo temblar cuando los huesos del cuello se separaron. —¡Tu ves, mamá! ¡No tengo miedo!

Perdí la cabeza. Torcía su cuello de un lado a otro hasta que sentí separar la piel y los huesos, y con un tirón violento le arranqué la cabeza. La sangre caliente salió a chorro por mis manos, cayendo en gotas sobre mis rodillas y el techo embreado.

Tenía en las manos la cabeza ensangrentada y la miraba llorando, —Ya no eres libre. Nadie es libre.

Arrojando la cabeza de la azotea, aplasté el cuerpo, todavía temblando, contra el tejado. Al fin, aquel pájaro maldito estaba muerto para no aparecer más en mis sueños.

Me quedé en la azotea, durmiendo y despertándome a ratos. Cada vez que me quedaba dormido la pesadilla reaparecía más horrible que nunca. Al amanecer volví a mi cuarto. Israel se había ido.

Pasé la mayor parte del día buscándole. Al fin lo encontré sentado solo en el cuarto del sótano donde teníamos nuestras fiestas. Todos los demás se habían ido a Coney Island.

—Eh, hombre. Siento lo de anoche —dije—.

—Olvídalo —dijo Israel con una sonrisa débil—.

—No, chico, lo siento. Yo no soy así. Algo me pasa.

Israel se levantó y fingió un golpe hacia mi mandíbula. —Seguro, chico. Estás exactamente igual que yo, loco. Pasé el resto de la tarde con él. Era la primera vez en tres años que no había visitado a Coney Island el Cuatro de Julio.

Durante la segunda semana del mes de julio de 1958 Israel pasó para informarme de la gran asamblea convocada por Wilkerson en el St. Nicholas Arena. En efecto, Wilkerson había hablado con Israel, invitando a los Mau Mau a la asamblea. Habría un autobús especial para nosotros enfrente de la escuela pública número 67, e iban a reservar asientos especiales en las primeras filas para nosotros. Israel había prometido a Wilkerson que él aseguraría la presencia de los Mau Mau.

Sacudí la cabeza y comencé a levantarme de los escalones y volver adentro. No deseaba tener nada que ver con el asunto. Las olas de temor comenzaron a inundarme de nuevo y se me apretó tanto la garganta que tenía dificultad en hablar.

—Eh, hombre —exclamó Israel cuando me iba—. ¿No eres gallina, verdad?

Israel me había dado en la única parte débil de mi corazón ... en mi único lugar sensitivo. Volví hacia él diciendo, —Nicky no teme a nadie ... ni a aquel predicador flaco, ni a ti, ... ni aun a Dios.

Israel se quedó allí con una sonrisa ligera en su rostro. —Me parece que le temes a algo. ¿Por qué no quieres ir?

Recordé a Buckboard y a Stagecoach de rodillas en la acera enfrente de la escuela. Yo sabía que si le pudo suceder a ellos ... Lo único que yo sabía hacer era correr, y seguir corriendo. Pero correr ahora frente al desafío de Israel, haría parecer que tenía miedo, verdadero miedo.

—¿A qué hora debe llegar el autobús? —pregunté—.

—A las siete —contestó Israel—. —El programa empieza a las siete y media. ¿Vendrás?

—Sí, hombre. ¿Crees que soy un gallina? Vamos a reunir a toda la pandilla y quemar aquel lugar.

Israel asintió con la cabeza y se fue calle abajo, contoneándose y bailando. Subí las escaleras a mi cuarto, tres pisos sobre la acera. Me sentía mal.

Cerré la puerta con llave y me dejé caer de espaldas en la cama. Busqué un cigarrillo de marihuana. Quizás esto ayudaría. Pero se me habían acabado, de manera que me fumé un cigarrillo ordinario.

Los pensamientos inundaban mi mente como agua que chorreaba por la compuerta de un dique. Estaba alarmado. El cigarrillo temblaba y las cenizas me cayeron en la camisa y sobre las sábanas sucias de la cama. Temía meterme en aquel autobús. Odiaba salir de mi propio territorio. La idea de tener que ausentarme de aquella pequeña área de territorio familiar llenó de terror mi corazón. Temía que el encontrarme dentro de un grupo grande de personas fuese tragado y convertido en una burbuja, en nada. Sabía que una vez en la arena tendría que hacer algo para llamar la atención.

Pero sobre todo, tenía miedo de lo que había visto

aquel día en la calle. Temía que alguien o algo más grande y más poderoso que yo me forzase a arrodillarme enfrente a la gente y llorase. Temía desesperadamente a las lágrimas. Las lágrimas eran el índice final de debilidad, fracaso, blandura, y niñez. No había llorado desde la edad de ocho años. Algo hizo llorar a Israel. No a mí, nunca.

Sin embargo, si yo no iba, sería «gallina» en la opinión de Israel y el resto de la pandilla. No tenía otra alternativa.

Hacía calor esa noche de julio cuando empujándonos subimos al autobús. Había dos hombres vestidos de traje y corbata cuya responsabilidad era mantener el orden. Pudieran haberse quedado en sus casas. El ruido en el autobús era ensordecedor.

Me sentía mejor una vez que estaba con los míos. Era la soledad de mi cuarto lo que me oprimía. En el autobús era diferente. Más de 50 de los Mau Mau atestaron el autobús. Los pobres hombres trataron de mantener el orden, pero al fin se rindieron y nos dejaron por nuestra cuenta. Los muchachos estaban halándose los unos a los otros, gritando obscenidades, abriendo ventanas, fumando, bebiendo licor, haciendo sonar el timbre, tirando de la emergencia y gritando al conductor para que se pusiera en marcha.

Al llegar al St. Nicholas Arena abrimos las puertas de emergencia y algunos salieron escurriéndose por las ventanas. Había varias muchachas adolescentes enfrente de la arena vestidas de pantalones y blusas muy cortas. Gritos como «Oye, nena, ¿quieres darme un pedacito? » y «vente conmigo, polla, vamos para una verdadera jarana», se oían en la noche. Algunas de las muchachas nos acompañaron cuando entramos.

Israel y yo encabezábamos el desfile de entrada en la arena. Un acomodador trató de detenernos en la puerta interior. Adentro, veíamos como la gente nos miraba cuando entramos ruidosamente en el salón.

—¡Vamos, hombre! ¡Déjanos entrar! —dijo Israel—.

Somos la gente, los Mau Mau. El cura mismo nos invitó. Tenemos asientos reservados. Allá al frente, un miembro de los Chaplains nos vio y se levantó para gritar: —¡Eh, Nicky! ¡Chico, pasa adelante! Estos asientos son para ustedes. —Nos abrimos paso alrededor del sorprendido acomodador que no podía evitarlo y bamboleándonos entramos en la arena.

Íbamos vestidos con los uniformes de los Mau Mau. Ninguno de nosotros se quitó el sombrero negro. Desfilamos por el pasillo golpeando ruidosamente con los bastones, y gritando y silbando a la muchedumbre.

Mirando por encima de la multitud, pude ver miembros de pandillas rivales. Estaban los Obispos, los GGI's, y algunos estaban casi en pleno, y tenía todas las posibilidades para una refriega de primera clase. Después de todo, quizás esto resultaría interesante.

El estruendo era ensordecedor. Nos sentamos y comenzamos a participar, silbando, gritando, y golpeando el suelo con los bastones.

A un lado, una muchacha comenzó a tocar el órgano. Un joven puertorriqueño se levantó, puso las manos sobre el pecho, y echó la cabeza hacia atrás. —¡Oh, Jeeesús! —gritó—. Salva mi gran alma negra, —y se dejó caer en su asiento mientras que las pandillas reían a carcajadas.

Algunos muchachos y muchachas se acercaron al órgano y empezaron a bailar. Las muchachas meneaban las caderas a ritmo doble al compás de la música y los muchachos bailaban alrededor de ellas. Sus actuaciones fueron recibidas con gritos y aplausos de aprobación. La cosa se estaba poniendo seria.

De repente, una muchacha salió a la escena. Caminó al centro y se puso al micrófono, las manos unidas al frente, esperando que el ruido se apaciguara.

El ruido se hizo más intenso. —¡Eh, nena! ¡Menéalas un poco! —gritó alguien—. ¿Qué tal salir conmigo, querida? —Un muchacho larguirucho que jamás había visto antes se levantó, cerró los ojos, extendió los brazos y dijo al estilo Al Jolsen, —¡Maaaa-mmmm!— La muchedumbre daba palmadas y silbaba con más entusiasmo.

La muchacha comenzó a cantar. Aún desde nuestros asientos en la tercera fila era imposible oírla por el ruido de la multitud. Mientras cantaba, unos cuantos muchachos y muchachas se levantaron y se pararon sobre sus asientos bailando y contoneándose. Las muchachas en sus pantalones cortos y sostenes escasos y los muchachos en chaquetas negras de los Mau Mau, zapatos puntiagudos y sombreros altos cubiertos de fósforos y adornos, con una estrella de plata al frente.

La muchacha terminó su canción y miró perturbada hacia los lados. Comenzamos a aplaudir y a aclamar pidiendo otra canción. No obstante, ella salió del escenario y de repente el predicador flaco apareció.

No le había visto desde el encuentro de aquella mañana temprano, hacía unas semanas. Mi corazón dio un salto y el temor comenzó a inundarme una vez más. Era como una nube obscura y ominosa que cubría todo aspecto de mi personalidad. Israel estaba en pie. —Eh, David, aquí estoy. ¡Ve usted! Le dije que vendría. Y mire quien está aquí —dijo, señalándome a mí—.

Yo sabía que tenía que hacer algo o iba a estallar de temor. Salté en pie y grité: —¡Eh, predicador! ¿Qué pretende usted hacer ... convertirnos o algo semejante?

Los Mau Mau se unieron a la risotada y volví a sentarme, algo sosegado. Todavía me reconocían. A pesar del hecho de que estaba petrificado de temor y había devuelto la presidencia a Israel, seguía siendo su líder y todavía se reían de mis chistes. Una vez más volvía a dominar la situación.

Wilkerson comenzó a hablar. —Esta es la noche final de nuestra cruzada para jóvenes de todas partes de la ciudad. Esta noche vamos a hacer algo diferente. Voy a pedir a mis amigos Mau Mau que recauden la ofrenda.

Allí se armó la gorda. Los miembros de las pandillas en todo el auditorio conocían nuestra reputación. Pedir a los Mau Mau recaudar la ofrenda era lo mismo que pedir a Jack el Asesino cuidar a los niños. La gente comenzó a reír y gritar.

Me puse en pie en un segundo. Había esperado la ocasión para lucirme, para llamar la atención hacia mí de un modo notable. Este era el momento. No podía creer que el predicador nos escogiera, pero si él deseaba que nosotros lo hiciésemos, lo haríamos de veras.

Señalé a otros cinco, incluyendo a Israel. —Tú, tú, tú ... Vamos. —Los seis caminamos adelante y nos pusimos en fila frente a la plataforma. Detrás de nosotros reinó silencio, un silencio absoluto.

Wilkerson se inclinó hacia adelante y nos dio a cada uno una caja grande para helado. —Ahora —dijo—, quiero que Uds. se pongan en fila enfrente a la plataforma. Se tocará el órgano y voy a pedir a la gente que venga al frente para dar la ofrenda. Acabado esto, quiero que vengan por detrás de aquella cortina y suban a la plataforma. Esperaré aquí hasta que ustedes, me traigan la ofrenda.

¡Qué increíble suerte! Nadie tenía la menor duda de lo que haríamos. Cualquiera que no se aprovechara de tal situación sería tonto.

La ofrenda fue abundante. Los pasillos estaban llenos de personas que venían al frente. Muchos de los adultos contribuyeron con billetes grandes y otros con cheques. Si nosotros íbamos a recibir la ofrenda, yo estaba determinado a lograr que fuera buena. Algunos de los miembros de las pandillas se adelantaron, bailando en los pasillos, y fingiendo meter o sacar dinero en las cajas de cartón. Cuando esto ocurría, yo metía la mano en mi bolsillo como para sacar la navaja, y decía —¡Eh, un momento, chico! Has olvidado depositar algo.

Comenzaban por reírse hasta que veían que yo estaba en serio. —Hombre, el cura dijo, da ... ¿vas a dar o tengo que pedir a mis compañeros que te lo quiten?

Casi todos contribuyeron con algo. Después que todos habían pasado por el frente, hice señas con la cabeza y todos marchamos por el lado derecho de la sala y por detrás de las cortinas colgadas a lo largo de la pared. Precisamente encima de nuestra cabeza había un gran letrero con letras rojas que decía «Salida». Era visible a todo el mundo y mientras nosotros desaparecimos detrás de la cortina, la risotada comenzó. Al principio era poca, sólo unas risitas. Después podíamos oír como iba aumentando hasta que el salón se inundó de carcajadas dirigidas al pobre predicador que se había dejado engañar por los Mau Mau.

Nos reunimos detrás de la cortina. Los muchachos me miraban con expectación, esperando que yo les dijese lo que debían hacer. Yo les podía hablar con los ojos. Buscaban una señal o un movimiento de los ojos hacia la salida diciendo, corramos. Tomemos el dinero y volemos de aquí.

Pero algo dentro de mí me empujaba en la otra dirección. El predicador me había escogido especialmente y había confiado en mí. Yo podía hacer lo que esperaba la muchedumbre o podía hacer lo que él confiaba que hiciese. La confianza del predicador había creado una chispa dentro de mí. En vez de mover los ojos hacia la puerta de salida, sacudí la cabeza, «no». —Vamos —dije—, llevémosle el botín al predicador flaco.

Los muchachos no podían creerme, pero tenían que hacer lo que yo les decía. Iban dos muchachos delante de mí cuando comenzamos a subir la escalera detrás de la plataforma. Uno de ellos metió la mano en la caja de cartón y sacó un billete de veinte dólares y se lo metió en el bolsillo de la chaqueta.

—¡Eh, tú! ¿Qué diablos piensas hacer? Devuelve ese dinero. Eso le pertenece al cura.

Los muchachos se volvieron y me miraron incrédulos. —Eh, Nicky. No te excites tanto. Mira todo este dinero. Nadie lo sabrá. ¡Vaya! Hay bastante para todos nosotros y para él también.

Metí la mano en el bolsillo y con un movimiento rápido saqué la navaja. Abriendo la hoja automática dije — Hombre, este será tu cementerio si no devuelves el dinero. No hubo más discusión. Corrido, devolvió el billete arrugado a la caja. —Un momento. No es todo —dije—. ¿Cuánto dinero tienes en el bolsillo, listo? —Ah, Nicky, vamos tartamudeó—. Ese es mi propio dinero. Mi madre me lo dio para comprar unos pantalones. —¿Cuánto? —pregunté de nuevo—, dirigiendo hacia la nuez de su garganta la punta resplandeciente de la navaja.

Se sonrojó y sacó dos billetes de diez dólares y uno de cinco. —Dentro del cubo —dije—.

—Hombre, ¿has perdido los sentidos o algo? ¡Mi vieja me despellejará vivo si pierdo esto! Estaba casi gritando.

—Bueno, te diré algo, listo. Voy a despellejarte vivo aquí mismo si no lo metes. ¡Dentro del cubo!

Me miró una vez más con incredulidad. La navaja le convenció de que hablaba en serio. Lo hizo una bola y lo echó dentro del cubo.

—Ahora, vamos —dije.

Salimos al escenario en fila. Muchos de los muchachos comenzaron a hacer burla. Creían que habíamos puesto en ridículo al predicador y sintieron que no nos hubiésemos escapado por la puerta como ellos habrían hecho.

El saber que había hecho algo bueno me dio satisfacción internamente. Por primera vez en mi vida había hecho bien sólo por el hecho de hacerlo. Esta sensación me gustó.

—Tenga, cura, —dije—. Esto es suyo. Me sentía nervioso frente a la multitud. Pero cuando le di el dinero todo el mundo guardó silencio.

Wilkerson tomó los cartones y mirándome directamente a los ojos, me dijo: —Gracias, Nicky. Sabía que podía contar contigo. —Dimos una vuelta y desfilamos a nuestros asientos. El silencio en la sala era tal que se hubiese podido oír caer un alfiler.

Wilkerson comenzó a predicar.

Habló por unos quince minutos. Todo el mundo guardaba silencio, pero no oí ni una sola palabra. Continuaba recordando la sensación de calor que sentí al darle el dinero. Por dentro me reprochaba por no haber huido con el botín. Pero había nacido algo en lo interior y lo podía sentir crecer. Era un sentimiento de bondad, de nobleza, de rectitud. Era una sensación que no había experimentado jamás.

Mi cadena de pensamientos fue interrumpida por un disturbio detrás de mí. Wilkerson había llegado en su sermón al punto en que nos decía que debemos amarnos los unos a los otros. Decía que el puertorriqueño debe amar al italiano y que el italiano debe amar al negro y que el negro debe amar al blanco y que todos debemos amarnos los unos a los otros.

Augie se levantó detrás de mí y dijo: —Eh, predicador, ¿está loco o algo? ¿Quiere que yo ame a esos malditos italianos? ¿Usted está loco? ¡Mire! —Se levantó la camisa y señalo una gran cicatriz roja en el costado—. Hace dos meses uno de esos sucios italianos me metió una bala en el cuerpo. ¿Cree que puedo olvidar eso? Mataré a ese hijo de perra si lo vuelvo a ver.

—Sí —dijo un muchacho del barrio italiano saltando en pie y rasgando su camisa—. ¿Ve Ud. esto? —e indicó una dentada cicatriz alrededor de su hombro hasta el pecho—. Una de esas pandillas de negros me cortó con una navaja de afeitar. Seguro que los amaré, con un tubo de plomo.

Un muchacho negro y con voz envenenada se levantó en el fondo y gritó: —¡Eh, italiano! ¿Quieres tratarlo ahora?

De repente, la sala se cargó de odio. Un muchacho negro de los Chaplains se levantó volcando sillas. Trataba de hacerse paso por la fila de sillas hacia la sección donde estaban los Phantom Lords. Podía presentir un altercado.

Un fotógrafo de un periódico se apresuró por el pasillo con su cámara. Parándose enfrente, dio una vuelta y comenzó a sacar fotos.

Israel habló pronto a tres de los muchachos en los asientos cerca del pasillo. —¡Agárrenlo!—. Dando un brinco atacaron al fotógrafo. Uno de los muchachos logró quitarle la cámara y arrojarla al suelo. Cuando el fotógrafo se inclinó para recogerla un muchacho del otro lado del pasillo la envió con un puntapié pasillo abajo hacia el frente del salón. El fotógrafo corrió tras ella a gatas. Cuando la iba a tomar, otro muchacho la alejó de él con otro puntapié. El fotógrafo se puso de pie y corrió tras la cámara, pero antes de recogerla, otro muchacho la pateó con tanta fuerza que se deslizó a través del suelo embaldosado y se aplastó contra la pared de concreto, rota e inútil.

Todos nosotros nos pusimos de pie. La sala estaba a punto de explotar. Yo buscaba una salida para salir al pasillo. Un verdadero motín se estaba preparando.

De súbito sentí un gran deseo de mirar a Wilkerson. Estaba de pie y tranquilo en el escenario. Tenía la cabeza inclinada y las manos unidas firmemente enfrente al pecho. Se podía ver el blanco de los nudillos bajo la piel. Podía ver sus labios moverse. Yo sabía que estaba orando.

Algo me apretó el corazón. Me detuve y me miré a mí mismo. En todo alrededor de mí el bullicio continuaba, pero yo estaba mirando internamente. Allí estaba aquel hombre flaco, sin temor, en medio de todo aquel peligro. ¿Dónde consiguió el poder? ¿Por qué no tenía miedo como todos nosotros? Sentí vergüenza, bochorno, culpa.

Absolutamente lo único que yo sabía acerca de Dios era lo que había aprendido al conocer a este hombre.

Pensé de mi otro único contacto con Dios. De niño mis padres me habían llevado a la iglesia. Estaba atestada de gente. El cura decía algo en voz baja y la gente le contestaba. Fue una hora miserable. Nada parecía aplicarse a mí. Nunca más volví.

Me hundí en el asiento. El estruendo continuaba en todo alrededor de mí. Israel estaba de pie mirando hacia atrás. Estaba gritando —¡Eh, basta! Oigamos lo que tiene que decir el predicador.

Los Mau Mau se sentaron. Israel continuó gritando: —¡Silencio! ¡Silencio! —El ruido disminuyó. Como una bruma avanzando del mar, el silencio se movía hacia el fondo del salón y luego ascendía al balcón. Una vez más aquel silencio de muerte se suspendió sobre la arena.

Algo me estaba sucediendo. Estaba recordando. Recordaba mi niñez. Recordaba el odio que tenía a mi madre. Recordaba los primeros días en Nueva York cuando corría como una fiera libertada de su jaula. Era como si mis acciones pasaran ante mis ojos como en una cinta de película. Veía las muchachas ... la lujuria ... el sexo. Veía las puñaladas ... el daño ... el odio. Era casi más de lo que sucedía en mi derredor. La única cosa que podía hacer era recordar. Mientras más recordaba, mayor era el sentimiento de culpa y vergüenza. Temía abrir los ojos por temor de que alguien pudiese mirar adentro y ver lo que yo estaba viendo. Era repugnante.

Wilkerson estaba hablando de nuevo. Dijo algo acerca del arrepentirse de los pecados. Yo estaba bajo la influencia de un poder un millón de veces más fuerte que cualquier droga. No era responsable de mis movimientos, acciones o palabras. Era como si estuviese arrebatado por la corriente de un río turbulento. No tenía fuerzas para resistir. No comprendía lo que sucedía dentro de mi ser. Sólo sabía que el temor había desaparecido.

A mi lado oí a Israel sonarse la nariz. Detrás, oí algunas

personas llorando. Algo se movía entre la muchedumbre como el viento sopla por entre las copas de los árboles. Aun las cortinas al lado del salón se pusieron en movimiento y a susurrar como si fuesen sopladas por un viento misterioso.

Wilkerson estaba hablando de nuevo. —¡Él está aquí! ¡Él está en este salón! Ha venido especialmente por ustedes. ¡Si quieren cambiar su vida, éste es el momento! —Entonces gritó con autoridad_ —¡Levántense! Los que deseen recibir a Jesucristo y ser cambiados, ¡levántense! ¡Vengan hacia adelante!

Sentí a Israel que se levantó. —Muchachos, voy adelante. ¿Quién va conmigo?

Me puse de pie. Miré la pandilla y les señalé con la mano. —¡Vamos! —hubo un movimiento espontáneo en los asientos y hacia el frente. Más de 25 de los Mau Mau respondieron. Detrás, unos 30 muchachos de otras pandillas siguieron nuestro ejemplo.

Nos paramos frente a la plataforma mirando a Wilkerson. Dio fin al servicio y nos dijo que le siguiéramos a los cuartos posteriores para adoctrinarnos.

Israel iba frente a mí con la cabeza baja y con el pañuelo en la cara. Pasamos la puerta y entramos en un corredor que conducía a los cuartos de vestir.

Varios miembros de la pandilla estaban de pie en el corredor burlándose. —Eh, Nicky, ¿Qué hay, chico? ¿Tienes religión? —Levanté los ojos y una de las muchachas dio un paso delante de nosotros. Se levantó la blusa y nos mostró su pecho desnudo. —Si entras allí, querido, puedes despedirte de esto.

Me di cuenta de que tenía celos. Creían que íbamos a compartir nuestro amor con Dios y lo deseaban todo para ellas. Esto era todo lo que sabían de amor. Era todo lo que yo sabía de amor. Pero en aquel momento, no importaba. La empujé a un lado escupiendo en el suelo, y dije:

—Me das asco. —Lo único importante en aquel momento era el hecho de que yo deseaba seguir a Jesucristo ... quienquiera que Él fuese.

Un hombre nos hablaba acerca del modo de vivir la vida cristiana. Luego Wilkerson entró. —Muy bien, muchachos —dijo—, arrodíllense aquí en el suelo mismo.

Yo creía que él estaba loco. Nunca me había arrodillado a la vista de nadie. Pero una fuerza invisible me oprimía. Sentía mis rodillas doblarse. No podía quedarme de pie. Era como si una mano gigantesca me empujara hacia abajo hasta que las rodillas dieron en el suelo. El contacto con el duro suelo me hizo volver de nuevo a la realidad. Era verano. Era la temporada de las pandillas. Abrí los ojos, pensé, «¿Qué es esto?» Israel estaba a mi lado llorando a lágrima viva. En medio de toda la tensión, dejé escapar una risita.

—Eh, Israel, me estas molestando con ese llanto. —Israel levantó los ojos y sonrió a través de las lágrimas. Pero al mirarnos el uno al otro tuve una sensación extraña. Sentía las lágrimas llenarme los ojos y pronto salieron por los bordes y rodaron por mis mejillas. Por primera vez desde que lloré amargamente bajo la casa en Puerto Rico ... volvía a llorar.

Israel y yo estábamos los dos arrodillados lado a lado las lágrimas rodándonos por las mejillas, pero riendo al mismo tiempo. Era una sensación increíblemente extraña. Lágrimas y risas. Estaba contento, y a la vez lloraba. Algo sucedía en mi vida que yo no podía controlar de ninguna manera ... y estaba contento de ello.

De repente sentí la mano de Wilkerson sobre mi cabeza. Oraba ... oraba por mí. Las lágrimas me corrieron más libremente mientras bajaba la cabeza y la vergüenza y el arrepentimiento y el gozo maravilloso de la salivación se mezclaron en mi alma.

—¡Eso es, Nicky! —dijo Wilkerson—, ¡llora! ¡Derrámate ante Dios! ¡Clama a Él!

Abrí la boca pero las palabras que salieron no eran mías. —Oh, Dios, si Tú me amas, entra a mi vida. Estoy cansado de correr. Entra a mi vida y cámbiame, por favor. Eso era todo. Pero me sentí cogido y elevado súbitamente hacia el cielo.

¡Marihuana! ¡Sexo! ¡Sangre! Todas las sensaciones sadistas, inmorales y escalofriantes de toda una vida no podían igualarse con lo que yo sentía. Fui literalmente bautizado con amor.

Después de pasar la crisis emocional, Wilkerson nos citó pasajes bíblicos. « ... si alguno está en Cristo, nueva criatura es; las cosas viejas pasaron; he aquí todas son hechas nuevas» (2 Cor. 5:17).

Tenía sentido. Por primera vez en mi vida tenía sentido. Yo era una criatura nueva. Era Nicky, pero no era Nicky. La vieja manera de vivir había desaparecido. Era como si hubiese muerto a la vieja manera ... sin embargo, estaba vivo de una manera nueva.

¡Contentamiento! ¡Gozo! ¡Felicidad! ¡Alivio! ¡Libertad! ¡Libertad maravillosa! ¡Maravillosa!

Había dejado de correr.

Todos mis temores habían desaparecido. Desaparecidas todas mis ansiedades. No tenía más odio. Estaba enamorado de Dios ... de Jesucristo ... y de los que me rodeaban. Aun me amaba a mí mismo. El odio que había sentido por mí mismo se había cambiado en amor. De repente me di cuenta de que la razón por la que yo me trataba a mí mismo de una manera tan mezquina era que yo no me amaba como Dios deseaba que yo me amase.

Israel y yo nos abrazamos, las lágrimas surcaban nuestras caras y empaparon las camisas del uno y el otro. Lo quería. Era mi hermano.

Wilkerson se había ausentado, pero ahora estaba de vuelta en el cuarto. Lo amaba a él también. Aquel sonriente predicador flaco al que yo había escupido hacia sólo unas pocas semanas ... lo amaba.

—Nicky, Israel —dijo—, quiero darles una Biblia. Tengo más Biblias para los Mau Mau también. Vengan conmigo y se las daré.

Le seguimos a otro cuarto. Allí dentro de cajas en el suelo había copias del libro negro. Se inclinó y cogió una edición del Nuevo Testamento, tamaño bolsillo, e iba dándonoslas. —Eh, David —pregunté—, ¿y aquellos libros grandes? ¿Podríamos tener los grandes? Queremos que todo el mundo sepa que ya somos cristianos.

Wilkerson se sorprendió. Los «grandes» eran exactamente eso. Eran ediciones gigantescas de la Biblia. Pero los muchachos las querían y él estaba dispuesto a dárnoslas.

—¡Hombre! —dijo Israel, mirándome y sonriendo—, ¡figúrate! ¡Una Biblia que pesa veinticinco libras! Lo parecía en verdad, pero su peso era pequeño en contraste con el peso que había sido levantado de mi corazón aquella noche cuando el pecado fue ahuyentado y el amor fluyó dentro.

Tarde esa noche subí la escalera a mi apartamento como una persona nueva. Eran las once y pico, lo que era temprano para mí, pero estaba ansioso por regresar a mi habitación. No había más necesidad de correr. Las calles no tenían ningún atractivo para mí. No tenía más necesidad de ser reconocido como el líder de la pandilla. Yo no tenía miedo a la noche.

Fui al armario y me quité la chaqueta Mau Mau y los zapatos y los metí en un saco. No más, pensaba. No tendré más necesidad de esto. Extendí la mano hacia el estante y bajé la pistola. Por fuerza de costumbre iba a poner los cartuchos en la pistola para poder dormir, con ella en la mesita de noche. Pero de repente recordé: Cristo me ama. Él me protegerá. Tomé los cartuchos y los puse de nuevo en la pequeña caja, y volví la pistola al estante. En la mañana la entregaría a la policía.

Caminé hacia el espejo. No podía creer lo que veía. En mi rostro resplandecía una luz que nunca antes había visto. Me sonreí. —Eh, Nicky. ¡Mira que guapo eres! Qué lástima tener que renunciar a todas las muchachas ahora que eres tan guapo—. Reí a carcajadas a la ironía de la situación. Pero estaba contento. El peso del temor había desaparecido. Podía reír.

Me arrodillé al lado de la cama y eché la cabeza hacia atrás. —Jesús ... —, y no salió nada más. —Jesús ... —y finalmente vinieron las palabras—. Gracias, Señor, gracias.

Esa noche, por primera vez en mi memoria, puse la cabeza en la almohada y dormí nueve horas hermosas. No me agitaba en la cama. No había temor de sonidos fuera del cuarto. Las pesadillas habían desaparecido.

Capítulo Once
Salida del Desierto

—◇◇◇—

Al día siguiente por la mañana temprano estaba en la calle reuniendo a los muchachos que habían pasado al frente la noche anterior. Les dije que trajeran sus pistolas y municiones y me esperaran en Washington Park. Íbamos a ir en grupo a la estación de policía.

Volviendo a mi habitación me metí la pistola en el cinturón, tomé la enorme Biblia y me dirigí una vez más a Washington Park para reunirme con los otros.

Caminando por la Ft. Greene Place me encontré cara a cara con una vieja italiana que había visto antes. Antes, ella cruzaba la calle al verme acercar. En esta ocasión al acercarme levanté en alto mi gigantesco libro negro con letras doradas en la cubierta que decían «Santa Biblia».

Fijó la mirada en la Biblia diciendo —¿Dónde te robaste esa Biblia?

Sonreí: —No la robé. Un predicador me la regaló.

Ella sacudió la cabeza: —¿No sabes que no debes mentir acerca de cosas sagradas? Dios te castigará por esto.

—No miento. Y Dios no va a castigarme porque me ha perdonado. Voy a la estación de policía ahora para entregarles mi pistola. Tiré atrás la camisa para que ella pudiese ver la pistola en mi cinturón.

Sus ojos se movieron despacio de la pistola a la Biblia con incredulidad. —¡Aleluya! —gritó mientras su cara se convirtió en una corona de sonrisas. Levantando sus brazos en alto gritó una vez más—, ¡Aleluya!

Sonreí y me dirigí corriendo hacia Washington Park.

Había allí unos 25 de los Mau Mau. Israel los tenía organizados y marchamos por la calle St. Edward a la estación de policía del conjunto multifamiliar en la esquina de Auburn Street.

No nos detuvimos a pensar qué les parecería a la policía. Veinticinco de los miembros más malvados de una pandilla marchaban por el centro de la calle llevando un arsenal de armas y municiones. He dado gracias a Dios muchas veces porque no nos vieron hasta que estuvimos en la puerta. Si nos hubiesen visto a la distancia de una cuadra, habrían cerrado las puertas con barricadas y tal vez nos hubiesen matado a tiros en la calle.

Cuando entramos el sargento se puso de pie de un salto e hizo ademán de sacar su pistola. —¿Qué pasa aquí? ¿Que intentan ustedes hacer?

—Eh, no te alarmes hombre —dijo Israel—. No hemos venido para causar ningún problema. Hemos venido para rendir las armas.

—Ustedes han venido ¿para qué? —preguntó el sargento gritando—. ¿Qué diablos pasa aquí? —Dio una vuelta y gritó por encima del hombro: —Teniente, venga acá pronto.

El teniente apareció a la puerta. —¿Qué hacen aquí estos muchachos? —preguntó al sargento—. ¿De qué trata todo esto?

Israel se volvió al teniente. —Nosotros hemos dado el corazón a Dios y ahora queremos dar nuestras armas a la policía.

—Sí —dijo uno de los muchachos—, tal vez las puedan usar para fusilar a los muchachos malos.

Todos nos echamos a reír y el teniente se volvió al sargento. —¿Es esto verdad? Debe mandar a algunos de los otros policías afuera a investigar. Puede ser que nos hayan preparado una emboscada o algo.

Me adelanté. —Eh, teniente, ¡mire aquí! Levanté la Biblia—. El predicador nos dio estas Biblias anoche después que todos dimos nuestro corazón a Cristo. No vamos a continuar más como miembros de la pandilla. Ahora somos cristianos.

—¿Qué predicador? —preguntó el teniente—.

—¡Hombre! David Wilkerson, aquel predicador flaco que ha estado hablando a todas las pandillas. Tuvimos una enorme asamblea en la St. Nicholas Arena anoche y todos nos acercamos a Dios. Si no nos cree, llámelo a él.

El teniente se volvió al sargento. —¿Tiene Ud. el número de ese predicador?

—Sí, señor. Vive en la casa de la señora Ortiz.

Llámele y dígale que venga acá tan pronto como le sea posible. Puede ser que tengamos serias dificultades. Si esto es algo que él ha causado, lo meteré en la cárcel tan rápido que se va a desmayar.

El sargento hizo la llamada y pasó el teléfono al teniente.

—¿Reverendo Wilkerson? Usted debe venir acá lo más pronto posible. Tengo una sala llena de los Mau Maus y no comprendo lo que pasa. Hubo una pausa y luego el teniente colgó. —Está en camino. Pero antes de que llegue quiero sus armas ... todas ellas.

—¡Seguro, general! —dijo Israel —-. Es para eso que hemos venido aquí. —Luego, dirigiéndose a la pandilla, dijo —¡Bien muchachos, traigan las armas por aquí y pónganlas en el mostrador! ¡Dejen también las balas!

Los policías no podían creer a sus propios ojos. Cuatro policías más entraron y se quedaron atónitos mientras que el montón de pistolas y rifles de fabricación casera iba creciendo.

Al terminar, el teniente no hizo más que sacudir la cabeza. Volviéndose a Israel dijo: —¡Bueno! Ahora dime verdaderamente lo que pasa.

Una vez más Israel relató lo sucedido en el St. Nicholas Arena. Le dijo que nos habíamos hecho cristianos y que íbamos a vivir una vida diferente. Entonces pidió al teniente autografiar su Biblia.

Esto pareció una idea magnífica y todos nos acercamos en masa pidiendo a los policías que autografiaran nuestras Biblias.

En aquel momento David entró por la puerta. Nos dirigió una ojeada y caminó directo al teniente. El teniente llamó a todos los demás oficiales.

—¡Reverendo! —dijo—, quiero estrechar su mano. Wilkerson lanzó una mirada a su alrededor con una expresión interrogatoria, pero extendió la mano que el policía estrechó vigorosamente.

—¿Cómo lo logró? —preguntó—. Estos muchachos nos han declarado guerra y nos han dado nada más que disgustos por muchos años. Pero esta mañana, todos entraron aquí en tropel, y ¿sabe usted lo que quieren?

Wilkerson meneó la cabeza.

—¡Quieren que autografiemos sus Biblias!

Wilkerson quedó sin hablar. —¿Ustedes pidieron eso a estos policías? —balbuceó—.

Abrí mi Biblia y le mostré el autógrafo del teniente en la primera página. —Pues, ¡alabado sea Dios!—, dijo David—. Ve, teniente, ¡Dios está obrando aquí en Ft. Greene!

Salimos todos a la calle y dejamos al sargento meneando la cabeza atónito por el montón de armas apiladas en el mostrador frente a él.

Nos reunimos alrededor de Wilkerson. Israel habló: —Oye, David, estuve leyendo la Biblia casi toda la noche. ¡Mira! Mi nombre está en la Biblia. Aquí está mi nombre en todas partes. ¿Lo ve? Israel. Ese soy yo. Soy famoso.

Varias semanas más tarde el reverendo Arce, ministro de una iglesia hispana llamada Iglesia de Dios Juan 3:16 pasó por mi apartamento. Israel se encontraba allí. Habíamos pasado mucho tiempo juntos leyendo nuestras Biblias y caminando por el cuarto orando en voz alta. El reverendo Arce quería que fuésemos a su iglesia a la noche siguiente para dar nuestros testimonios. Era el servicio del miércoles por la noche y prometió pasar para llevarnos.

Era el primer servicio religioso verdadero en que yo había participado. Cantamos casi una hora. Israel y yo estábamos en la plataforma y la iglesia estaba llena de gente. El reverendo Arce predicó un sermón completo, y después me llamó a dar mi testimonio.

Al terminar de hablar, me senté en la primera fila y escuché a Israel.

Era la primera vez que le había oído hablar en público. Se paró detrás del púlpito con el amor de Cristo radiando en su rostro. Con una voz suave comenzó a relatar los eventos que condujeron a nuestra conversión. A pesar de que las últimas semanas habíamos estado juntos diariamente, esta noche vi en él una profundidad de sentimientos y de expresión que no había visto antes. Sus palabras me llevaron a aquella noche en la St. Nicholas Arena cuando Israel había respondido de tan buena gana al evangelio. Pensé en mi propia actitud para con David. Lo odiaba ... ¡Dios sabe cuánto lo odiaba! ¿Cómo podía estar tan equivocado? Él sólo deseaba que yo permitiese que Dios me amase a través de él, pero, en vez de esto, había escupido en él, le había jurado matarle.

La mención del nombre de David por Israel me hizo volver a la realidad.

—Todavía estaba probando la sinceridad de Wilkerson —decía Israel—, relatando sus impresiones después del primer servicio en la calle en que había oído a David predicar.

—Una tarde Wilkerson pasó por casa y me pidió que lo llevara a conocer a algunos de los otros líderes de pandillas.

Quería invitarlos a las asambleas que él celebraba en el St. Nicholas Arena.

—Fuimos a Brooklyn donde le mostré al Pequeño Jo-Jo, presidente de los Coney Island Dragons, una de las pandillas más grandes de la ciudad. Sólo lo señalé. No deseaba que el Pequeño Jo-Jo me descubriese puesto que eran enemigos acérrimos de los Mau Mau.

—Le dije a David que volvería a casa caminando. Cuando se acercó al Pequeño Jo-Jo, me escondí detrás de la escalera de un apartamento para escuchar. Jo-Jo lo miró de arriba a abajo y luego escupió en sus zapatos. Este es el acto supremo para expresar desprecio a una persona. Jo-Jo no dijo ni una palabra. No hizo más que escupirle en los zapatos. Entonces, dio vuelta y se sentó en el escalón.

Jo-Jo no tenía hogar. En efecto, no tenía nada. Dormía en el parque cuando hacia calor y en el subterráneo cuando llovía o hacía frío. Jo-Jo era un verdadero vagabundo. Robaba ropa de las grandes cajas de beneficencia en la esquina y la usaba hasta que se convertía en harapos. Entonces robaba otras.

—En aquella ocasión llevaba un par de zapatos de lona viejos enseñando los dedos de los pies, y unos pantalones viejos y grandes como si fueran de un gordo.

—Yo calculaba que si Wilkerson era falso, lo mostraría al encontrar a Jo-Jo. Jo-Jo podía reconocer a los falsos. Si Wilkerson no era sincero Jo-Jo lo apuñalaría con su cuchillo.

—Levantó los ojos a Wilkerson y dijo: «Váyase, rico. No pertenece aquí. Viene a Nueva York y habla mucho acerca de cómo Dios cambia a la gente. Llevas zapatos nuevos y lustrosos y pantalones nuevos, pero nosotros no tenemos nada. Mi vieja me arrojó de la casa porque hay diez niños en nuestra pocilga y no hay dinero. Hombre, conozco a los de su tipo. Está aquí visitando los barrios bajos como los ricos que visitan el Bowery en autobús. Bueno, debe irse antes de que alguien le atraviese el estómago con un cuchillo».

—Yo podía ver que algo estaba asiendo el corazón de David. Quizás porque sabía que Jo-Jo decía la verdad. Me dijo más tarde que fue porque recordó algo del General Booth que dijo, 'no es posible apaciguar los corazones de los hombres con el amor de Dios cuando los pies perecen de frío'. Tal vez no estoy citando las palabras exactas, pero de todas maneras, David dijo que eso pasó por su mente como un relámpago. ¿Y saben lo que hizo? Se sentó en aquellos peldaños allí en la calle misma, se quitó los zapatos y los extendió a Jo-Jo.

—El viejo Jo-Jo no hizo más que mirar a David y dijo: —¿Qué trata de demostrar, predicador? ... ¿qué tiene corazón o algo así? No voy a ponerme sus zapatos hediondos.

—Pero David le contestó. "Hombre, te quejabas de los zapatos. Ahora póntelos y deja de quejarte".

—Jo-Jo dijo "nunca he tenido zapatos nuevos" y Wilkerson continuó diciendo " póntelos".

—Jo-Jo se puso los zapatos de David. Entretanto, David se puso a caminar calle abajo hacia su automóvil. Me agaché más detrás de la escalera mientras Jo-Jo perseguía a David por la calle. El pobre David andaba en calcetines y tenía que caminar dos cuadras hasta su coche mientras toda la gente se reía de él. Entonces fue que vi que era sincero.

Israel se detuvo en su testimonio, luchando por contener las lágrimas. —Nada de lo que David había dicho me había impresionado. Pero este tipo no era falso. Ponía en práctica lo que predicaba. Supe entonces que yo no podía resistir un poder que tenía la capacidad de persuadir a una persona a hacer algo como lo que David había hecho con un tipo como Jo-Jo.

Terminando el servicio me abrí paso lentamente por la muchedumbre todavía impresionada por el servicio religioso y el poder y la presencia de Dios dentro de mí cuando yo hablaba. Seguí pensando que tal vez Dios deseaba que yo predicase. ¿Sería esta la forma de Él hablar conmigo? No lo sabía, pero sentí que necesitaba tiempo para considerarlo.

La gente continuaba sonriendo alrededor del vestíbulo y afuera en la acera. Yo continuaba dando la mano a las personas al salir por la puerta principal. En aquel momento dos carros al otro lado de la calle pusieron sus motores en marcha. Oí gritar a una mujer. Mirando en aquella dirección vi cañones de rifles apuntando por las ventanillas y reconocí a algunos de los Obispos. Comenzaron a tirar hacia mí al arrancar los automóviles. La gente se tiraba al suelo enfrente de la iglesia y algunos corrieron locamente para entrar de nuevo en el edificio tratando de escapar del tiroteo. Me agaché detrás de una puerta a medida que las balas se aplastaban ruidosamente contra la piedra a mi lado. Los coches desaparecieron rápidamente en la noche.

Cuando la excitación disminuyó, un anciano caminó hasta donde yo estaba y puso el brazo alrededor de mi hombro, diciendo: —Hijo, no te desanimes. Jesús mismo fue tentado en el desierto después de su bautismo. Tú debes sentirte honrado que Satanás te haya asignado para persecución. Profetizo que tú harás grandes cosas para Dios si perseveras. Me dio una palmadita en el hombro y desapareció en la muchedumbre.

No sabía lo que quería decir perseverar, pero quería hacer grandes cosas para Dios. Pero no estaba convencido de que fuera un honor el que Satanás hubiera enviado a los Obispos para tratar de matarme.

Las cosas se habían normalizado al parecer, y salí de nuevo para emprender la larga caminata a mi apartamento. El reverendo Arce había llevado a Israel a casa en carro pero yo quería caminar. Necesitaba pensar. El señor Delgado, que trabajaba con David Wilkerson, me invitó a acompañarle a su casa para pasar la noche con él. Era un hombre bondadoso, afable y bien vestido.

Creía que sería muy rico, yo tenía vergüenza de mis

pobres modales y la ropa y rehusé la oferta. Me dio un billete de un dólar y me dijo que si necesitaba dinero me comunicara con él.

Le di las gracias y me dirigí a mi apartamento. Al atravesar la avenida, vi a «Loquita» parada enfrente de su apartamento. —¡Oye Nicky! ¿Dónde has estado todo este tiempo? Alguien dijo que te has retirado de la pandilla, ¿es verdad?

Le dije que sí.

—¡Eh, chico! Te echamos de menos. Las cosas no son las mismas sin ti. ¿Por qué no vuelves?

Repentinamente alguien me abrazó por detrás. —¡Eh! ¿De verás quieres que vuelva? ¿Ah? —dije—, pensando que era alguno de nuestra pandilla. El rostro de Loquita se quedó helado de terror. Volví la cabeza y reconocí a Joe, el Apache que habíamos saqueado y quemado.

Me esforzaba para librarme cuando vi el cuchillo en su mano derecha alrededor de mi cuello, me lanzó una puñalada por encima del hombro hacia el corazón. Tiré mi mano derecha hacia arriba para evadir la hoja de ocho pulgadas de largo y me hirió la mano entre el anular y el meñique, atravesando la mano completamente y rozándome apenas el pecho.

Di una vuelta rápida y trató de cortarme de nuevo. —Voy a matarte esta vez —dijo maldiciendo—. Si piensas que puedes escaparte escondiéndote detrás de una iglesia, pues te equivocas, nene. Voy a hacer un favor al mundo y matar a un gallina que se ha vuelto decente.

Grité a Loquita: —¡Vete de aquí! ¡Este tipo está loco!

Él se adelantó en mi dirección y empujó con furia el cuchillo hacia mi estómago. Salté hacia atrás y arranqué una antena de radio de un automóvil estacionado. Ahora las ventajas eran iguales. En mi mano, la antena era tan mortífera como su hoja automática.

Caminé en círculo alrededor del muchacho, cortando el aire con la vara de metal. Ahora estaba en mi propio ambiente. Tenía la confianza de que podía matarlo. Por experiencia sabía por adelantado cuál sería su próximo paso. Cuando se arrojara hacia mí con el cuchillo, yo bailaría hacia atrás y le cogería fuera de balance. Podría cegarle de un golpe y paralizarlo o matarlo con el segundo golpe.

Tenía agarrada la antena en la mano izquierda y mantenía la mano derecha, que goteaba sangre, frente a mí para desviar su cuchillo.

—¡Ven, nene! —susurré—. Inténtalo una vez más. Una sola vez más. Será tu última.

Los ojos del muchacho medio se cerraron de odio. Sabía que tendría que matarle porque nada más lo pararía.

Se lanzó hacía mí y di un paso hacia atrás mientras el cuchillo silbó pasando al lado de mi estómago. ¡Ahora! Él estaba desequilibrado. Moví la antena hacia atrás para pegarle con ella en la cara indefensa.

De repente, me pareció que la mano de Dios me asió el brazo. «Al que te hiera en una mejilla, preséntale también la otra». La voz era tan verdadera que yo podía oírla. Vi aquel Apache no como enemigo, sino como una persona. Sentí compasión por él al verlo maldiciendo y con el odio escrito en su rostro. Podía verme a mí mismo hace unas pocas semanas en la calle obscura tratando de matar a un enemigo. Oré. Por primera vez oré por mí. —¡Ayúdame, Dios!

El Apache recobró el equilibrio y se quedó mirándome. —¿Qué dijiste?

Lo repetí. —¡Ayúdame, Dios! —Se detuvo y me miró fijamente. Loquita acudió corriendo y puso el cuello roto de una botella de whiskey en mi mano diciendo: —¡Destrípalo, Nicky!

El muchacho se echó a correr. —¡Tírasela, Nicky, lánzala!

Tiré el brazo hacia atrás pero en vez de arrojar la botella hacia el Apache que huía, la arrojé contra la pared del edificio.

Entonces tomé el pañuelo y envolví la mano que sangraba profusamente. La sangre penetró el pañuelo y Loquita subió corriendo a su cuarto y me trajo una toalla de baño para absorber la sangre. Ella quería acompañarme a mi apartamento, pero le dije que no necesitaba ayuda y comencé a caminar por la acera.

Temía irme al hospital, pero sabía que necesitaba ayuda. Iba poniéndome débil por la pérdida de sangre. Tendría que atravesar el parque Washington de Fulton Place para llegar al Hospital Cumberland. Decidí que debía ir antes de morir desangrado. Me paré en la esquina de la calle De Kalb cerca del puesto de bomberos, esperando el cambio de la luz. Pero mis ojos comenzaron a girar y sabía que tendría que cruzar la calle antes de desmayarme.

Tambaleé hasta el centro de tráfico. En aquel momento oí un grito y uno de los Mau Mau salió corriendo a la calle para ayudarme. Era Tarzán, un verdadero loco que llevaba un enorme sombrero mejicano.

—¿Qué procuras hacer, Nicky, suicidarte? —Pensó que yo estaba loco por haber dado mi corazón a Dios.

—Hombre, estoy herido, herido seriamente. Ayúdame hasta el apartamento de Israel, ¿Quieres?

Tarzán me acompañó al apartamento de Israel y subimos los cinco pisos a su cuarto. Era medianoche cuando llamé a la puerta.

La madre de Israel abrió la puerta y me invitó a entrar. Ella podía ver que yo estaba herido. Israel salió de otro cuarto. Me miró y se echó a reír. —¡Hombre! ¿Qué te sucedió?

—Fui apuñalado por un Apache.

—Eh, chico, nunca creí que esto podía sucederte a ti.

La madre de Israel interrumpió para insistir que yo fuese al hospital. Israel y Tarzán me ayudaron a descender la escalera y hasta la sala para emergencias del hospital más cercano. Tarzán consintió en tomar mi cartera que contenía un dólar y llamar a mi hermano Frank para decirle lo que me había sucedido. Israel esperó hasta que el doctor examinó mi mano. Algunos tendones fueron cortados y tendrían que adormecerme para operar. Israel tenía una expresión seria cuando me sacaron de la sala en una camilla de ruedas. —No te preocupes, chico, cogeremos al tipo que lo hizo.

Yo quería decirle que no necesitamos vengarnos, ya Dios se encargaría de eso. Pero la puerta se cerró suavemente detrás de mí.

Al día siguiente temprano en la mañana Israel estaba en mi cuarto. Todavía estaba un poco mareado de la anestesia, pero podía ver que él había cambiado. Al fin, pude abrir los ojos y vi que se había afeitado completamente la cabeza.

—Eh, calvo, ¿qué pasa? —murmuré.

Israel tenía en la cara la vieja expresión. —¡Hombre! Primero casi nos matan a balazos enfrente de la iglesia y ahora te apuñalan. Esto de Jesús es para los pájaros ... no vale. Ese tipo no tenía derecho de tratarte así. Voy a vengarte.

Estaba recobrando los sentidos y me alcé en la cama. —Eh, hombre, tú no puedes hacer eso. Podía haberle matado anoche, pero dejé la venganza en manos de Dios. Si tu vuelves a la calle no regresarás nunca. Recuerda lo que dijo David acerca de poner la mano en el arado ... Hombre, quédate conmigo y deja a un lado las peleas.

Me esforcé por sentarme y me di cuenta de que Lydia y Loretta acompañaban a Israel.

Me dejé caer de nuevo en la cama, todavía débil por la pérdida de sangre y la operación. El brazo entero desde la punta de los dedos hasta el codo, estaba enyesado.

Loretta era una linda muchacha italiana de pelo negro con quien yo había salido en varias ocasiones. Ella dijo: —Nicky, Israel tiene razón. Aquellos tipos vendrán al hospital y te matarán si no vuelves a la pandilla. Vamos a volver a los viejos tiempos, ¿quieres? Cúrate y vuelve a los Mau Mau. Te esperamos.

Di vuelta y miré a Lydia: —¿Te sientes así, también? —pregunté—.

Ella dejó caer la cabeza. —Nicky, hay algo que tengo que comunicarte. Tengo vergüenza de mencionarlo ahora cuando debería haberlo hecho hace mucho tiempo. Soy cristiana desde hace dos años.

—¿Cómo? —La miraba fijamente incrédulo—. ¿Quieres decirme que has sido cristiana todo este tiempo y no me lo dijiste nunca? ¿Cómo puedes ser cristiana y hacer todas las cosas que has hecho? Piensa en lo que hemos hecho juntos. No me digas que eres cristiana. Los cristianos no se portan así. No se avergüenzan de Dios. No te creo.

Lydia se mordió el labio inferior y las lágrimas llenaron sus ojos mientras torcía la sábana con las manos. —Tengo vergüenza, Nicky. Tenía miedo hablarte de Cristo. Temía que si te decía que yo era cristiana, no me querrías más.

Israel caminó hacia el borde de la cama. —¡Eh, Nicky! ¡Va! Tú estás turbado, nada más. Te sentirás mejor más tarde. Loretta y yo pensamos que debes regresar a la pandilla. De Lydia, no sé. Pero piénsalo bien y no te apures. Hablaré con algunos de los muchachos y atraparemos al tipo que te hizo esto.

Les volví la espalda. Loretta se acercó y me dio un beso en la mejilla. Sentí las lágrimas calientes en mi mejilla cuando Lydia se inclinó para besarme. —Lo siento, Nicky. Perdóname, por favor.

No dije nada. Me dio un beso y salió corriendo. Oí la puerta cerrarse tras ellos.

Después de que salieron casi podía sentir la presencia de Satanás en la habitación. Me habló por medio de Israel y de Loretta. Me estaba preparando por medio de mi desengaño tocante a Lydia. —¡Nicky! —me susurró—, eres un tonto. Ellos tienen razón. Vuelve a la pandilla. Recuerda las diversiones. Recuerda la satisfacción de vengarte. Recuerda lo dulce que era estar en los brazos de una muchacha hermosa. Tú has traicionado tu pandilla, Nicky, pero no es demasiado tarde para volver.

Mientras él me tentaba, la enfermera entró con la bandeja de comida. Todavía oía el susurro. —Anoche, por primera vez en tu vida, no luchaste para vengarte. ¡Qué cobarde eres! ¡El grande y osado Nicky Cruz llorando allí en el St. Nicholas Arena! ¡Huyendo de un Apache y dejándole escapar! ¡Afeminado! ¡Conformista! ¡Cobarde!

—¿Señor Cruz? —Era la enfermera que hablaba al lado de mi cama—. Si se da la vuelta, le arreglaré la comida en la bandeja.

Me volví bruscamente en la cama y di a la bandeja un golpe, arrojándola de sus manos al suelo. —¡Váyase al infierno y fuera de aquí!

Quería decir más, pero nada más salió. Todas las viejas palabras profanas habían desaparecido. No podía ni recordarlas en aquella ocasión. No hice más que quedarme con la boca abierta. De repente, las lágrimas llenaron mis ojos y rodaron por mis mejillas como cataratas. —¡Perdóneme! ¡Lo siento! —dije sollozando—. ¡Llame un ministro, por favor! Llame al reverendo Arce.

La enfermera recogió silenciosamente los platos, me dio unas palmaditas en el hombro y dijo: —Lo llamaré ahora. Acuéstate y descansa.

Me dejé caer sobre la almohada y sollocé. Al poco tiempo el reverendo Arce llegó y oró conmigo. Mientras él oraba yo sentía la liberación del espíritu que me había posesionado. Me dijo que iba a enviar al señor Delgado a verme a la mañana siguiente y que él se encargaría de que me cuidaran bien.

Aquella noche, después que la enfermera me ayudó a cambiar la camisa de mi pijama, me arrodillé al lado de la cama en la habitación del hospital. Durante la tarde, habían puesto a alguien en la otra cama que había en la habitación, creí que estaba dormido. Empecé a orar en alta voz, que era la única manera que sabía que se podía «orar para uno mismo». Pensaba que había que orar «a Dios» y la única manera que yo conocía era hablar con Él ... en voz alta. Comencé a orar.

Pedí a Dios que perdonase al muchacho que me había apuñalado y que lo protegiera de daño hasta que pudiese aprender acerca de Jesús. Pedí a Dios que me perdonara por la manera que había tratado a Lydia y por haber arrojado la bandeja de las manos de la enfermera. Le dije que iría dondequiera y que haría cualquier cosa que Él deseara. Le recordé que no temía morir, pero le pedí que me permitiese hablar a mamá y papá acerca de Jesús.

Estuve arrodillado mucho tiempo antes de acostarme una vez más en la cama y quedarme dormido.

A la mañana siguiente me vestía para abandonar el hospital cuando el hombre en la segunda cama susurró e hizo señal para que me acercase. Era un anciano que tenía un tubo en la garganta. Temblaba y estaba muy pálido. Apenas podía hablar más que en susurro.

—Yo estaba despierto anoche, —cuchicheó—. Me avergoncé y sonreí tontamente.

—Gracias —dijo—. Gracias por tu oración.

—Pero no oraba por usted —confesé—. Creí que usted, dormía. Oraba por mí mismo.

El anciano extendió la mano y asió mi mano sana con sus dedos fríos y húmedos. Su apretón era muy débil pero yo podía sentirlo apretar. —¡Oh, no! Se equivoca. ¡Oraba por mí! Y yo oraba también. Por primera vez en muchos, muchos años, oré. Yo también deseo hacer lo que Jesús desea que haga. Gracias.

Grandes lágrimas rodaron por sus mejillas tirantes y huecas mientras hablaba. Dije: —Dios lo bendiga, amigo mío—, y salí. No había tratado de ministrar a otra persona en toda mi vida. No sabía hacerlo aún entonces. Pero tenía una sensación fuerte y cálida de que el Espíritu de Dios había ministrado por mi intermedio. Y estaba contento.

El señor Delgado me encontró en el salón de entrada. Había pagado mi cuenta y me dirigió a su carro. —Llamé a David Wilkerson anoche —dijo—. Está en Elmira celebrando

una serie de asambleas. Quiere que mañana te lleve a ti y
a Israel allá.

—David lo mencionó la última vez que lo vi —dije—.
Pero Israel se ha vuelto a la pandilla. No creo que él vaya.

—Iré a visitarle esta noche —dijo el señor Delgado—.
Pero hoy quiero que te quedes en mi casa donde estarás
seguro. Partiremos mañana temprano e iremos a Elmira
en automóvil.

Parecía irónico que yo fuera a Elmira para estar con
David. Era el lugar donde la policía deseaba enviarme, pero por una razón muy diferente. Pasé el resto del día orando por Israel para que no volviese a la pandilla y que viniese conmigo a Elmira.

Al día siguiente muy de mañana nos levantamos y via-
jamos en auto por la ciudad hacia Brooklyn y el proyecto
Ft. Greene. El señor Delgado dijo que Israel había consentido en acompañarnos y que nos encontraría en la esquina
de Myrtle y De Kalb a las siete de la mañana. Cuando llegamos Israel no estaba allí. Se me revolvió el estómago.
Dimos vuelta alrededor de la manzana pero no lo vimos.
El señor Delgado dijo que teníamos prisa pero que pasa-
ríamos por su apartamento en la calle St. Edward frente a
la escuela pública número 67 para tratar de encontrarlo.
Pasamos por la escuela pero no vimos ninguna señal de él.
El señor Delgado miró su reloj impaciente y dijo que tendríamos que seguir nuestro camino.

—¿No podemos dar vuelta a la manzana una sola vez
más? —pregunté—. Quizás estuviera allí y no lo vimos.

—¡Mira, Nicky! —dijo—, sé que tú amas a Israel y que
temes que regrese a la pandilla, pero él tiene que aprender
a arreglárselas por sí mismo alguna vez. Nos dijo que nos
encontraría aquí a las siete de la mañana y no está. Vamos
a dar vuelta una vez más a la manzana, pero es un viaje de
seis horas a Elmira y David te espera a las dos de la tarde.

Pasamos por la calle una vez más y después fuimos al

Bronx para recoger a Jeff Morales. Jeff era un muchacho puertorriqueño que deseaba entrar al ministerio. David le había pedido al señor Delgado que lo llevara esa noche e interpretara por mí cuando hablase en la iglesia.

Al salir de la ciudad sentí una sensación de sosiego. Me recliné en el asiento y di un suspiro. Mi congoja desapareció. Pero en mi corazón había una tristeza profunda porque dejábamos detrás a Israel, y yo tenía una tremenda sensación de perdición y desesperanza en cuanto a su futuro. No lo sabía entonces, pero pasarían seis años antes de que le volviera a ver.

Aquella noche David me presentó a la gente de Elmira y di mi testimonio. David me dijo que comenzara al principio y relatara la historia exactamente como sucedió. Los detalles eran vagos y no podía recordar mucho de lo que había sucedido. Pronto me di cuenta de que Dios no sólo me había quitado muchos de los antiguos deseos, pero que había borrado de mi mente muchas de las memorias. Pero relaté la historia lo mejor que pude. Muchas veces me adelantaba al intérprete y Jeff tenía que decir: —Más despacio, Nicky, dame oportunidad de hablar—. La gente rió y lloró, y cuando se hizo la invitación, muchos de ellos vinieron al altar para entregar su corazón a Cristo. El presentimiento de que Dios me llamaba a un ministerio especial creció cuando lo vi obrar en mi vida.

Al día siguiente tuve la oportunidad de hablar con David un largo rato. Me preguntó si estaba seguro acerca de entrar en la vocación de ministro. Le dije que no sabía nada del asunto y que no podía hablar inglés lo bastante bien como para hacerme entender, pero que sentía que Dios tenía su mano sobre mi corazón y me estaba conduciendo en esa dirección. David dijo que haría todo lo posible para que pudiese ir al colegio.

¡Colegio! No había estado en una aula desde hacía tres años y entonces me habían echado por la puerta. —David, no puedo volver al colegio. El director me dijo que si volvía me entregaría a la policía.

David rió. —No ese colegio, Nicky. Un instituto bíblico. ¿Te gustaría ir a California?

—¿Dónde?

—California, en la costa occidental.

—¿Es cerca de Manhattan? —pregunté—.

Wilkerson se rió a carcajadas. —¡Oh, Nicky, Nicky! El Señor va a tener mucho que hacer contigo. Pero creo que es suficientemente poderoso para hacerlo. Tú verás. Grandes cosas sucederán por medio de tu ministerio. Estoy seguro.

Sacudí la cabeza. Había oído que los policías de Manhattan eran tan severos como los de Brooklyn. Si tenía que volver a estudiar, quería que estuviera en algún lugar fuera de la ciudad de Nueva York. David quería que me quedase en Elmira mientras que él escribía al instituto bíblico que supe más tarde, estaba en La Puente, California, en las afueras de Los Ángeles. Era un instituto de tres años de clases para jóvenes y señoritas que querían prepararse para el ministerio, pero que carecían de fondos para asistir a la universidad. Por supuesto, yo no había completado la secundaria, pero David escribió una carta por avión, pidiéndoles que me aceptaran a pesar de eso. Les dijo que no ponía excusas por mi vida pasada, pero les estaba contando mis sueños y ambiciones, y les pedía que me aceptasen a prueba aunque yo llegué a ser creyente sino hacía unas pocas semanas.

Pero la situación en Elmira no era buena. Alguien había hecho correr la voz de que yo era todavía jefe de una pandilla y que trataba de formar una pandilla allí. El asunto turbó a David y sabía que podía causar dificultades. Pasaba las noches con él pero temía que la gente lo criticara. Acordamos en orar por la situación.

Aquella noche David me habló del bautismo en el Espíritu Santo. Escuchaba atentamente pero no comprendía lo que trataba de explicarme. Me leía pasajes bíblicos del libro de los Hechos de los Apóstoles, de la primera epístola del apóstol San Pablo a los Corintios y de la epístola del apóstol San Pablo a los Efesios. Explicó que después de que el individuo se convierte, Dios desea llenarlo con su poder. Explicó la conversión de Saulo en el capítulo 9 de los Hechos, y cómo tres días después de que Saulo se convirtió recibió el bautismo en el Espíritu Santo y fue lleno de un poder nuevo.

—Eso es lo que tú necesitas, Nicky —dijo David—. Dios desea llenarte con poder y darte dones especiales.

—¿Qué clase de dones quieres decir? —le pregunté—.

Abrió su Biblia en I Corintios 12:8-10 y explicó acerca de los nueve dones del Espíritu. —Estos son dados a los que son bautizados en el Espíritu Santo. Quizás no los recibas todos, pero recibirás algunos. Nosotros los Pentecostales creemos que toda persona bautizada en el Espíritu habla en lenguas.

—¿Quiere Ud. decir que podré hablar en inglés aún sin estudiarlo? —pregunté admirado—.

David iba a decir más, pero cerró la Biblia. —El Señor dijo a los apóstoles que esperasen hasta recibir poder. No deseo precipitar el asunto contigo, Nicky. Esperaremos al Señor y Él te bautizará cuando estés listo para recibirlo. Entre tanto, tenemos en nuestras manos un problema y tenemos que orar por él.

Apagó la luz y dije —Si me da otra lengua, espero que sea italiana. Conozco a la más mona muchacha italiana que se ha visto jamás, y me gustaría ... .Me interrumpió la almohada que Wilkerson me lanzó y me dio en la cara. —¡A dormir, Nicky! Casi amanece, y la mitad de la ciudad cree que todavía eres cabecilla de una pandilla. Si te da otra lengua, mejor que sea algo que esta gente de aquí pueda comprender cuando les digas que de veras no eres un asesino.

A la mañana siguiente David tenía en la cara una apariencia de preocupación al regresar del servicio matinal. —Las cosas no marchan bien, Nicky. Tenemos que alejarnos de aquí antes del anochecer y no sé adónde puedo enviarte a menos que sea a Nueva York.

—¿Cree Ud. que el Señor oyó nuestras oraciones anoche? —pregunté—.

David parecía sorprendido. —Seguro que lo creo. Es por eso que oro, porque creo que me oye.

—¿Oró usted que Dios me cuidase?

—Tú sabes que sí.

—Pues, ¿por qué está usted tan preocupado?

David quedó mirándome un minuto. —Vamos, comamos algo. Me muero de hambre, ¿y tú?

A las dos de la tarde sonó el teléfono en el cuarto del motel. Era el pastor de la iglesia donde David predicaba. Había una mujer en su despacho que deseaba hablar con nosotros. David dijo que iríamos enseguida.

Entramos y el pastor nos presentó a la señora Johnson que había venido doscientas millas por automóvil de su casa en el interior del estado de Nueva York. Tenía 72 años y dijo que anoche el Espíritu Santo le había hablado. Ella había leído de mí en los periódicos y dijo que el Espíritu Santo le había dicho que yo estaba en un apuro y que ella había venido para llevarme consigo.

Miré a David y grandes lágrimas le corrían por la cara.

—Puede ser que se llame señora Johnson, pero que su verdadero nombre es señora Ananías.

Ella miró a David con una expresión extraña. —No comprendo.

El pastor interrumpió. —Se refiere al Ananías mencionado en el noveno capítulo del libro de los Hechos que el Espíritu Santo tocó y envió a ministrar a San Pablo.

La señora Johnson sonrió. —Sé solamente que el Señor me dio instrucciones de venir aquí y de llevarme a casa conmigo a este muchacho.

David me dijo que me preparara para regresar con ella. Me dijo que debería tener una respuesta de La Puente dentro de unos días y que entonces enviaría a buscarme. No deseaba irme, pero después de oír lo sucedido la noche anterior, y en vista de lo que pasaba ahora, temía quedarme.

Dos semanas después recibí una llamada de David. Estaba contentísimo. Las personas del Instituto Bíblico le habían escrito que se habían interesado tanto en las posibilidades de mi venida, que habían pasado por alto todos los requisitos y habían acordado matricularme como estudiante regular. Me dijo que tomara un autobús de regreso a Nueva York y que iba a partir para California el día siguiente.

En esta ocasión no me molestaba el viaje de vuelta a Nueva York. Recordaba el paseo en coche con el doctor John y de la sensación desanimada de caer de nuevo en el abismo. Pero el abismo había desaparecido. En esta ocasión estaba en camino fuera del desierto.

Tuve que esperar cinco horas en la estación de autobuses para encontrarme con David. Había consentido en esperar en el vestíbulo para evitar líos. Sin embargo, éstos me persiguieron. Esta vez apareció en la forma de diez Viceroys que me rodearon silenciosamente mientras leía una revista.

—Eh, mira al guapo, —dijo uno de ellos refiriéndose a mi traje y corbata—. Eh, tonto, estás fuera de tu territorio. ¿No sabes que esto es territorio Viceroy?

Pronto, uno de los muchachos dijo. —Eh, ¿saben quien es este tipo? Es aquel estrafalario de los Mau Mau que se ha vuelto predicador.

Otro se acercó y me metió el dedo en la cara. —Eh, predicador, ¿se permite tocarte? Quizás algo de tu santidad pase a mí al tocarte.

De una palmada separé su mano de mi cara. —¿Quieres morir? —gruñí, el viejo Nicky manifestándose—, Bueno, tócame una vez más y puedes darte por muerto.

—¡Eh! —el muchacho saltó hacia atrás fingiendo sorpresa—. Escúchale. Tiene la apariencia de un predicador, pero habla como un ... y pronunció un nombre sucio.

Antes de que pudiera moverse, salté en pie y le hundí el puño en el estómago. Cuando se inclinó del golpe, le di un puñetazo en la nuca. Cayó al suelo sin sentido. Los otros quedaron demasiado sorprendidos para moverse. La gente en la estación de autobuses huía y se escondía detrás de los bancos. Retrocedí por la puerta. —Si intentan algo, los mataré a todos. Voy a buscar a los Mau Mau. Estaré de vuelta en una hora y mataremos a todos los Viceroys.

Sabían que hablaba en serio y los Mau Mau eran dos veces más violentos y poderosos que ellos. Se miraron y retrocedieron hacia la otra puerta arrastrando consigo a su inerte compañero.

—¡Volveré! —grité—. ¡Mejor que pongan los pies en polvorosa porque ya pueden darse por muertos por seguro!

Corrí por la puerta hacia la entrada cercana al subterráneo, pero en camino pasé frente a una iglesia hispana. Algo en mí me detuvo y luego me hizo volver. Despacio, subí la escalera y entré en el edificio abierto. Quizás debo orar primero y buscar a los Mau Mau después.

Pero una vez dentro de la iglesia no pensé más en los Mau Mau ... o en los Viceroys. Comencé a pensar en Jesús, y en la vida nueva que me esperaba. Me arrodillé ante el altar y los minutos pasaron como segundos. Al fin, sentí un golpecito en el hombro. Volví la vista. Era Wilkerson.

—Al no encontrarte en la estación de autobuses, pensé que te encontraría aquí ... —dijo—.

—Naturalmente —contesté—. ¿Dónde pensaba que estaría? ¿Con la pandilla de nuevo? Él se iba riendo mientras caminábamos hacia su auto.

Capítulo Doce

Deslumbramiento Escolar

El Instituto Bíblico de La Puente, California, es pequeño y sin pretensiones. Está situado en un pequeño terreno a corta distancia del pueblo. La mayoría de los setenta estudiantes matriculados allí hablaban español, y la mayoría proviene de modestas circunstancias.

Steve Morales y yo llegamos de Nueva York por avión. El instituto era muy diferente a lo que yo había experimentado. Las reglas eran muy estrictas y el horario muy disciplinado. Todo estaba muy regimentado con clases todos los días excepto el domingo y el lunes. La mayoría de los estudiantes vivía en dormitorios estilo cuartel en los mismos predios del plantel.

Pasaron varios meses antes de que yo pudiese acostumbrarme al Instituto. Siempre había hecho lo que quería, pero en el Instituto todo se hacía al son de una campana desde la hora de levantarnos a las 6:00 a.m. hasta que se apagaban las luces a las 9:30 p.m. No teníamos tiempo libre casi nunca y teníamos que pasar más de dos horas diarias orando, además de las seis horas de clase. Para mí el problema principal era no tener muchachas con quienes hablar. Estaba prohibido estrictamente y la única oportunidad de hablar con ellas era durante los momentos hurtados antes y después de las clases, o cuando estábamos lavando los platos durante el tiempo que teníamos que trabajar en la cocina.

Sin embargo, la intención de la escuela era enseñar disciplina y obediencia. Y a pesar de que esto era muy difícil para mí, constituía exactamente el tipo de entrenamiento que necesitaba. Menos disciplina me hubiera dado demasiada libertad.

Teníamos bastante que comer pero la comida no era apetitosa. Regularmente el desayuno consistía de una mezcla de harina caliente y pan tostado, pero una vez por semana nos daban un huevo. Sin embargo, esta clase de régimen alimenticio era una parte integral de nuestro entrenamiento, puesto que la mayoría de nosotros íbamos a ser ministros de habla española en las secciones pobres de la nación y nos veríamos obligados a vivir con muy poco.

Los profesores tenían mucha paciencia conmigo. No sabía cómo comportarme y sentía profundamente mi inseguridad. Trataba de disimularlo haciendo travesuras y alardeándome.

Recuerdo una mañana durante el tercer mes del curso, estábamos de pie mientras el profesor decía una larga oración para abrir la clase. Yo había estado observando a una bella muchacha mejicana de pelo negro, muy piadosa frente a mí por algunas semanas pero no había podido atraer su atención. Durante la oración, moví silenciosamente su silla hacia un lado pensando que esta vez me notaría. Pronunciando el «amén», todos nos sentamos. Ella me notó bien. Dio una vuelta de su posición embarazosa en el suelo y me fijó sus ojos que chispeaban fuego. Yo reía a más no poder al inclinarme para ayudarle a pararse. Me miró fijamente y se levantó sin ayuda. No dijo palabra, y por alguna razón ya no parecía cómica. Al mover su silla una vez más en posición, deliberadamente me pegó un puntapié en la espinilla. No creo que nada me haya dolido tanto jamás. Toda la clase se reía. Al fin, pude dominarme y la miré. Me miraba con ojos chispeantes que podían perforar un tanque blindado. Yo me sonreí débilmente, pero sentía que iba a vomitar. Ella dio vuelta y se mantuvo rígida en y la silla mirando hacia el profesor.

El profesor se limpió la garganta y dijo —Ya que hemos terminado la invocación matinal, comenzaremos. El señor Cruz será el primero en comenzar esta mañana.

Yo le eché una mirada inexpresiva. —¡Señor Cruz! —dijo—, ¿ha preparado la lección, no es cierto? Traté de decir algo, pero la pierna me dolía tanto que no podía hablar.

—Señor Cruz, usted sabe el castigo por no haber preparado la lección. Sé que tiene gran dificultad con el lenguaje y que no ha disciplinado la mente a pensar en términos académicos. Todos tratamos de tener paciencia pero si usted no presta su cooperación, no tendré más alternativa que darle cero y suspenderle de este curso. Una vez más le pregunto, ¿tiene preparado el material?

Asentí con la cabeza y me puse frente a la clase. Miré hacia la linda muchacha de los ojos negros. Ella sonrió dulcemente y abrió su cuaderno para que yo viese página tras página escrita con nitidez, lo relacionado a la misma materia que yo debía explicar. Eché una mirada al profesor y dije —Con permiso. Salí corriendo del salón hacia el dormitorio. Había quedado en ridículo. Creía que podía hacerme el listo y que todo el mundo se reiría como en las pandillas, pero esta gente era diferente. Me toleraban porque tenían compasión de mí. Yo era un individuo mal adaptado al ambiente, un proscrito.

Me senté al borde de la cama y escribí una larga carta

a David Wilkerson. Le dije que me era muy difícil aquí y que me había equivocado en venir. Sentía haberle fallado, pero temía que iba a avergonzarle si me quedaba en el instituto. Le pedí que me enviara un boleto para el viaje a Nueva York. Puse una estampilla de entrega inmediata y la dirigí a la casa de Wilkerson en Pennsylvania.

Su respuesta llegó una semana más tarde. Con anhelo abrí desgarrando el sobre para encontrar una breve nota.

«Querido Nicky:

«Me alegra el saber que estás teniendo tanto éxito. Ama a Dios y huye de Satanás. Siento no tener dinero en este momento. Te escribiré más tarde cuando tengamos dinero. Tu amigo, David».

Me puse enfermo, irritado y frustrado. Escribí una carta de urgencia al señor Delgado. Sabía que él tenía dinero pero temía decirle que tenía tantas dificultades en la escuela. Le dije que mi familia en Puerto Rico necesitaba dinero y que yo tenía que regresar a Nueva York para encontrar trabajo y ayudarles. No había oído de mi familia desde hacía un año, pero esto parecía ser el único cuento que me podían creer.

Una semana más tarde recibí una carta de urgencia del señor Delgado.

«Querido Nicky:

«Mucho gusto en recibir tu carta. He enviado dinero a tu familia para que tú puedas quedarte en la escuela. ¡Dios te bendiga!»

Aquella noche fui a hablar con el decano López. Le relaté mis problemas. Me rebelaba contra toda autoridad. El día anterior me tocó limpiar la sala de conferencias, pero yo arrojé el limpiador al suelo y les dije que había venido a California para estudiar y no para trabajar como un esclavo. Todavía caminaba como caminan los miembros de las pandillas. Sabía que no debía pensar como el viejo Nicky, pero no podía evitarlo. Cuando los otros en el dormitorio trataban de orar por mí, me alejaba de ellos y les decía que eran demasiado buenos para mí. Sentado en su pequeña oficina, lloraba amargamente y pedía auxilio gritando. El decano López era un hombre pequeño de tez bruñida. Escuchó y asintió con la cabeza. Al fin, alargó la mano para tomar su Biblia muy usada de debajo de un montón de exámenes todavía sin calificar.

—Nicky, usted tiene que conocer mejor al Espíritu Santo. Está salvado y desea seguir a Jesús, pero no alcanzará victoria verdadera en la vida hasta no recibir el bautismo en el Espíritu Santo.

Seguí escuchando mientras el decano López me hablaba con su Biblia abierta, de la victoria maravillosa que podía tener si recibía el Espíritu Santo.

—En el capítulo primero de los Hechos —dijo—, los apóstoles se encontraban en su situación. Nicky. Habían sido salvados, pero no tenían poder interno. Dependían de la presencia física de la persona de Jesucristo para darles poder. Mientras estaban cerca de Él estaban llenos de poder. Pero cuando no estaban con Él, no tenían poder alguno. Sólo una vez en los Evangelios encontramos la historia de cómo Jesús sanó a alguien sin estar en su presencia. Esto fue en el caso del criado del centurión. Pero aun entonces el centurión tuvo que venir a Jesús para qué fuese cumplida su fe. Está escrito en el libro de San Mateo que Jesús nombró a los doce discípulos y les dio poder sobre los malos espíritus, para echarlos fuera y para curar toda clase de enfermedad. Pero aun con su comisión no tenían todavía el poder necesario para perseverar. Se encuentra la evidencia de esto más adelante en el mismo libro cuando un hombre trajo a su hijo a Jesús para curarlo, diciendo que lo había llevado a los discípulos y que no tenían el poder de sanárle.

Escuchaba atentamente mientras que los dedos del Decano manejaban expertamente las páginas de la Biblia bien usada. —Era el lugar llamado Getsemaní, Jesús se apartó de sus discípulos para orar. Tan pronto como estaba fuera de su vista, quedaban impotentes. Les había pedido mantenerse despiertos y estar a la espera de los soldados, pero en vez de eso, se durmieron.

Pensé «Ese soy yo. Sé lo que quiere que haga pero no tengo poder para hacerlo. Lo amo y deseo servirle, pero no tengo el poder».

El decano continuaba hablando y acariciando su Biblia con las manos como si tocase la punta de los dedos de un amado y viejo amigo. Los ojos lagrimosos le brillaban mientras hablaba de su amado Señor. —Tú recuerdas más tarde aquella misma noche cuando San Pedro estaba de pie fuera del palacio, cuando se llevaron a su Señor, perdió su poder. Se hizo un cobarde espiritual. Y aquella noche una criada le acusó e hizo que San Pedro maldijera a su Salvador y dijera que jamás lo había conocido.

El señor López suspiró y lágrimas enormes se formaron en sus ojos y cayeron sobre las páginas amarillas de la Biblia abierta. —¡Oh, Nicky! Es tan parecido a todos nosotros. ¡Qué trágico! ¡Qué trágico y terrible fue que en su hora de necesidad se encontró solo! ¡Si Dios me hubiese permitido estar allí para apoyarle ... morir con Él! Sin embargo, Nicky, temo que hubiese hecho lo mismo que San Pedro, porque el Espíritu Santo todavía no había venido, y contando con mi propia fuerza, yo también le hubiera abandonado.

Tuvo que dejar de hablar al ahogársele la voz. Sacó el pañuelo del bolsillo y se sonó ruidosamente las narices.

Abrió su Biblia en los Hechos y continuó. —Nicky, ¿recuerdas lo que pasó después de la crucifixión?

Sacudí la cabeza. Sabía poco acerca de la Biblia.

—Todos los discípulos se rindieron. Eso es lo que sucedió. Dijeron que todo se había acabado y que iban a regresar a sus barcas de pesca. El único poder que tenían, venía de la presencia física de Jesús en quien vivía el Espíritu de Dios. Pero después de la resurrección, Jesús mandó a sus discípulos regresar a Jerusalén y a esperar hasta recibir un poder nuevo ... el poder prometido del Espíritu Santo.

—La última promesa que Jesús dio a sus discípulos era que recibirían poder. Mira aquí, en los Hechos capítulo uno y versículo ocho. —Abrió la Biblia sobre la mesa para que yo la leyese con él—. «Pero recibiréis poder, cuando haya venido sobre vosotros el Espíritu Santo, y me seréis testigos en Jerusalén, en toda Judea, en Samaria, y hasta lo más recóndito de la tierra».

—Ves, Nicky, esto no es un mandamiento a ir a testificar. Es una promesa de recibir poder. Y cuando los apóstoles recibieron el poder no pudieron menos que hacerse testigos. Recibieron el poder en el bautismo del Espíritu Santo. El Espíritu había regresado del cielo de una manera poderosa y magnífica y había llenado a cada uno de aquellos apóstoles con el mismo poder que había llenado a Jesús.

Me retorcí en la silla. —Si está enviando su Espíritu —pregunté—, ¿por qué no me lo ha enviado a mí?

—¡Ah, sí, te lo ha enviado! —contestó el decano, una vez más de pie caminando de un lado a otro frente al pequeño escritorio—. ¡Lo ha enviado! Pero tú no lo has recibido todavía.

—¿Enviado? ¿Recibido? ¿Cuál es la diferencia?

—El Espíritu Santo de Dios mora en ti, Nicky. Entró en tu vida aquella noche en la Arena San Nicholas. «Nadie puede llamar a Jesús Señor, sino por el Espíritu Santo». Fue el Espíritu Santo quien te acusó de tus pecados. Fue el Espíritu Santo quien te dio el poder de recibir a Jesús como Señor. Fue el Espíritu Santo quien te abrió las puertas para que vinieses a este instituto. Pero tú no le has dejado que te llene completamente.

—¿Cómo hago esto? —pregunté con sinceridad—. He tratado de purificar mi vida al abandonar todos mis pecados. He ayunado y he orado, pero no ha ocurrido nada.

Sonrió. —No es algo que tú haces, Nicky. Se recibe, nada más.

Moví la cabeza. Todavía no comprendía.

El decano López tomó su Biblia de nuevo y la abrió expertamente en el libro de los Hechos. —Permíteme decirte de un hombre llamado Saulo. Iba a una «gran refriega» en Damasco y fue derribado por el Espíritu de Cristo. Tres días más tarde fue bautizado con el Espíritu Santo y comenzó a predicar. En aquella ocasión el poder vino por la imposición de manos.

—¿Es así como lo recibo yo? —pregunté—. ¿Hay alguien que pueda poner las manos sobre mí para que yo reciba el bautismo del Espíritu Santo?

—Es posible que venga así —dijo el decano López—, o puedes recibirlo estando completamente solo. Pero, una vez que ocurra, tu vida no será la misma.

Pausó, y mirándome fijamente a los ojos dijo; —el mundo necesita tu voz, Nicky. Hay centenares de miles de jóvenes en todas partes de los Estados Unidos que viven todavía donde tu vivías, y de la misma manera. Están atrapados en las garras del temor, del odio, y del pecado. Necesitan una voz profética fuerte que se levante en los barrios bajos y los ghettos para mostrarles a Cristo que es el camino de escape de su miseria. No escucharán a los predicadores elocuentes de hoy día. No escucharán a los maestros de los seminarios e institutos bíblicos. No escucharán a los trabajadores sociales. No escucharán a los evangelistas profesionales. No asistirán a las iglesias grandes y aunque lo hiciesen no serían bienvenidos. Necesitan un profeta de su propio rango, Nicky y desde esta hora, ruego que tú seas ese profeta. Tú hablas su lengua. Has vivido donde ellos viven. Eres como ellos. Has odiado como ellos odian. Has temido como ellos temen y ahora Dios ha tocado tu vida y te ha llamado de la cuneta para que puedas llamar a otros a seguir el Camino de la Cruz.

Hubo un silencio largo y sagrado. Le oí hablar de nuevo. —Nicky, ¿quieres que yo ore para que recibas el Espíritu Santo?

Pensé un largo rato, luego contesté: —No, creo que esto es algo que debo recibir yo solo. Si voy a perseverar solo, entonces debo recibirlo solo. Él me llenará cuando Él esté listo ... ... porque yo ya estoy listo ahora.

El decano López miró hacia el suelo y sonrió: —Eres sabio, Nicky. Estas palabras pudieron venir sólo del Espíritu de Dios. Se acerca rápidamente la hora cuando tu vida cambiará por completo. Oraré por ti mientras tú oras por ti mismo.

Eché una mirada al reloj en la pared. Había estado con él cuatro horas. Eran las dos de la mañana.

Las cinco noches siguientes las pasé en oración agonizante en la capilla. Pasaba los días muy ocupados en mis clases, pero de noche iba a la capilla para implorar que Dios me bautizara con su Espíritu Santo. No sabía orar excepto en alta voz, y elevaba la voz cada vez más. Me arrodillaba ante el altar gritando a Dios: «¡Bautízame! ¡Bautízame! ¡Bautízame! » Pero no ocurría nada. Era como si la capilla fuese una caja sin salida y mis oraciones no podían ascender al cielo. Noche tras noche, iba a la capilla, me arrodillaba y pegaba a la barandilla del altar con el puño, gritando: «¡Bautízame, Dios, por favor! ¡Bautízame para que pueda recibir el poder de Jesús! » Trataba aún de pronunciar algunas palabras en una lengua desconocida, pero nada sucedía.

El viernes por la noche, después de una semana de orar sin resultados cuatro o cinco horas cada noche, estuve a punto de quebrantarme bajo la tensión. A medianoche, salí de la capilla y caminaba despacio a través del campo cuando oí a un hombre que gritaba detrás de la escuela. Doblé la esquina con ímpetu y me encontré cara a cara con Roberto, un ex-adicto a las drogas.

—¡Eh, Roberto! ¡Roberto! ¿Que pasa?

Levantó los brazos al aire gritando: —¡Alabado sea Dios! ¡Alabado sea Dios! ¡Alabado sea Dios!

—¿Qué pasa? ¿Por qué estás tan contento?

—He sido bautizado con el Espíritu Santo. Esta noche, hace unos pocos minutos, estaba orando cuando Dios tocó mi vida y me llenó de gozo y felicidad. No puedo detenerme. Tengo que ir. Tengo que informar a todo el mundo. ¡Alabado sea Dios, Nicky! ¡Alabado sea su nombre maravilloso! —Me dejó y corrió a través del camino, saltando al aire y gritando: —¡Aleluya! ¡Alabado sea Dios!

—Eh, ¡espera un momento! —grité tras él—. ¡Roberto! ¡Roberto! ¿Dónde recibiste el bautismo? ¿Dónde estabas cuando sucedió?

Volvió sin aliento y señaló el instituto. —En la sala de clase. En la sala grande de clase. Estaba al frente de rodillas cuando me llenó de fuego. ¡Aleluya! ¡Alabado sea Dios!

No esperé más. Partí corriendo locamente a través del campo hacia la sala de clase. Si tocó a Roberto, quizás esté todavía allí y me toque a mí también. Patiné por la puerta del edificio y fui corriendo por el corredor a la sala grande de clase. Me paré de golpe en la puerta y miré adentro. Estaba oscuro y quieto.

Despacio, entré a la sala vacía y obscura y avancé a tientas entre las sillas y los pupitres hasta el frente. Me arrodillé al lado del pupitre donde la linda muchacha de los ojos negros se había caído al suelo con tanta vergüenza cuando le saqué la silla. No tenía tiempo para reconstruir los sucesos en mi mente cuando uní las manos al estilo tradicional y levanté la cara hacia el techo.

Entonces en alta voz grité: —¡Dios, soy yo, Nicky! Yo

también estoy aquí. ¡Bautízame! Esperé expectante. No sucedió nada.

«Quizás no hablo a la persona apropiada», pensé. Trataré de nuevo. —¡Jesús! —grité en voz alta—. Soy yo, Nicky Cruz, aquí abajo en la sala de clase en La Puente, esperando ser bautizado en tu Espíritu. ¡Permíteme recibir el bautismo! —La esperanza era tan fuerte que casi me levantó del suelo. Tenía la boca abierta y lista para hablar en lenguas. Tenía las piernas tensas, listas para correr y saltar como Roberto. Pero no sucedió nada.

Silencio. El suelo se hizo duro y las rodillas comenzaron a dolerme. Lentamente me puse de pie y desanimado volví caminando a través del campo oscuro a mi dormitorio.

Había en el aire nocturno la fragancia de los jazmines que florecen de noche. La hierba bajo mis pies estaba mojada del rocío temprano. En los arbustos oí el silbo solitario de un pájaro, y en la distancia oí el rugido profundo de un motor diesel que avanzaba del valle con su carga. La luna se deslizó detrás de una nube obscura como una dama seductora retirándose dentro de su apartamento y cerrando la puerta. La fragancia de los jazmines y las gardenias iba y venía en el fresco aire nocturno y las luces de la calle pestañeaban cuando el viento balanceaba las frondas de las palmas a través de los rayos de luz. Yo me encontraba solo en el paraíso de Dios.

Entré silenciosamente en el dormitorio y fui a tientas a mi cama. Me acosté en mi lecho con las manos bajo la cabeza y miraba fijamente en la oscuridad. Podía oír la respiración suave de los demás muchachos. —¡Dios! —dije entre sollozos, y sentí las lágrimas calientes formarse en mis ojos y correr por mis orejas y sobre la almohada—. Hace una semana que estoy pidiendo y me has abandonado. Soy malo. Sé porque no me has llenado. No soy lo suficientemente bueno. Me comporto como un asno enfrente de las demás personas. No sé aún cómo usar el cuchillo y el tenedor. No puedo leer bien y no puedo pensar con bastante rapidez para ir al mismo paso que los demás. Lo único que conozco es la pandilla. Estoy completamente fuera de ambiente aquí y estoy sucio y lleno de pecado. Deseo ser bueno, pero no puedo serlo sin tu Espíritu y no quieres dármelo porque no soy bastante bueno.

La imagen del viejo cuarto número 54 Ft. Greene Place pasó por mi mente como un relámpago y me estremecí incontrolablemente. —No deseo regresar, Dios, pero no puedo triunfar aquí. Todos los muchachos y las muchachas son muy piadosos y santos mientras que yo soy muy sucio y lleno de pecado. Sé cuando estoy fuera de ambiente. Voy a regresar mañana. —Di vuelta y caí en un sueño intranquilo.

Al día siguiente después de la clase, volví al dormitorio para hacer la maleta. Decidí salir secretamente del campo y emprender el largo viaje a Nueva York, pidiendo que me llevaran los automóviles que pasaran. Era inútil quedarme.

Esa tarde mientras estaba pensando sentado en mi cama me interrumpió uno de los estudiantes que vivía fuera del campo.

—¡Ah, Nicky! Precisamente la persona que yo deseaba ver. Yo pensé, «y tú eres precisamente la persona que yo no deseaba ver».

—Nicky —siguió con un tono de alegría—. Vamos a tener un servicio y estudio de la Biblia en la pequeña misión en Guava Boulevard. Quiero que me acompañes.

Sacudí la cabeza. —Esta noche no, Gene. Estoy fatigado y tengo que estudiar mucho. Invita a uno de los otros muchachos.

—Pero no hay más muchachos por aquí —dijo al darme una palmada en la espalda—, y además el Espíritu me ha dicho que viniera por ti.

—El Espíritu, ¿eh? Pues bien, el Espíritu me ha dicho

que me quede aquí y descanse puesto que he estado muy ocupado hablando con Él toda la noche. Ahora, vete, y déjame descansar. Me acosté y le volví la espalda.

—No me iré si no me acompañas —dijo obstinadamente—. Y se sentó al pie de mi cama y cruzó las piernas.

Estaba enojado. Este tipo estaba loco. ¿No podía comprender que no deseaba acompañarle?

—Muy bien —dije suspirando—. Te acompañaré, pero no te sorprendas si me duermo durante el servicio.

—Vamos —dijo Gene jubiloso y halándome por el brazo—. Ya es tarde y debo predicar.

Había decidido acompañarle y salir secretamente después del servicio y partir del pueblo en algún automóvil que me llevara. Me metí el cepillo de dientes y algunas otras cosas necesarias en el bolsillo y decidí dejar el resto. No valía mucho de todas maneras.

Llegamos a la pequeña misión a eso de las siete y media de la noche. Era un edificio de adobe con estuco adentro. Los rústicos bancos hechos de tablas de madera estaban llenos de mejicanos sencillos y sinceros. —Al menos, estoy entre personas buenas —pensé—, Pero aun estas personas son mejores que yo. Al menos están aquí porque así lo desean. Yo estoy aquí por la fuerza.

Gene predicó unos quince minutos y después invitó a las personas a acercarse al altar. Yo estaba sentado en la última fila al lado de un anciano de cabello gris y que olía fuertemente a sudor. Su ropa estaba tiznada como si viniese de una de las haciendas y no se había lavado. Mientras que Gene oraba el viejo a mi lado comenzó a llorar. —¡Jesús! ¡Jesús! ¡Jesús! —susurraba repetidas veces—. ¡Gracias Jesús! ¡Oh, gracias Jesús!

Algo se movió en mi alma. Era como si alguien hubiese abierto un grifo poco a poco. Entonces comencé a llenarme. —Gracias, Jesús —oraba el viejo peón a mi lado—, gracias.

—¡Oh, Dios! —dije sollozando—. ¡Oh, Jesús, Jesús! —
Apretaba los dientes y trataba de contenerme, pero el dique se había roto y fui por el pasillo hacia el frente trope-
zando y bamboleando hasta caer ante la barandilla cruda
y astillada del altar llorando sin poder contenerme.

Sentí la mano de Gene sobre mi cabeza. —Nicky, —
apenas pude oír las palabras por encima de mis sollozos—
. Nicky, Dios no iba a permitirte escapar esta noche. Su Espíritu vino a mí hace una hora y me envió a tu dormitorio
para traerte a este servicio. Yo sabía que ibas a fugarte. Me
envió a detenerte.

¿Cómo lo sabía? Nadie lo sabía. Nadie excepto Dios. —
Dios me envió a ti, Nicky. Todos los muchachos y los profesores han estado orando por ti en la escuela. Creemos
que Dios ha puesto su mano sobre ti de una manera maravillosa y admirable. Creemos que Él está a punto de mo-
verte hacia un ministerio grande e imponente. ¡Te amamos! ¡Te amamos! ¡Te amamos!

Las lágrimas me corrían como ríos. Deseaba hablar,
pero no podía. Le sentí dar un paso por encima de la barandilla despintada del altar, poner su brazo alrededor de
mis hombros y arrodillarse a mi lado. —¿Quieres que ore
por ti, Nicky? ¿Quieres que Cristo te bautice con Su Espíritu Santo?

Traté de contestar, pero el llanto aumentó. Asentí con
la cabeza e hice unos sonidos extraños que él interpretó
como una respuesta afirmativa.

No me di cuenta de su oración. Aún no sé si oró o no. De
repente, abrí la boca y salieron los sonidos más bellos que
jamás yo había oído. Sentí desde adentro una magnífica
limpieza como si el cuerpo hubiera sido purificado de pies a
cabeza. El lenguaje con que alababa a Dios no era ni inglés
ni español. Era una lengua desconocida. No tenía ninguna
idea de lo que decía, pero sabía que eran alabanzas al Dios
Santísimo en palabras que yo nunca podría formar.

El tiempo no tenía significado y la dureza de las tablas ásperas de dos pulgadas de ancho, en las que estaba arrodillado, no parecía importar.

Alababa a Dios de la manera que siempre había deseado, y no iba a parar nunca.

Parecía como si Gene hubiese puesto su mano sobre mi hombro solamente unos momentos antes. —Nicky, es la hora de irnos. Tenemos que volver al instituto.

—No, esto es bueno, me oí decir —deja quedarme aquí para siempre.

—¡Nicky! —insistió—, tenemos que irnos. Puedes terminar cuando volvamos, pero tenemos que regresar al instituto.

Alcé los ojos. La iglesia estaba vacía excepto por nosotros dos. —Eh, ¿dónde está todo el mundo?

—Hombre, son las once de la noche. Se han ido hace más de una hora.

—¿Quieres decir que yo he estado orando dos horas? —No podía creerlo—.

—¡Gracias, Jesús! ¡Gracias! ¡Gracias! —grité mientras corríamos hacia el coche—.

Gene me dejó frente al dormitorio y se alejó en el automóvil. Entré corriendo y encendí la luz. Cantaba «¡Santo! ¡Santo! ¡Santo! Señor Omnipotente» en voz alta.

—¿Eh, qué pasa? ¿Qué tienes? —comenzaron a gritar—. ¡Apaga esa luz! ¿Qué clase de loco eres? ¡Apaga la luz!

—¡Silencio! —grité—. Esta noche estoy celebrando. No saben lo que ha sucedido, pero yo sí, y esta noche canto ... «Grande gozo hay en mi alma hoy ... » —Una andanada de almohadas vino hacia mí de todas partes del cuarto.

—¡Apaga la luz! —Pero yo sabía que se había encendido en mi alma una luz que no se apagaría nunca. Resplandecería para siempre.

Aquella noche soñé de nuevo, por primera vez después de ser salvado. En mi sueño estaba de pie en la cima

de la colina cerca de Las Piedras en Puerto Rico, donde había estado muchas veces antes en mis pesadillas. Mirando
hacia el cielo, vi la forma familiar de un pájaro. Me estremecí y traté de despertarme. «¡Oh, Dios, no permitas que
empiece de nuevo. ¡Por favor! » Pero el pájaro se acercó.
Esta vez, no era el pájaro sin piernas, ni aun un pichón.
Era una paloma blanca que se posaba mansamente sobre
mi cabeza. El sueño se borró gradualmente y volví a dormir profundamente y con satisfacción.

Capítulo Trece
Donde los ángeles temen pisar

∼∾∽

Los días siguientes estuvieron llenos de gozo y victoria. El primer cambio que noté fue en mi comportamiento. Ya no era un títere. Permanecía atento durante las oraciones, orando con el líder. En vez de lucirme empecé a mostrar consideración para los otros, especialmente la muchacha sentada frente a mí de hermosos ojos negros.

Supe que se llamaba Gloria. El día que di mi testimonio a la clase, ella se acercó y me estrechó la mano con dignidad, como una dama. —¡Dios te bendiga, Nicky! He estado orando por ti.

Me causó la impresión de que quizás ella había orado para que yo «cayese muerto». Pero sabía que estaba genuinamente contenta de que Dios me hubiese tocado. Era evidente en su hermosa sonrisa con sus ojos negros y profundos que centelleaban como las estrellas a medianoche.

A la semana siguiente reuní bastante valor para pedirle que me acompañara a una iglesita cerca del instituto donde íbamos a celebrar un servicio. Sonrió y mostró dos hoyuelos en sus mejillas cuando asintió con la cabeza.

Durante el año asistimos a muchos servicios de la iglesia juntos. A pesar de que íbamos siempre en grupo, aprendí mucho acerca de ella. Nació en Arizona. Su padre era italiano y su madre mejicana. Se habían trasladado a California cuando ella tenía cinco años y sus padres habían abierto una «cantina» en Oakland. Durante su último año en la secundaria fue salvada y se decidió a entrar en un instituto bíblico. Su pastor, el reverendo Sixto Sánchez, sugirió que escribiese al Instituto Bíblico. La aceptaron y se matriculó en el otoño de aquel año.

Al acercarse al final del año escolar, me dio la impresión de que Gloria sufría de una profunda agitación interior. La regimentación de la escuela le afectaba. Al terminar el año me dijo que creía no poder soportarla ni un año más y que no iba a regresar. Me desilusioné, pero le hice prometer que me escribiría.

Ese primer verano permanecí en Los Ángeles. Unos amigos me llevaron a su casa y me proveyeron un cuarto. Pero echaba de menos a Gloria profundamente. Cuando la escuela comenzó en el otoño, estaba agradecido al encontrar una carta. Ella había cumplido su promesa.

Me dijo, en parte, los motivos que le habían causado partir de la escuela. «Mi experiencia era diferente a la tuya, Nicky», escribió. «A pesar de que mi mamá y mi papá tenían una cantina había sido criada en un buen ambiente moral. Cuando me sentí salvada pasé a una vida muy diferente. Se me enseñó que era pecaminoso copiar cualquier lujuria mundanal. No usé más cosméticos, rehusé usar traje de baño y no usaba joyas. Todo acerca de mí era negativo. Entonces al llegar al instituto fue aún peor. Estaba a punto de estallar. Deseaba decírtelo, pero nunca tuvimos tiempo a solas. Espero que comprendas y que continúes orando por mí. Pero no volveré al instituto ...».

El segundo año en el instituto bíblico pasó rápido. Mis notas mejoraron y los demás estudiantes comenzaron a aceptarme. Tuve varias oportunidades de predicar en los servicios en las calles y dar mi testimonio en varias de las iglesias cercanas.

En el mes de abril recibí una carta de David Wilkerson. Vivía todavía en Pennsylvania, pero quería que yo regresara a Nueva York ese verano para trabajar con las pandillas en Brooklyn. Había hecho planes para alquilar un apartamento en la Avenida Clinton entre Fulton y Gates y había obtenido el respaldo de Thurman Faison y Luis Delgado quienes trabajarían conmigo, si iba. No tenían mucho dinero, pero tenían la intención de darnos alojamiento y pagarnos a cada uno de nosotros siete dólares a la semana.

Esa noche, después de la hora de estudio, fui al despacho del decano y llamé por teléfono a David, una llamada que él tendría que pagar. Sonó el teléfono un largo rato y al fin una voz soñolienta contestó. Gruñó que aceptaría la cuenta.

—¡Eh, David! Soy yo, ¡Nicky! ¿Ha terminado de cenar?

—Nicky, ¿tienes una idea de qué hora es?

—Seguro, chico, son las diez de la noche.

—Nicky —había una leve señal de irritación en su voz—, puede ser que sean las diez de la noche en California, pero es la una de la mañana aquí, y Gwen y yo hemos dormido ya dos horas. Y ahora has despertado al bebé también.

—Pero David, sólo deseaba decirle las buenas noticias. —Podía oír llorar al bebé en el fondo.

—¿Qué hay tan bueno que no podías esperar hasta mañana, Nicky?

—Esto no puede esperar, David. Voy a Nueva York a trabajar con usted este verano. Dios me lo ha dicho. Desea que vaya.

—Eso es maravilloso. Nicky. Lo es de veras. Me emociona oírlo. A Gwen y al bebé también. Te enviaré el boleto para el avión. Buenas noches.

Permanecí despierto toda la noche haciendo planes para mi regreso a Nueva York.

El viaje a Nueva York me ayudó a comprender cuánto había cambiado. Era como si toda mi vida hubiese sido afinada ... hubiera revivido. Al comenzar el descenso al aeropuerto Idlewild en Nueva York, mi corazón saltaba con las memorias y la excitación. Divisé la silueta del edificio Empire State en el horizonte, y después el puente Brooklyn. Nunca me había dado cuenta de cuán grande era la ciudad que se extendía hasta cubrir centenares de millas cuadradas. Mi corazón rebozaba de amor y compasión por los millones de personas allá abajo que estaban atrapadas en la jungla de asfalto, de pecado y desesperación. Se me obscurecieron los ojos de lágrimas mientras circundábamos por encima de la ciudad. Estaba triste, pero contento ... asustado, pero esperanzado. Estaba en mi casa.

David me encontró en el aeropuerto y nos abrazamos y lloramos sin avergonzarnos. Me puso su brazo sobre los hombros y me condujo al automóvil rebosando de emoción en cuanto a su nuevo sueño.

Escuchaba mientras hablaba de sus planes para el futuro ... su nuevo Teen Challenge o Desafío Juvenil. Pero podía ver que algo me turbaba y me dio oportunidad de hablar.

—David, ¿ha oído noticias de Israel? ¿Dónde está? ¿Está bien?

David dejó caer la cabeza, y al fin me miró con ojos serios. —No, Nicky, las cosas no van muy bien. No lo mencioné en mis cartas porque temía desanimarte. Supongo que debo decírtelo ahora para que puedas empezar a orar por él conmigo.

Nos sentamos en el automóvil caliente en el aeropuerto mientras David me informaba acerca de Israel.

—Israel está en prisión, Nicky. Tomó parte en un asesinato en diciembre después de tu partida para la escuela. Está en prisión desde entonces.

Mi corazón latía más rápido y sentía un sudor frío en las palmas de las manos. —Dígame todo lo que sepa, David, tengo que oírlo.

—No tuve noticias de ello hasta que todo había pasado y le habían enviado a prisión en Elmira. Fui a Nueva York a ver a la madre de Israel. Ella me dijo llorando que hubo un cambio enorme en la vida de Israel después de que aceptó a Cristo, pero que después de una gran desilusión, volvió a la pandilla.

—¿Qué desilusión? —pregunté.

—¿No sabes?

—¿Quiere decir, cuando yo fui apuñalado? Dijo que iba a vengarse de la persona que lo hizo.

—No, fue algo más profundo que eso. Su madre me dijo que el día que tú saliste del hospital, el señor Delgado pasó por su apartamento y le pidió acompañarle para encontrarme en Elmira al día siguiente a las cuatro de la mañana, planchó su ropa, e hizo su maleta. Caminó hasta la avenida Flatbush y esperó desde las seis hasta las nueve. Por alguna razón no se encontraron a esa hora. Regresó al apartamento, tiró la maleta al suelo y dijo a su madre que todos los cristianos eran falsos. Aquella noche regresó a la pandilla.

Podía sentir saltarme las lágrimas en los ojos al decirle a David.

—Le buscamos. Le buscamos por todas partes. Yo deseaba seguir buscándole, pero el señor Delgado dijo que nos teníamos que ir. Oh, David, si tan sólo hubiésemos sabido. Si tan sólo hubiésemos buscado con más insistencia y un poco más de tiempo, quizás estuviera en la escuela conmigo ahora.

David se sonó las narices y continuó. —Después de volver a la pandilla, él y cuatro muchachos más dispararon contra un muchacho de los South Street Angels enfrente del Penny Arcade. Murió en el acto. Israel admitió el asesinato en segundo grado y fue condenado a cinco años de prisión. Está todavía allí.

Hubo una larga pausa y al fin pregunté a David si lo había visto u oído de él desde que fue a la cárcel.

—Le escribí, pero supe que el no podía contestar. No podía escribir a nadie excepto a su familia inmediata. Aun sus cursos por correspondencia tenían que ser enviados al capellán. Oré por él todo el verano siguiente y finalmente hice un viaje a Elmira para verle. Estaban a punto de trasladarle a un campamento de trabajo en Comstock y no me permitieron verle más que unos pocos minutos. Supongo que estaba bien, pero tiene que cumplir más de tres años.

Quedamos sentados un largo rato en silencio, y al fin dije: —Creo que debemos orar por Israel.

David se inclinó sobre el volante y empezó a orar en alta voz. Me volví en el asiento y me arrodillé en el suelo con los codos en el asiento. Oramos casi quince minutos en el parque de estacionamiento. Al terminar, David dijo: —Hemos hecho todo lo posible por Israel ahora mismo, Nicky, pero hay una ciudad llena de otros exactamente como él que podemos todavía salvar para Jesucristo. ¿Estás listo para trabajar?

—Vamos —dije—, pero sabía que mi trabajo no terminaría nunca hasta que yo pudiese librar a Israel. David puso en marcha el automóvil y condujo por el tráfico congestionado de Nueva York. Yo me sentía poseído por el Señor. —Deseo visitar mañana a los antiguos miembros de la pandilla —dije con franqueza—. Deseo hablarles acerca de Jesús.

David inclinó la cabeza a un lado al dejar la carretera y frenó ante una luz roja. Mirándome dijo: —Me ahorraría el tiempo en hacer eso si yo fuera tú ... Nicky. Muchas cosas han sucedido desde que te marchaste. ¿Recuerdas cuando te hiciste cristiano? Por poco te matan. Yo en tu lugar tendría cuidado. Hay bastante que hacer sin entrometerse con los Mau Mau ahora mismo. Sólo los tontos caminan por donde los ángeles temen pisar.

La luz cambió y arrancamos, girando lo bastante para pasar un autobús. —Tal vez sea tonto, David, pero esta vez soy tonto por el bien de Jesús. Me acompañará y me protegerá. Quizás los ángeles teman pisar el territorio de los Mau Mau, pero yo voy con Jesús.

David sonrió y asintió con la cabeza al entrar en la avenida Clinton. Parando el auto enfrente de una casa de apartamentos, me dijo. —Él es tu guía, yo no. Haz lo que Él te diga y conseguirás victorias. Ven, deseo presentarte a Thurman y a Luis.

Al día siguiente fue el gran día. Pasé despierto casi toda la noche orando. Me vestí de traje y corbata vistosa, tomé mi nueva Biblia encuadernada en cuero bajo el brazo, y me dirigí hacia el proyecto Ft. Greene. Iba en camino a visitar a los Mau Mau.

La ciudad no había cambiado mucho. Algunos de los edificios más viejos habían sido condenados y tenían las ventanas entabladas, pero el resto estaba exactamente como lo había dejado hacía dos años. Pero yo había cambiado. Había aumentado en peso y llevaba el pelo cortado, pero la mayor diferencia iba por dentro. Era un nuevo Nicky.

Al cruzar Washington Park, el corazón me latió más rápido. Buscaba a los Mau Mau. Sin embargo por primera vez estaba preocupado de cómo saludarles, y de lo que dirían al verme. ¿Cómo debo presentarme? No tenía miedo, sólo deseaba sabiduría para enfrentar la situación para la gloria de Dios.

Al salir del parque, reconocí un grupo de los Mau Maus apoyados contra un edificio. Las palabras de David relampagueaban por mi mente, «sólo los tontos caminan por donde los ángeles temen pisar», pero susurré una oración para que el Espíritu Santo me acompañara, y me acerqué a la pandilla de holgazanes.

Había unos trece muchachos en el grupo. Reconocí a Willie Cortez, y dándole una palmada en las espaldas, dije: —¡Eh, Willie, chico! ...

Volvió y me miró fijamente. —¿No me digas que tú eres Nicky?

—¡Sí, hombre, soy Nicky!

—Hombre, pareces un santo o algo así.

—¡Cállate, chico! Acabo de llegar de California. Las cosas me van bien. Soy cristiano y estoy estudiando.

Me asió por los hombros y me hizo voltear varias veces, inspeccionando el traje y mis facciones. —¡Hombre! ¡Nicky! No puedo creerlo. No puedo creerlo.

Entonces, dirigiéndose a los otros miembros de la pandilla que me miraban fijamente y con curiosidad, dijo: —Oigan, muchachos, quítense el sombrero. Este es Nicky. Era una vez nuestro presidente. Era un gran tipo. Hizo historia con los Mau Mau. Era el más duro de todos.

Los muchachos se quitaron el sombrero. Willie Cortez era el único del grupo que reconocí. La mayoría de estos muchachos eran más jóvenes, mucho más jóvenes. Pero estaban impresionados. Habían oído hablar de mí, y se acercaron extendiéndome la mano.

Puse el brazo alrededor del hombro de Willie y le sonreí. —Eh, Willie, vamos a pasear por el parque. Quiero hablar contigo.

Partimos del grupo caminando hacia el Washington Park. Willie marchaba lentamente a mi lado con las manos en los bolsillos, arrastrando los zapatos en el concreto. —Willie —rompí el silencio—, quiero decirte lo que Cristo ha hecho de mi vida.

Willie no alzó la cabeza, pero continuaba marchando mientras yo hablaba. Le dije cómo me sentía como miembro de la pandilla hace dos años y cómo había dado el corazón a

Cristo. Le expliqué cómo Dios me había conducido de la selva de asfalto hasta el lugar donde era un ser humano.

Willie me interrumpió, y podía notar que su voz temblaba. —Oye, Nicky, déjame, ¿quieres? Me haces sentir mal. Cuando hablas, algo sucede en mi pecho. Algo te ha cambiado. No eres el mismo viejo Nicky. Me asustas.

—Tienes razón, Willie, algo me ha cambiado. La sangre de Cristo me cambió y me lavó hasta limpiarme. Soy un hombre diferente. No temo más. No odio más. Ahora amo. Y te amo a ti, Willie, y deseo decirte que Jesús te ama también.

Llegamos a un banco e invité a Willie a sentarse. Se sentó y alzó los ojos hacia mí. —Nicky, dime más acerca de Dios.

Por primera vez en mi vida me di cuenta de la importancia de hablar a mis amigos acerca de Cristo. Podía ver la soledad en su cara, la ignorancia, el temor. Él era exactamente como yo había sido dos años antes. Pero ahora deseaba indicarle el camino para salir.

Me senté a su lado y abrí la Biblia en los pasajes que tenía marcados con lápiz rojo. Leí sosegadamente los versículos de la Biblia acerca del pecado del hombre. Cuando leí «Porque la paga del pecado es muerte ... » Willie me miró con temor en la cara.

—¿Qué quieres decir, Nicky? Si soy pecador, y si Dios va a matarme por pecar, entonces ¿qué puedo hacer? Quiero decir, hombre, tengo que hacer algo. ¿Qué hago? Tenía los ojos locos de excitación y saltó en pie.

—Siéntate, Willie, no he acabado. Déjame mostrarte el resto. Dios te ama. No desea que vayas al infierno. Te ama tanto que envió a su único Hijo para pagar el precio de tu pecado. Envió a Jesús a morir por ti para que tú puedas tener vida eterna. Y Willie, si tú le recibes , si tú le confiesas, Él te salvará.

Willie se dejó caer en el banco, con una expresión de desesperación en la cara. Quedé mirándole, las lágrimas brotaban a mis ojos. Cerré mis ojos y empecé a orar, pero las lágrimas se escaparon por los párpados bien cerrados y corrieron por mis mejillas. Cuando abrí los ojos, Willie lloraba también.

—Willie, ¿sabes lo que es arrepentirte?

Sacudió la cabeza.

—Quiere decir cambiar. Volverse. Willie, si no te importa, deseo que hagas algo. Quizás hiera tu orgullo. Pero voy a orar por ti. ¿Quieres arrodillarte?

No tenía ninguna idea de qué Willie respondería. La gente caminaba por la acera precisamente frente al banco donde estábamos sentados, pero Willie asintió con la cabeza y sin vacilar se arrodilló en la acera. Alzando la mirada hacia mí dijo: —Nicky, si Dios pudo cambiarte a ti, puede cambiarme a mí también. ¿Quieres orar por mí ahora? —Le puse las manos en la cabeza y empecé a orar. Sentí temblar su cuerpo bajo mis manos y le oí gemir. Comenzó a orar. Los dos orábamos en alta voz, muy alta. A través de mis lágrimas, grité: —¡Dios! ¡Toca a Willie! ¡Toca a mi amigo Willie! ¡Sálvale! ¡Que sea un líder para dirigir a otros hacia ti!

Willie oraba en una voz alta y torturada. —¡Jesús! ¡Jesús! ... ¡Ayúdame! ¡Ayúdame! —Se esforzaba por respirar mientras lloraba y exclamaba—. ¡Oh, Jesús, ayúdame!

Permanecimos en el parque el resto de la tarde. Al anochecer, Willie regresó a su apartamento prometiendo llevar al resto de la pandilla a mi cuarto a la noche siguiente. Yo me quedé mirándole desaparecer en el crepúsculo estival. Aun por detrás se podía notar la diferencia. Algo había fluido a través de mí a Willie Cortez. No creo haber regresado caminando hacia la avenida Clinton aquella tarde ... Flotaba ... alabando a Dios con cada respiro. Recordaba haber corrido por el amplio campo enfrente de nuestra casa en Puerto Rico, agitando los brazos y tratando de volar como un pájaro. Aquella noche levanté la cabeza y respiré profundamente. Al fin estaba volando.

Pasé el resto del verano con la pandilla predicando en las calles y aconsejando a los muchachos. Ayunaba regularmente, absteniéndome de comer desde las seis de la mañana del miércoles hasta las seis de la tarde del jueves. Descubrí que cuando ayunaba y pasaba el tiempo orando sucedían cosas en mi vida. Había estado escribiendo a Gloria, y recientemente sus cartas tenían un tono caluroso y amistoso como si disfrutara de escribirme. Sus planes para el año venidero eran vagos todavía y pasé mucho tiempo orando por ella.

Dos semanas antes de regresar al instituto un comerciante cristiano de la junta consultiva de David, vino con un cheque. Dijo que los hombres deseaban darme algo extra por el trabajo que había hecho, y sugirió que usase el dinero para comprar un boleto de avión a Puerto Rico para visitar a mis padres antes de regresar al instituto. Fue lo más emocionante en mi vida.

Llegué a San Juan a una hora avanzada de la tarde del lunes y tomé un autobús a Las Piedras.

Anochecía cuando descendí del autobús y me dirigí por el pueblo hacia la senda familiar que ascendía la colina cubierta de hierba, a la casa blanca de madera en lo alto. Cien mil memorias corrieron por mi corazón, y mi mente. Alguien gritó: —¡Es Nicky! ¡Es Nicky Cruz! —Vi a un hombre corriendo delante de mí, colina arriba para informar a mamá y papá que yo había regresado a casa. Unos segundos más tarde la puerta se abrió de par en par y cuatro de los muchachos más jóvenes salieron volando colina abajo. No los había visto desde hacía cinco años, pero los reconocí como mis hermanos. Detrás de ellos, con la falda volando al aire, vino mi madre. Tiré la maleta y corrí colina arriba para alcanzarlos. Nos encontramos en un torbellino de gritos alegres, lágrimas, y abrazos.

Los muchachos trepaban sobre mí, arrojándome al suelo en una lucha feliz. Mamá estaba de rodillas abrazándome el cuello y sofocándome a besos.

Recobrando la calma, vi que dos de los muchachos más jóvenes habían corrido para buscar mi maleta y la llevaban senda arriba hacia la casa. Alcé los ojos hacia la casa y allí erecta y alta estaba la figura solitaria y poderosa de papá que me miraba senda abajo. Lentamente me acerqué hacia él. Quedó quieto, erguido, mirándome. Entonces me eché a correr y él descendió los peldaños lentamente en mi dirección hasta que él también se echó a correr y me encontró enfrente de la casa. Tomándome en sus brazos grandes como los de un oso, me levantó del suelo y me abrazó contra su pecho. —¡Bienvenido a casa, pajarito, bienvenido a casa!

Frank le había escrito a mamá y papá que mi vida había cambiado y que estaba en el instituto en California. Se había corrido la voz de que era cristiano y aquella noche muchos de la iglesia de Las Piedras vinieron a visitarme. Me dijeron que otros tenían deseos de venir, pero temían visitar «la casa del brujo». Creían que papá podía comunicarse con los muertos y a causa de su superstición temían acercarse a la casa. Sin embargo, deseaban tener un servicio en la casa de uno de los cristianos, y me pidieron que predicase y que diese mi testimonio. Les dije que tendríamos el servicio, pero que sería en mi propia casa. Se miraron y el líder del grupo dijo —Pero, Nicky, muchas de nuestras gentes temen a los demonios. Esta gente teme a tu papá.

Les dije que yo arreglaría todo el asunto y que mañana por la noche tendríamos un gran servicio cristiano en mi casa.

Más tarde esa misma noche cuando papá supo lo que teníamos planeado, se opuso violentamente. —No lo permito. No habrá ningún servicio cristiano en esta casa. Esta gente va a arruinar mi negocio. Si tenemos un servicio cristiano, los otros no vendrán más ... y me arruinaría como espiritista. ¡Lo prohíbo!

Mamá le riñó. —¿No puedes ver cómo el Señor ha cambiado a tu hijo? Debe haber algo en esto. La última vez que lo viste era como un animal. Ahora es predicador, un ministro cristiano. Tendremos el servicio y tú estarás presente. —Era raro que mamá riñera con papá, pero cuando lo hacía, siempre conseguía lo que deseaba. Esta vez tuvo éxito también. A la noche siguiente la casa estaba repleta de gente del pueblo así como varios predicadores que habían venido de otros pueblos cercanos. Hacía un calor intenso mientras yo estaba de pie al frente de la sala relatando mi testimonio. Di muchos detalles de cómo el demonio me había tenido en su poder y de cómo fui libertado por el poder de Cristo. La gente hablaba mucho mientras yo predicaba, murmurando su aprobación y a veces gritando y dando palmadas de alegría cuando yo describía los acontecimientos de mi vida.

Al terminar el servicio les pedí que bajaran la cabeza. Entonces, invitando a aquellos que desearan aceptar a Cristo a pasar al frente y arrodillarse, cerré los ojos y oré en silencio.

Hubo alguna conmoción y podía sentir que algunos estaban acercándose. Les oí llorar al arrodillarse delante de mí. Yo continuaba orando con los ojos cerrados y el rostro levantado hacia el cielo. Podía sentir el sudor correr por mi cara, por las espaldas, y gotear por mis piernas. Estaba completamente mojado de sudor por el calor que había generado al predicar. Pero tenía la impresión de que Dios estaba obrando y continuaba orando.

Entonces oí a una mujer de rodillas delante de mí comenzar a orar. Reconocí la voz y abrí los ojos en gozosa incredulidad. Allí, arrodillada delante de mí, con la cara hundida en su falda, estaba mi madre y dos de mis hermanos menores. Caí de rodillas delante de ella y la abracé sollozando.

—¡Oh, Nicky, hijo mío, hijo mío! Yo también creo en Él. Deseo que Él sea el Maestro de mi vida. Estoy cansada hasta la muerte de demonios y de espíritus malos, y quiero que Jesús sea mi Salvador. Entonces comenzó a orar, y escuché la misma voz que una vez me había enviado a mi alcoba y más tarde bajo la casa gritando loca e histéricamente «¡te odio!» Ahora oí esa misma voz clamando a Dios por su salvación, y grandes sollozos sacudieron mi cuerpo mientras ella pedía perdón. —Por favor, Dios querido, perdóname por haber faltado a mi hijo. Perdóname por haberle echado de casa. Perdóname por mi propio pecado y por no haber tenido fe en Ti. Creo. Ahora creo en Ti. ¡Sálvame, oh Dios, sálvame!

Abrí los brazos y abracé a mis dos hermanos menores, uno que tenía quince años y otro dieciséis, y nos unimos de rodillas orando y dando alabanzas a Dios.

Al fin, me levanté en pie y miré a la muchedumbre. Muchos otros habían venido y estaban arrodillados en el suelo orando y llorando. Fui de uno a otro poniendo mis manos en su cabeza y orando por ellos. Finalmente me paré y miré hacia el fondo de la sala. Allí, contra la pared opuesta, estaba en pie la figura solitaria de papá, alzándose alto y derecho por encima de las cabezas inclinadas. Nuestras miradas se encontraron por largo rato, y podía ver su mentón temblar. Los ojos se le llenaron de lágrimas, pero dio una vuelta y rápidamente salió de la sala.

Papá nunca hizo una profesión de fe pública, pero su vida se ablandó mucho desde entonces. Y desde aquella noche no hubo nunca más ningún servicio espiritista en la casa de los Cruz. Dos días más tarde volví a Nueva York y uno de los pastores locales bautizó en agua a mi madre y a la semana siguiente a dos de mis hermanos.

Permanecí en Nueva York menos de una semana antes de partir para California y mi último año de escuela. La noche antes de mi partida hubo una gran reunión para jóvenes en la Iglesia de Dios Juan 3:16. Hicimos un gran esfuerzo para persuadir a los Mau Mau a que vinieran. Me había hecho amigo de Steve, su nuevo presidente, y me dijo que si yo iba a estar allí, él aseguraría que los miembros de la pandilla vinieran al servicio.

Antes de comenzar el servicio yo estaba en el vestíbulo examinando los antiguos agujeros hechos por las balas dos años atrás, cuando los Mau Mau comenzaron a llegar. Vinieron más de 85. La pequeña iglesia estaba completamente llena. Al entrar, les grité: ¡Eh, hombre! ¡Esto es el territorio de Dios! ¡Quítense el sombrero! Obedecieron de buena gana. Un tipo estaba de pie en una esquina al fondo del vestíbulo con una de las muchachas. Gritó: —¡Eh, Nicky! ¿Se permite que abrace a mi amiga aquí?

Contesté gritando: —Sí, hombre, pero besos no ... ni ningunas caricias. —El resto de la pandilla se rió a carcajadas y avanzó hacia el santuario.

Al final del servicio el pastor me pidió que diera mi testimonio. Me volví y miré a los muchachos. Sabía que iba a partir al día siguiente para California y de repente sentí un escalofrío correrme por el espinazo. Algunos de los muchachos estarían muertos o en prisión antes de mi regreso. Prediqué. Prediqué como un moribundo a moribundos. Olvidé reprimir mis emociones y vacié mi corazón. Ya estábamos en la iglesia hacía dos horas, pero prediqué tres cuartos de hora más. Nadie se movía. Al terminar las lágrimas corrían por mis mejillas y les pedí con insistencia que dedicaran su vida a Dios. Trece de los muchachos pasaron y se arrodillaron frente al altar. ¡Si Israel estuviese aquí! ...

Uno de los muchachos que vino al altar era mi viejo amigo Héctor el Huracán. Recordaba la ocasión en que le inicié en la pandilla y otra ocasión en que habíamos tenido «una pelea legal» y él huyó corriendo cuando vio que iba a matarlo por haberme robado el despertador. Ahora Huracán estaba arrodillado frente al altar.

Después del servicio caminé con Huracán hacia Ft. Greene. Era el consejero de guerra de los Mau Mau.

Puesto que yo le había persuadido a unirse con los Mau Mau, sentía una honda obligación por él. Le pregunté dónde vivía.

—Vivo en un apartamento abandonado.

—Hombre, ¿por qué no vives con tu familia? —le pregunté—.

—Me echaron a la calle. Tienen vergüenza de mí. ¿Recuerdas, yo era uno de los muchachos que fueron al altar contigo e Israel aquella noche en la St. Nicholas Arena? Una semana más tarde persuadí a mi padre y a mi madre a acompañarme a la iglesia, y fueron convertidos. Todos tomábamos parte en las actividades de la iglesia y yo trabajaba con los jóvenes. Dejé a un lado la pandilla exactamente como tú e Israel. Pero la iglesia era demasiado estricta. Deseaba tener fiestas para los jóvenes, pero los de la iglesia se opusieron a las fiestas. Finalmente me desanimé y dejé de asistir.

Era la misma vieja historia. Se había encontrado con los Mau Mau y le persuadieron a reunirse una vez más con la pandilla, exactamente como trataron de persuadirme a mí. Le dijeron que los cristianos eran bobos, hipócritas, y afeminados, y que la pandilla era el único grupo que tenía las respuestas verdaderas a la vida. Literalmente le evangelizaron hasta que se hizo miembro una vez más.

Siguieron una serie de arrestos. Sus padres trataron de razonar con él, pero era testarudo. Al fin se enojaron tanto que le dijeron que tendría que dejar la casa si no podía conformarse a sus reglas. Decidió irse, y desde entonces vivía en un viejo edificio abandonado.

—Algunas veces paso hambre, dijo, pero prefiero morir de hambre que pedir cualquier cosa a mi viejo. Es demasiado estricto. No desea más que ir a la iglesia y leer la Biblia. Yo hacía lo mismo en una ocasión pero ahora estoy donde pertenezco, con los Mau Mau.

Habíamos llegado a su edificio. Todas las ventanas estaban tapadas con tablas, y me dijo que había un lugar detrás donde podía levantar una tabla y entrar secretamente. Dormía en una estera en el suelo.

—¿Huracán, por qué fuiste al altar esta noche? —le pregunté refiriéndome a que había respondido a la invitación al altar.

—Fui al altar porque adentro deseo ser recto, Nicky. Deseo seguir a Dios. Pero no puedo encontrar las respuestas correctas. Cada vez que vuelvo hacia Él luego lo abandono, las cosas se tornan más difíciles. ¡Ojalá que tú volvieras a la pandilla, Nicky! ¡Quizás yo pudiera encontrar a Cristo una vez más si tú estuvieses aquí!

Nos sentamos en la acera y hablamos hasta muy entrada la noche. Oí el reloj en el campanario dar las cuatro de la mañana. —Huracán, siento el Espíritu de Dios diciéndome que te diga esto. El reloj acaba de dar las cuatro de la mañana. Ya es tarde. Pero si tú consientes en dar tu corazón a Dios, Él te recibirá de nuevo. Es tarde, pero todavía no es demasiado tarde. Tú te sientes culpable, pero Dios te perdonará. ¿No quieres venir a Cristo ahora?

Héctor puso la cabeza en las manos y comenzó a llorar. Pero sacudía continuamente la cabeza y decía. —¡No puedo! ¡No puedo! Deseo hacerlo, pero si lo hago, sé que volveré mañana a la pandilla. ¡No puedo hacerlo! ¡Es imposible!

Le dije: —Héctor, si no vienes a Cristo ahora no vas a vivir un año más. Por esta fecha el año que viene estarás muerto. Van a matarte. —Mi corazón rebosaba de palabras que no eran mías mientras le profetizaba.

Héctor sólo sacudía la cabeza. —Si sucede, que suceda, Nicky, no puedo evitarlo.

Estábamos sentados en la acera de la avenida Lafayette. Le pregunté si podía orar por él. Se encogió de hombros. —No valdrá la pena, Nicky, estoy seguro.

Me puse de pie y poniendo las manos sobre su cabeza oré que Dios le ablandara el duro corazón para que pudiese volver a Cristo. Al terminar le estreché la mano. —Huracán, espero verte al regresar, pero tengo un presentimiento de que si no vuelves a Cristo, no volveré a verte, nunca jamás.

La tarde siguiente partí para California. No sabía entonces lo exacto de mi profecía.

Capítulo Catorce

¡Gloria!

⸻❧⸻

El verano en Nueva York transformó mi vida, mi pensar, mi punto de vista. Volví a California determinado a predicar.

Pero no descubrí la bendición más importante hasta regresar al campo en La Puente. Gloria había regresado al instituto. No me había dado cuenta de cuanto le había echado de menos hasta que la vi de nuevo.

Pero la situación en la escuela todavía era imposible. Parecía que todo estaba planeado para mantenernos separados el uno del otro. Las reglas eran exactamente las mismas de dos años antes cuando nos enfrentamos con esta misma frustración. La conversación en la mesa se limitaba a «páseme la sal, por favor», y profesores con ojos de halcón observaban todo movimiento en el campo. A pesar de que odiaba trabajar en la cocina, empecé a ofrecerme voluntariamente a trabajar más de lo necesario, lavando platos para estar cerca de Gloria. La ruidosa cocina no tenía nada de privado, pero descubrí que podíamos conversar de una manera semiprivada cuando estábamos inclinados sobre el fregadero, y yo con los brazos hundidos hasta los codos en el agua jabonosa y caliente, y Gloria enjuagando los platos.

Conforme pasaban los meses me di cuenta de que estaba enamorándome de ella. Mis notas continuaron mejorando y tenía el apetito de un caballo, debido en parte, estoy seguro, a todo el ejercicio extra que hacía trabajando sobre el fregadero. Pero estaba frustrado porque no podría dar expresión a mi amor. Cada vez que teníamos unos pocos minutos a solas alguien nos interrumpía. Trataba de llegar al salón de clase temprano, pero infaliblemente, algunos de los estudiantes entraban al momento que trataba de hablar en serio con Gloria. La frustración me volvía loco. Y a pesar de mi descendencia hispana encontré casi imposible crear una disposición romántica trabajando sobre el fregadero lleno de platos grasientos en una cocina llena de estudiantes que cantaban himnos.

Un jueves por la noche recibí permiso para ir al pueblo. Me detuve en la primera garita de teléfono y llamé al número del dormitorio de Gloria. Cuando el consejero contestó, puse el pañuelo sobre el aparato y dije en voz profunda que deseaba hablar con la señorita Steffani. Hubo un silencio, y entonces oí al consejero susurrar a Gloria: —Creo que es tu padre.

Gloria reía a tontas al oírme balbucear al otro extremo de la línea telefónica. Estaba frustrado. Estaba desesperado. —Necesito estar contigo —murmuré—..

—Nicky, ¿qué estás tratando de decirme? —susurró Gloria—, recordando que el consejero creía que hablaba con su padre.

Traté de contestarle, pero no encontraba palabras apropiadas para expresarme. Todas mis relaciones amorosas habían sido con muchachas de las pandillas y ahora no sabía cómo dirigirme a una muchacha tan pura y dulce como Gloria. —Creo que si pudiese verte cara a cara podría explicártelo mejor —dije—. Quizás sea mejor regresar a mi cuarto y dejar de molestarte.

—¡Nickiii...! —le oí gritar—. ¡No te atrevas a colgar! —Podía oír a las otras muchachas que reían como tontas en el cuarto. Pero Gloria estaba determinada a forzarme a decirlo.

—¡Sshhhh! Van a saber que soy yo —dije—.

—No me importa quién lo sepa. Dime lo que estás tratando de decirme.

Buscaba palabras, y al fin dije. —Creo que sería magnífico si fueras mi compañera durante este año escolar. —Lo había dicho. De veras había salido. Quedé sin respirar esperando su reacción.

—¿Ser tu compañera? ¿Que quiere decir eso? —Una vez más Gloria gritó—, y esta vez podía oír las muchachas reírse a carcajadas.

—Exactamente eso —dije muy turbado—. Podía sentir la sangre hirviendo en mis mejillas a pesar de que estaba en una garita de teléfono, a media milla de distancia.

—Simplemente pensé en pedirte que me acompañaras.

Gloria susurró de nuevo —¿Quieres decir que deseas que sea tu amiga?

—Sí, eso es lo que quiero decir —dije—, todavía ruborizado y tratando de acurrucarme dentro del buzón.

Podía saber que tenía la boca pegada al teléfono al oírla respirar en él. —¡Oh, sí, Nicky! ¡Eso sería magnífico! He tenido la impresión de que Dios nos ha estado guiando para algún propósito. Te escribiré una larga nota y te la daré secretamente mañana en el desayuno.

Después de colgar, quedé mucho tiempo en la garita. Era una noche caliente, pero estaba completamente mojado de un sudor frío y las manos me temblaban como las hojas de un sauce.

Supe más tarde que después que Gloria había colgado,

el consejero la observaba y le preguntó con una voz severa —Gloria, ¿por qué llamaría tu padre a esta hora de la noche para pedirte que lo acompañes?

Una de las muchachas respondió y entre risitas dijo: —Porque su padre se llama Nicky.

Gloria se ruborizó a pesar de su tez morena mientras que todas en el cuarto se reían a carcajadas. No es una cosa ordinaria que una muchacha reciba una invitación del hombre de sus ensueños «a acompañarle» mientras cuarenta muchachas más escuchan. El consejero se indignó y les concedió tres minutos más para que se acostaran. Pero Gloria pasó la mitad de la noche con la cabeza bajo la almohada sin más iluminación que la que venía de la calle, escribiendo su primera carta amorosa. Era totalmente ilegible, pero era la carta más preciosa que yo había recibido jamás.

Unas semanas más tarde, uno de los maestros, llamado Esteban Castillo, me rogó que le ayudara a comenzar una misión en San Gabriel, cerca del instituto. Dijo que otros siete estudiantes iban a ayudarle los fines de semana. Había descubierto una pequeña iglesia cerrada y desierta. Los estudiantes irían el sábado a llamar a todas las puertas en la vecindad para invitar a la gente a venir a los servicios de la misión. Los estudiantes iban a ayudar a limpiar el edificio y enseñarían en la Escuela Dominical mientras que el profesor Castillo predicaría y serviría de pastor.

Me sentí honrado por la invitación y especialmente lleno de placer cuando guiñó el ojo y me dijo que también había pedido a Gloria que formara parte de la delegación.

—Es usted un sabio profesor, señor Esteban, —dije sonriendo—. Creo que podemos hacer mucho por el Señor con esta excelente comisión que usted ha nombrado.

—Quizás, después de terminar el trabajo del Señor, te sobrará bastante tiempo para otras cosas importantes —dijo sonriéndose.

Comprendí que la noticia ya se había esparcido de que Gloria había consentido en acompañarme ... quiero decir, ser mi amiga. Sentía un hondo agradecimiento por este profesor tan sabio e inteligente que ayudó al desarrollo y florecimiento de nuestro amor de una manera natural y conforme al plan de Dios.

Todos los sábados del mes siguiente trabajamos en el pequeño edificio de la misión y fuimos de puerta en puerta invitando a la gente para el servicio dominical. Al fin vino la oportunidad cuando Gloria y yo pudimos pasar el día juntos. Nos habíamos visto el uno al otro constantemente, pero siempre en presencia de otros. Pero hoy, por primera vez, íbamos a pasar tres horas gloriosas a solas y sin interrupción. Gloria había preparado una merienda ligera y después de pasar toda la mañana en invitar a la gente a los servicios, fuimos a un pequeño parque para comer y hablar.

Los dos comenzamos al mismo tiempo, y nos reímos el uno del otro en nuestra confusión. —Tú primero, Nicky. Déjame escuchar a mí —dijo Gloria—.

Los minutos se tornaron en horas mientras hablábamos. Yo había tenido tantas ganas de hablarle de mi vida ... todos los pequeños detalles. Yo hablaba sin cesar y ella escuchaba muy atenta recostada contra un árbol grande. De repente, me di cuenta de que era yo solo el que hablaba y que ella no hacía más que escuchar.

—Lo siento, Gloria, pero tengo tanto que decir y deseo que tú lo sepas todo ... todo lo bueno y todo lo malo. Deseo compartir contigo todo momento de mi vida pasada. Perdóname por haber hablado tanto. Ahora te toca a ti. Dime lo que hay en tu corazón.

Comenzó lentamente al principio, pero después las palabras surgieron con más facilidad y derramó su corazón ante mí. Entonces vaciló y guardó silencio.

—¿Qué hay, Gloria? Sigue.

—He perdido el entusiasmo, Nicky. Me di cuenta de ello al volver al instituto y ver el cambio en ti. Tú eres diferente. Ya no eres tonto ni inseguro como antes. Tú has crecido, has madurado y eres profundamente espiritual. Veo en ti una vida dedicada al Señor. Y Nicky ... sus ojos se llenaron de lágrimas. Y yo deseo eso para mí. Deseo la paz, la confianza, la seguridad que tienes en tu vida. Me he secado espi ritualmente. A pesar de que Dios me curó y me guió para volver a la escuela, estoy fría espiritualmente. Trato de orar, pero nada ocurre. Estoy vacía, muerta. Deseo lo que veo en ti.

Dejó caer la cabeza entre sus manos. Me acerqué y puse el brazo torpemente alrededor de sus hombros mientras estábamos sentados bajo el árbol grande. Se volvió hacía mí y hundió la cabeza en mi pecho. Abracé su figura sollozante y acaricié sus cabellos con la mano. Gloria alzó la cara cubierta de lágrimas hacia la mía y nuestros labios se encontraron en un largo beso de amor.

—Te amo, Nicky. —Las palabras se deslizaron de sus labios húmedos en mi oído—. Te amo con todo mi corazón.

No nos movimos del lugar donde estábamos sentados por mucho tiempo, pero nos abrazamos fuertemente como dos plantas enredaderas que se alzan hacia el cielo.

—Gloria, deseo casarme contigo. Lo he sabido por mucho tiempo. Deseo vivir el resto de mi vida contigo. No tengo nada que ofrecerte. He pecado mucho, pero Dios me ha perdonado. Y si tú también puedes perdonarme, deseo que seas mi esposa.

Sentí sus brazos apretarse alrededor de mi cintura y hundió su cabeza profundamente en mi hombro. —Oh, sí, querido, oh sí. Si Dios lo permite, seré tuya para siempre.

Alzó la cabeza y nuestros labios se encontraron en otro beso. Me incliné hacia atrás echándola a mi lado. Nos abrazamos fuertemente acostados en la hierba.

Sentí una sensación quemante y picante en las piernas.

Dios estaba cerca, pero el pasado todavía estaba dentro de mí. En mi mente relampagueó el pensamiento que ella era una de las criaturas más bellas de Dios. ¿Iba yo a contaminarla con mis deseos pecaminosos? La sensación de fuego me subió por las piernas. Se hizo más intensa.

De repente me levanté empujándola hacía atrás y haciéndola rodar en la hierba. —¡Nicky! —gritó—. ¿Qué pasa?

—¡Hormigas! —grité—. ¡Millones de ellas! ¡Trepan por todo mi cuerpo!

Empecé a correr, golpeando furiosamente las piernas y sacudiendo los zapatos de mis pies. Era en vano. Mis calcetines estaban cubiertos de miles de pequeños demonios rojos. Podía sentirlos más arriba de las rodillas. Ninguna cantidad de golpes parecía impedir sus insistentes ataques y su marcha adelante. Gloria me observaba con loca incredulidad mientras yo corría en círculo golpeando y rascándome.

—¡Vuélvete! ¡Vuélvete! —grité—. ¡Mira al otro lado! ¡Pronto!

Me volvió la espalda y miró el parque. Frenéticamente busqué la hebilla del cinturón y la aflojé.

—Nicky ... —dijo—, y miró una vez más en mi dirección.

—¡Vuélvete! ¡No mires! —grité—. Se dio cuenta de lo que estaba haciendo y me volvió la espalda.

Tomé mucho tiempo para librarme de todas. Algunas habían tratado de penetrar la piel. Tuve que golpear mis pantalones contra un árbol para echarlas todas fuera. Al fin, pude decir a Gloria que podía volverse sin peligro.

Caminamos de regreso a la escuela. O debo decir que ella caminó y yo cojeé. Traté de no enojarme porque ella se reía. Pero yo no podía ver nada cómico en la situación.

La dejé frente al dormitorio de las muchachas y fui inmediatamente a mi dormitorio y a la ducha. De pie bajo el agua fría mientras rascaba los verdugones rojos que me cubrían las piernas, daba gracias a Dios por Gloria, y el poder protector de su Espíritu. —Dios —dije mientras la cascada de agua caía de la ducha—, sé que ella es para mí. Estas hormigas lo prueban. Alabo tu nombre por habérmelo hecho ver, y te pido que nunca más tengas que convencerme de ello.

La noche siguiente era domingo, y yo tenía que predicar en la Misión San Gabriel. Sentí el Espíritu de Dios sobre mí mientras daba mi testimonio al pequeño grupo de personas humildes que habían venido al servicio. Al terminar el servicio hice la invitación al altar. Vi a Gloria que se levantó de su asiento al fondo del pequeño santuario y caminó hacia adelante. Nuestros ojos se abrazaron cuando se arrodilló al altar e inclinó su cabeza para orar. Me arrodillé a su lado y el señor Castillo puso sus manos sobre nosotros y oró. Sentí la mano de Gloria que me asió el codo mientras el Espíritu de Dios llenaba su corazón. La mano de Dios se apoyaba sobre los dos.

Durante las vacaciones de Navidad la acompañé a Oakland. Ella había hecho arreglos para que yo me quedase con unos amigos, puesto que sus padres todavía no estaban de acuerdo en que ella estudiara en el instituto. Su pastor, el reverendo Sánchez, arregló una serie de servicios con la Misión Betania, una pequeña iglesia de habla española. Pasaba los días con Gloria y predicaba de noche. Nada podía hacerme más feliz.

En la primavera de mi año final, recibí otra carta de David. Iba a comprar una casa vieja y grande en la avenida Clinton para abrir un centro para jóvenes adictos a las drogas. Me invitó a regresar a Nueva York para trabajar con Teen Challenge o Desafío Juvenil después de graduarme.

Consulté con Gloria acerca de la oferta. Parecía que Dios estaba acelerando sus planes para con nosotros. Teníamos la intención de esperar un año más, hasta que Gloria hubiese terminado sus estudios, antes de casarnos.

Pero ahora las puertas se abrieron y por lo visto Dios deseaba que yo volviese a Nueva York. Sin embargo, no podía volver sin ella.

Escribí a David y le dije que tendría que orar y pensarlo. También le dije que Gloria y yo deseábamos casarnos. Wilkerson escribió en respuesta que esperaría mi decisión y que Gloria también sería bienvenida.

Decidimos celebrar nuestras nupcias en noviembre, y un mes más tarde llegamos a Nueva York para aceptar la oferta de Wilkerson. Empezamos nuestro trabajo con Teen Challenge.

La vieja mansión de tres pisos estaba situada en el 416 de la Avenida Clinton en el centro de una vieja sección residencial de Brooklyn, a sólo unas pocas calles del proyecto Ft. Greene. El verano pasado unos estudiantes de escuelas públicas habían venido para ayudar a limpiar la casa y empezar el ministerio. David había asegurado los servicios de un joven matrimonio para vivir en la casa y supervisarla. Gloria y yo íbamos a vivir en un pequeño apartamento sobre la cochera, detrás de la casa grande.

Era pequeñísimo y rústico. La ducha estaba en la casa grande, y la única cama era un sofá, pero para nosotros era un paraíso. No teníamos nada y no necesitábamos nada. Teníamos el uno al otro y un deseo ardiente de servir a Dios a toda costa. Cuando David pidió disculpas por el alojamiento pobre y pequeño, le recordé que no era sacrificio servir a Jesús, sino un honor.

Un poco antes de la Navidad visité el territorio Mau Mau. Mi corazón se sentía agobiado por Huracán Héctor, y quería encontrarlo para hablarle personalmente ya que estaba una vez más en Brooklyn para quedarme. Encontré un grupo de los Mau Mau en la dulcería y les pregunté: —¿Dónde está Huracán?

Los tipos se miraron y uno me dijo: —Habla con Steve, el presidente, él te dirá lo sucedido.

Temía escuchar la verdad, pero fui al apartamento de Steve.

—¿Qué se ha hecho Héctor? —le pregunté después que nos habíamos saludado—.

Steve sacudió la cabeza y miró fijamente la pared.

—Vamos abajo y te lo diré. No deseo que mi vieja lo oiga.

Bajamos la escalera y nos paramos detrás de la puerta para escapar del viento frío mientras Steve me contaba la historia.

—Después de hablar contigo aquella noche antes de tu regreso a California, se puso muy inquieto. Estaba impaciente. Nunca lo había visto así. Tuvimos una gran pelea con los Apaches y se puso como un loco, tratando de matar a todos los que se ponían en su camino, incluso a los Mau Mau. Entonces, tres meses más tarde, sucedió.

—¿Cómo? —pregunté, la desesperación bullendo en mi corazón y los pulmones y forzándome a jadear. —¿Quién lo hizo?

—Huracán, Gilberto, dos tipos más y yo fuimos a matar a un Apache. Vivía sólo en el quinto piso de una casa de apartamentos. Supimos más tarde que no era el que buscábamos. Pero Huracán estaba determinado a matar a este tipo y le acompañamos para ayudar. Huracán llevaba un revólver. Golpeamos a la puerta de este tipo. Era de noche. Pero este individuo era astuto. Abriendo la puerta muy poco, echó una mirada y vio a Huracán con el revólver. Dio un salto hasta el pasillo y blandió una bayoneta de dos pies de largo hacia la bombilla eléctrica. Era una bombilla de esas que cuelgan del techo. La hizo estallar. No podíamos ver nada. Estaba como loco, golpeando y cortando con la bayoneta. Huracán disparó tres veces con el revólver y oímos un grito desgarrador.

—¡Me mata! ¡Me mata! —No sabíamos quién gritaba, pero creíamos que Huracán había matado al Apache—. Bajamos a toda prisa la escalera, cinco pisos y salimos a la calle.

Steve miró escalera arriba hacia su propio apartamento para averiguar si alguien trataba de escuchar.

—Al llegar a la calle, nos dimos cuenta de que Huracán no nos acompañaba. Gilberto se apresuró a subir la escalera de nuevo y encontró a Huracán de pie contra la pared con aquella bayoneta clavada completamente a través del cuerpo. Gilberto dijo que le salió por las espaldas. El Apache había entrado en su cuarto corriendo y había cerrado la puerta con llave. Héctor estaba asustado y llorando. Se apoyaba contra la pared con el gran cuchillo atravesándole completamente las tripas pidiendo a Gilberto que no le dejase morir. Dijo que él tenía miedo de morir. Gritó algo acerca del sonido del reloj, y luego cayó en el pasillo sobre el cuchillo y murió.

Se me secó la garganta y parecía tener algodón pegado a la lengua. —¿Por qué lo dejaron allí?

—Porque teníamos miedo. El pánico nos llenó. Nunca habíamos visto la muerte así. Todos se esparcieron y escaparon corriendo. Vinieron los policías, pero no había pruebas y soltaron al Apache. Nos asustó mucho.

Yo me había vuelto para salir de allí cuando Steve me preguntó: —Nicky, ¿qué piensas que quería decir al hablar del sonido del reloj?

Sacudí la cabeza. —No sé. Hasta luego.

Yo estaba aturdido al regresar hacia la avenida Clinton. A cada paso podía oír el reloj en el campanario de la avenida Flatbush dar la hora, y podía oír mi voz advirtiendo a Héctor. —Es tarde, Héctor, pero todavía hay tiempo. Pero si no das el corazón a Cristo, no te veré más.

—Querido Dios —susurré—, por favor, no me permitas jamás alejarme de otro de mis amigos sin hacer más por él.

Para principiar, mi salario era de diez dólares por semana con alojamiento y comida. Puesto que el pequeño apartamento sobre el garaje no tenía cocina, comíamos en la casa grande. A Gloria y a mí nos gustaba la comida caliente, estilo hispano. Pero en el centro teníamos que comer alimentos ordinarios, por consiguiente gastábamos la mayoría de nuestros diez dólares todas las semanas comprando alimentos hispanos. Esto era nuestro único placer extra en la vida.

Comenzamos nuestro trabajo en las calles. Wilkerson había escrito un corto folleto que tituló *El Tratado de la Gallina*. Contenía un mensaje para jóvenes, desafiándoles a aceptar a Cristo y a no ser «gallinas». Distribuimos miles de estos folletos a la gente por las calles de Brooklyn y Harlem.

Era evidente desde el principio que nuestro trabajo sería con los adictos. Muchos de los miembros de las pandillas que antes se satisfacían con fumar marihuana y beber vino se había graduado a la heroína.

Nuestro método era atrevido. Nos acercábamos a un grupo de jóvenes en las esquinas y comenzábamos a hablar.

—¡Eh! ¡Chico! ¿Deseas romper el hábito?

Casi sin excepción, contestaban: —Sí, hombre, pero ¿cómo?

—Ven a Teen Challenge en la avenida Clinton. Oraremos por ti. Creemos que Dios nos da lo que pedimos en oración. Puedes romper el hábito por el poder de Dios. —Les dábamos una copia del *Tratado de la Gallina*.

—¿De veras, hombre, no digas? Bueno, pues quizás te llame o pase por allá un día de estos. —Al principio era difícil. La mayor parte del tiempo lo pasaba en las esquinas de las calles hablando. Los adictos no trabajaban. Obtienen el dinero hurtando, robando, asaltando, y arrebatando bolsos de mujeres y rompiendo las puertas y ventanas de los apartamentos para robar los muebles y venderlos. La mayoría son rateros. Roban ropa de los tendederos, la leche de las puertas, sea lo que sea, para obtener bastante dinero para satisfacer su vicio. En todas partes de Williamburg había grupos de ocho o diez individuos en las esquinas, planeando robos o tratando de encontrar una manera de vender algo robado.

Al llegar la Navidad, tuve mi primer convertido en el Centro.

Se llamaba Pedro y pertenecía a la pandilla de los Mau Mau. Era un muchacho de color, alto y grande que había estado conviviendo con una mujer casada. Un día el esposo de la mujer lo atacó en una cantina y Pedro le hirió con un cuchillo. El esposo era miembro de los Escorpiones, una pandilla del otro lado de la ciudad, y después de escuchar su relato, le ofrecí refugio en Teen Challenge. Aceptó de buena gana. Tres días después de trasladarse al centro, recibió a Cristo y le dio el corazón al Señor.

Durante los tres meses siguientes vivíamos, respirábamos y comíamos Pedro. Gloria y yo pasamos nuestra primera Navidad como esposos, con Pedro de huésped. Tomaba todas las comidas con nosotros. Nos acompañaba a todas partes. Los fines de semanas íbamos en tren a diferentes iglesias para asistir a los servicios. Pedro nos acompañaba a todas partes.

Una noche en el mes de marzo me acosté tarde como de costumbre. Gloria ya estaba en nuestra camasofá en la sala. Creí que dormía, y me desvestí silencioso para no despertarla. Acostándome, puse el brazo ligeramente alrededor de sus hombros, y me di cuenta de que estaba llorando. Yo podía sentir su cuerpo temblar y sollozar bajo mi brazo.

—¡Eh, nena! ¿Qué pasa?

—Eso fue lo suficiente, y le saltaron las lágrimas acompañadas de grandes sollozos. Me quedé acostado a su lado consolándola hasta que se calmó lo bastante para hablar.

—¿Qué es Gloria? ¿No te sientes bien o qué te pasa?

—No es eso, Nicky. No comprendes y no comprenderás nunca.

—¿Comprender qué? Estaba confundido por su actitud hostil.

—¡Ese sanguijuela! —Gloria escupió la palabra.

—¡Ese sanguijuela, Pedro! ¿No puede comprender que deseo pasar unos minutos contigo solo? Hace sólo cuatro meses que estamos casados y él tiene que acompañarnos dondequiera que vayamos. Probablemente se bañaría con nosotros si no fuese porque sólo hay espacio para uno en el cuarto de baño.

—¡Eh, vamos! —dije para calmarla—. Esto no suena como mi Gloria. Debes sentirte orgullosa. Es nuestro primer convertido. Debes alabar a Dios.

—Pero, Nicky, no deseo compartir todo el tiempo. Me casé contigo. Eres mi esposo, y tengo derecho a pasar un poco de tiempo contigo sin ese Pedro sonriente alrededor a todas horas diciendo, «¡Alabado sea Dios!»

—No estás hablando en serio, Gloria, ¿verdad?

—Nunca he hablando más en serio —dijo Gloria—. Uno de nosotros tiene que irse. O estás casado conmigo o puedes irte a dormir con Pedro. Hablo en serio. No puedes tener a los dos.

—Ah, cariño, escúchame. Si le enviamos a la calle de nuevo, volverá a la pandilla o los Escorpiones lo matarán. Tenemos que protegerle aquí.

—Bueno, si vuelve a la pandilla entonces hay algo dudoso con tu Dios. ¿A qué clase de Dios se entregó? Un Dios que lo abandonará la primera vez que se encuentre en dificultades. No creo eso. Creo que si una persona se convierte, Dios tiene bastante poder para protegerlo para siempre. Y si nosotros tenemos que convertirnos en niñeras para cada sujeto que invitas aquí, entonces me voy. —La voz de Gloria se alzaba a medida que hablaba.

—Pero, Gloria, es mi primer convertido.

—Quizás eso es lo que hay de malo en ti y en él también. Es tu convertido. Tal vez si fuese el convertido del Señor no tendrías que preocuparte tanto de que pudiese regresar a la pandilla.

—Bien, quizás tengas razón, pero todavía tenemos que darle alojamiento. Y recuerda, Gloria, el Señor me ha llamado a este trabajo y tú has consentido en acompañarme.

—Pero, Nicky, el caso es que no quiero compartir todo el tiempo.

La tomé en mis brazos. —No tienes que compartir ahora. Mañana hablaré con Pedro para ver si puede encontrar algo en que ocuparse en vez de estar con nosotros siempre. ¿Bien?

—Bien, murmuró y puso la cabeza contra mi hombro y se me arrimó muy pegadita.

Sonny llegó el último día del mes de abril, el mismo día en que se había pronosticado una nevada para el primero de mayo. Era el primer adicto que trataba de ayudar.

Cuando entré en la capilla esa noche observé a un muchacho de cara pálida sentado en un rincón apartado. Podía ver que era un adicto. Me acerqué y me senté a su lado. Le puse el brazo en el hombro y comencé a hablarle seriamente. Estaba con la cabeza baja mirando fijamente al suelo mientras le hablaba. —Sé que eres un adicto ... Puedo ver que hace muchos años que estás enganchado y que no puedes romper el hábito. Tú crees que nadie se interesa, que nadie puede ayudarte. Pero Dios se interesa, Él puede ayudarte.

El muchacho levantó la cabeza y me echó una mirada vaga. Finalmente me dijo que se llamaba Sonny. Supe más tarde que había sido criado por una familia religiosa, pero había huido del hogar y había estado encarcelado un sinnúmero de veces por la adicción y por robar. Había tenido que romper el vicio sin medicamentos en la cárcel varias veces y parecía no haber esperanzas para él.

Sonny era un adicto compulsivo y tenía una manera peculiar de obtener dinero para satisfacer el hábito. Su compañero corría por la calle y arrebataba el bolso de alguna mujer. Cuando la mujer comenzaba a gritar, Sonny acudía y decía —No llore, señora. Conozco al ladrón. Le recuperaré su bolso. Espere aquí y volveré dentro de un momento.

La mujer cesaba de gritar por la policía y permanecía esperando mientras Sonny corría por la calle para unirse con su amigo y dividirse el botín.

Arrodillado a su lado en la capilla, dije —Quiero orar por ti. Necesitas a Jesús en tu vida. —Sentí una oleada de compasión inundar mi corazón, y comencé a llorar mientras oraba. —¡Oh, Dios, ayuda a este hombre! Se está muriendo. Tú eres el único capaz de ayudarle. Necesita esperanza, amor. Ayúdale por favor.

Cuando terminé de orar, Sonny dijo que tenía que volver a su casa.

—Te llevaré a tu casa.

—No, —dijo con una expresión de pánico—. No puedes hacer eso.

Yo sabía que estaba fingiendo para poder salir y obtener una porción de heroína.—Entonces, te mantendremos aquí —dije—.

—No —dijo una vez más—. Tengo que comparecer ante el juez mañana. Van a meterme en la cárcel. Ni siquiera sé porque estoy aquí.

—Estás aquí porque Dios te ha enviado —dije—. Dios me está usando para ayudarte. Quédate aquí con nosotros esta noche y te acompañaré a la corte mañana. —Insistió en volver a su casa, y prometí pasar por él a las ocho de la mañana.

Muy de mañana el día siguiente le acompañé al juzgado. Al subir la escalera del edificio de justicia, le dije —Sonny, voy a pedir a Dios que persuada al juez de posponer tu juicio por dos meses para que puedas romper el hábito y hallar a Cristo. Después, puede ser que te dejen completamente libre.

Sonny dijo con sarcasmo —¡Vaya esperanza! Ese juez

asqueroso nunca pospone nada. Me meterá en la cárcel antes del mediodía, ya verás.

Me detuve en la escalera del edificio de justicia y comencé a orar en alta voz; —¡Oh, Dios! Te pido en el nombre de Jesús que envíes tu Espíritu Santo a tocar aquel juez para que posponga el caso de Sonny hasta que pueda hacerse cristiano. Gracias por responder a mi plegaria. Amén.

Sonny me miraba como si yo estuviese loco. Lo cogí del brazo. —Ven, vamos a oír al juez decir que va a posponer tu caso.

Entramos al tribunal y Sonny se presentó al alguacil al frente de la sala. Entonces se sentó con los otros acusados y yo me senté al fondo.

El juez oyó tres casos y condenó a los muchachos a largos períodos en la cárcel. El tercer muchacho comenzó a llorar cuando el juez lo condenó. Gritó que iba a matarlo. Todo el mundo en la sala saltó en pie y la policía arrojó al muchacho al suelo y le pusieron las esposas. Mientras lo arrastraban por una puerta lateral gritando y dando patadas el juez se secó la frente y dijo: —Próximo caso. —Sonny se paró nervioso mientras el juez hojeaba sus documentos. Mirando por encima de sus espejuelos, dijo; —Por alguna razón sus papeles de investigación no están completos. Quiero que regrese dentro de sesenta días.

Sonny me miró con ojos llenos de incredulidad. Sonreí y le hice señal de acompañarme. Nos esperaba una tarea difícil y necesitábamos comenzar.

Dejar el hábito de usar heroína de momento es una de las experiencias más agonizantes que se puede imaginar. Preparé un cuarto para Sonny en el tercer piso del Centro. Sabía que requeriría supervisión constante. Por lo tanto, advertí a Gloria que iba a pasar los tres días siguientes con Sonny. Me llevé un tocadiscos con discos religiosos, y determiné sentarme a su lado en el cuarto hasta que hubiese terminado de dar gritos.

El primer día estaba inquieto, caminaba de prisa de un lado a otro de la habitación. Por la noche comenzó a estremecerse. Pasé toda la noche sentado a su lado, mientras sufría oleadas horribles de escalofríos. Su cuerpo temblaba, rechinaba los dientes y todo el cuarto vibraba. A veces se me escapaba por la fuerza y corría hacia la puerta, pero la tenía cerrada con llave, y no podía romperla.

A la madrugada los temblores disminuyeron y logré bajarlo por la escalera para desayunar un poco. Le sugerí dar un paseo alrededor de la cuadra. Apenas habíamos salido cuando comenzó a vomitar. Se inclinó en la acera apretándose el estómago con las manos y vomitando. Lo levanté, pero escapó, tambaleándose por la calle y se desmayó. Lo arrastré hasta la acera y puse su cabeza sobre mis rodillas hasta que pasaron los espasmos y recuperó las fuerzas. Entonces regresamos al cuarto en el tercer piso para esperar y orar.

Al anochecer, gritó: —¡Nicky! ¡No puedo hacerlo! He ido demasiado lejos. Necesito una porción de heroína.

—¡No, Sonny! Vamos a pasar por esto juntos. Dios te dará las fuerzas para lograrlo.

—No quiero fuerzas para romper el hábito. Quiero una inyección. Tengo que obtenerla. ¡Por favor! ¡Por favor! ¡Nicky, no me retengas aquí! ¡Por el amor de Dios, déjame salir! ¡Déjame ir!

—¡No, Sonny! Por el amor de Dios no voy a permitir que salgas. Tú le eres precioso. Él desea usarte, pero no puede hacerlo mientras este demonio te tenga poseído. Por el amor de Dios, voy a retenerte aquí hasta que estés sano.

Me quedé sentado a su lado durante la larga noche mientras el sudor frío corría por su cuerpo y vomitó hasta que creí que iba a arrojar el estómago. Le mojé la cabeza con toallas mojadas, elevé el volumen del fonógrafo, y le toqué himnos de Bev Shea y el Statesmen Quartet.

Al próximo día yo estaba muerto de cansancio. Una

vez más traté de darle de comer, pero lo vomitó enseguida. Me quedé sentado cerca de su cama orando hasta la puesta del sol.

Dormitó intermitentemente, gruñendo y contrayéndose bruscamente. Saltó dos veces de la cama y trató de llegar a la puerta. La última vez tuve que sujetarlo y arrastrarlo hasta la cama.

A eso de la medianoche, sentado en la silla cerca de su cama, sentí la nube negra del sueño descender sobre mi ser. Traté de evitarlo, pero no había dormido desde hacía 42 horas. Sabía que si me dormía entonces, él podía irse secretamente y no regresar jamás. Estábamos cerca de la victoria, pero yo no podía resistirlo más. Sentí la barbilla caer sobre el pecho. Quizás si cerrase los ojos un momento ...

Desperté de momento. La luz misteriosa de las calles se reflejaba en el gran cuarto sin muebles en el tercer piso del edificio. Creía que no había dormido más que unos segundos, pero algo dentro de mí me advirtió que había dormido mucho más. Di una mirada a la cama de Sonny. Estaba vacía. Las sábanas y la colcha estaban desarregladas y arrojadas a un lado. ¡Se había escapado!

El corazón se me subió a la garganta. Salté en pie y avanzaba hacia la puerta cuando le vi arrodillado cerca de la ventana. Una oleada de sosiego me inundó y me dirigí lentamente hacia la ventana y me arrodillé en el duro suelo a su lado. Caía una nieve ligera de primavera y se reflejaba en la luz de las farolas de la calle. La calle y la acera se unían bajo una alfombra blanca y pura. Las ramas de los árboles fuera de la ventana, con sus pequeños pimpollos delicados que comenzaban a brotar, brillaban con la blanca y blanda nieve. Cada uno de los frágiles copos de nieve centelleaba individualmente al flotar por la luz de la calle, recordándome las escenas que se ven en las tarjetas de Navidad.

Sonny dijo —¡Qué bello! ¡Su belleza no puede describirse! Nunca he visto cosa tan bella. ¿Y tú?

Lo estaba mirando fijamente. Tenía los ojos claros y la voz firme. Su cara resplandecía. Su lengua ya no estaba inflamada ni su hablar era confuso.

Sonrió. —Dios es bueno, Nicky. Es maravilloso. Esta noche me ha librado de un destino peor que el infierno mismo. Me ha librado de la esclavitud.

Miré por la ventana la delicada escena de belleza pura y susurré: —Gracias, Señor, gracias. —Y oí a Sonny que murmuró—, ¡gracias!

Por primera vez dejé a Sonny a solas y caminé a través de la nieve recién caída al apartamento. No llevaba sombrero, y la nieve fría que caía tan levemente quedó impregnada en mis cabellos, y crujía flojamente bajo mis pies cuando subía las escaleras de madera.

Golpeé ligeramente y Gloria abrió la puerta. —¿Qué hora es? —dijo medio dormida—.

—Serán las tres de la mañana —dije—. Nos detuvimos en la puerta y la acerqué hacia mí mientras observábamos la nieve caer silenciosamente y cubrir lo oscuro y lo feo con un manto hermoso de inocencia pura.

—Sonny ha venido a Cristo —dije—. Una nueva vida ha nacido en el reino de Dios.

—Gracias, Jesús —dijo Gloria en voz baja—. Hubo una larga pausa mientras estábamos dentro de la puerta mirando el panorama de belleza ante nosotros. Entonces sentí el brazo de Gloria apretarse alrededor de mi cintura. —Sonny no es la única vida nueva que ha venido a la existencia. No he tenido tiempo para decírtelo. Tú has estado tan ocupado los últimos tres días, pero hay una nueva vida dentro de mí también, Nicky, Vamos a tener un bebé.

La cogí en mis brazos y la apreté contra mi pecho con amor y con gozo. —¡Oh, Gloria, te amo! ¡Te amo tanto! —Con ternura me incliné y deslizando el brazo tras sus rodillas, la levanté despacio en mis brazos. Di un puntapié a la puerta que cerró de golpe dejando el cuarto en una oscuridad completa. La llevé al sofá y con ternura la acosté en la cama. Sentándome a su lado, puse la cabeza con cuidado contra su abdomen blando, acercándome todo lo posible a la nueva vida que había adentro. Ella me acarició la cara y la cabeza con ambas manos. El agotamiento me agobiaba y caí en un sueño profundo y apacible.

Después de su conversión, Sonny nos llevó a las catacumbas de la enorme ciudad y nos mostró el mundo de los adictos a drogas, de las prostitutas, y de los criminales más empedernidos.

Gloria y yo pasábamos muchas horas en las calles distribuyendo folletos, y el número de personas que acudían al Centro aumentaba. Sin embargo, teníamos muy pocos jóvenes. La mayoría eran adultos. Abrimos el tercer piso para las mujeres. Gloria ayudaba a las muchachas y yo trabajaba con los hombres, aunque como director, tenía la supervisión de ambos grupos.

David se había traslado a una casa en Staten Island y venía todos los días a la ciudad para supervisar el trabajo en el Centro. Compramos un pequeño autobús con nueve asientos, y Gloria y uno de los muchachos salían dos veces a la semana para recoger miembros de las pandillas y traerlos al Centro para los servicios.

Pedro se fue a vivir en un apartamento en New Jersey, pero Sonny se quedó hasta septiembre cuando se fue al Instituto Bíblico en La Puente. El mismo verano un apartamento en el segundo piso quedó desocupado, y Gloria y yo nos mudamos al 416 de Clinton. El dormitorio para hombres estaba al fondo del segundo piso. En la planta baja teníamos la oficina, la cocina, el comedor y una sala grande que servía de capilla. Yo esperaba que el estar en el edificio grande ayudaría a calmar la tensión de Gloria, pero el vivir en la misma casa con los 40 adictos no contribuye a una vida de calma y sosiego.

La tensión continuó. Gloria y yo teníamos muy pocos momentos en privado puesto que yo pasaba todo el tiempo con los adictos. El otoño de 1962 tuve que hacer un viaje de emergencia a Puerto Rico. Mamá había enviado un cable a Frank. Papá había muerto. Frank, Gene y yo junto con nuestras esposas volamos a Puerto Rico, y allí donde celebré el servicio fúnebre de mi padre. Yo había regresado como un ministro cristiano, y a pesar de que papá no hubiese recibido a Cristo públicamente, lo sepulté con la seguridad de que en su vida se había operado un cambio y que Dios en su misericordia y amor lo juzgaría según su corazón. «El grande» estaba muerto, pero las memorias del papá que yo había aprendido a amar, vivían en mi corazón.

Alicia Ann nació en enero de 1963. Ella ayudó a llenar un vacío en la vida solitaria de Gloria. Ahora tenía alguien a quien darle su amor durante los interminables días. Yo anhelaba pasar más tiempo con ellas, pero el deseo intenso de ayudar a los adictos me alejaba desde el amanecer hasta la medianoche. Le advertí que no dejase a nadie tomar la niña en brazos, porque a pesar de que amase a los adictos, sabía que las mentes severamente dañadas por las drogas eran capaces de todo.

Pero nunca supe cuántas noches Gloria lloraba hasta dormirse en la soledad de nuestro apartamento. Debía haber sido la persona seleccionada por Dios para mi vida, porque ninguna otra mujer podría haber soportado aquella situación.

Capítulo Quince

Excursión al

Infierno

~~~❧~~~

Yo había estado fuera de la ciudad un par de días, y al regresar Gloria me informó acerca de María. Tenía 28 años y había venido de la calle al Centro medio muerta de frío, sufriendo síntomas agudos de la retirada de la heroína, y estaba a punto de morir. Gloria me pidió recordarla especialmente aquella noche al predicar en la pequeña capilla.

Después del servicio, Gloria llevó a María a mi oficina. Balbuceaba al hablar porque todavía sufría por la falta de drogas en su sistema físico.

—Esta noche —dijo—, tuve la muy extraña sensación de que deseaba abandonar esta vida sin valor. Mientras usted predicaba sentí que verdaderamente prefería la muerte a esta vida tan desdichada. Pero, al mismo tiempo, por primera vez en la vida deseo vivir. No puedo comprenderlo.

Le expliqué que ella pasaba por lo que la Biblia llama el arrepentimiento. —María, usted no puede recibir el amor de Dios hasta que consienta en dejar morir su ser

egoísta. Dígame, ¿desea que la vida anterior muera?
¿Quiere que la vida de drogas y de prostitución sea borra-
da, sepultada, y olvidada para siempre?

—¡Oh, sí, sí, sí! —dijo sollozando—. Estoy dispuesta a
hacer cualquier cosa para evitarla.

—¿Está dispuesta a abandonar su propia voluntad? —
pregunté—.

—Sí —contestó, tratando de no llorar—, aun eso.

—Entonces, permítame decirle de un amor tan maravilloso, tan hermoso, tan magnífico que puede hacer limpia y pura aun a una persona como usted. Déjeme hablarle de Jesús. —Durante los próximos diez minutos, le hablaré del amor perfecto de Dios que fue derramado para
nosotros en Jesucristo.

Hundía la cara en las manos y sollozó. Me acerqué y
puse la mano en su hombro. —María, vamos a arrodilla-
mos aquí y orar ... —y antes de que pudiese terminar la frase María estaba arrodillada. Podía sentir el dique estallar.
María había nacido a una vida nueva en Jesucristo.

Un mes más tarde. María pasó por mi oficina. El deseo
por las drogas la dominaba, y deseaba abandonar el Centro. Su amigo Johnny ya se había rendido al deseo por las
drogas y había abandonado el Centro unos días antes.

Me levanté y cerré la puerta tras ella. —María —dije—
, nada en toda mi vida me importa tanto como su futuro.
Vamos a hablar de lo que ha sucedido en su vida.

Estaba lista. Comenzó a hablar del tiempo cuando tenía 19 años y se había graduado de la secundaria. La dejé
hablar.

—Fue Johnny quien me enseñó a fumar marihuana.
Mis amigas me habían contado sus experiencias con marihuana. Me dijeron que era buena siempre que la persona
no continuara con algo más fuerte. Johnny siempre tenía
una cantidad de cigarrillos de marihuana y yo los disfruta-
ba mucho.

María dejó de hablar como si recordase aquellos primeros días cuando comenzaba su descenso hacia el infierno, y yo pensaba en cómo ella era típica de las docenas de adictos que venían al Centro. Noventa por ciento de ellos comenzaron con un cigarrillo de marihuana y luego se graduaron a la heroína. Sabía lo que ella iba a decir, pero creía que necesitaba relatarlo. —Dígame, María, ¿qué efecto producía? —Ella se acomodó en la silla, y con los ojos medio cerrados contó su historia.

—Me parecía que mis dificultades se iban a disipar flotando —contestó—. Una vez tuve la sensación de que iba flotando millas y millas por encima de la tierra. Entonces comencé a desintegrarme. Los dedos se separaron de las manos y se alejaron flotando hacia el espacio. Las manos se separaron de las muñecas. Los brazos y las piernas partieron del cuerpo. Me hice un millón de trozos volando a lo lejos en una brisa suave.

Hizo otra pausa, recordando. —Pero la marihuana no bastaba. Lo que hacía era picar el apetito para algo más fuerte. Mentalmente estaba esclavizada.

—Johnny me dio mi primera inyección. Me había hablado de ello varias semanas. Una tarde estaba llorando. Había llorado todo el día. Todo me salía mal y Johnny entró con una aguja y una cuchara. Yo sabía lo que iba a hacer, pero él demostraba tanta confianza en que aquello me ayudaría que lo dejé continuar. Yo no sabía nada acerca de la adicción a drogas en aquel entonces. Él me aseguró que todo me iría bien.

—Apretó el cinturón alrededor de mi brazo por encima del codo hasta que la vena se infló bajo la piel. Puso el contenido blanco como azúcar de un pequeño sobre en la cuchara. Añadiendo agua con un cuentagotas, puso un fósforo bajo la cuchara hasta que el líquido hirvió. Una vez más tomó el cuentagotas y chupó la heroína ya disuelta dentro del cuentagotas. Entonces, con la experiencia de un perito, introdujo la aguja hipodérmica en la vena. Usando el cuentagotas con cuidado, exprimió el potente líquido hasta que desapareció en la vena. No sentí nada cuando extrajo la aguja. No lo sabía entonces, pero en aquel instante me había convertido en una «tecata», una persona que se inyecta heroína directamente en las venas.

—Johnny, me siento enferma —dije—.

—No, nena, estás bien —dijo—. Espera un momento. Dentro de poco vas a flotar. Johnny promete, y siempre cumple sus promesas, ¿verdad?

—Pero no podía oírle. Comenzaba a hacer esfuerzos para vomitar, y antes de que pudiese moverme, había vomitado en el suelo. Me dejé caer sobre la cama y comencé a temblar y a sudar. Johnny se sentó a mi lado y me tomó la mano. Pronto me tranquilicé, y una sensación de calor me inundó. Tenía la sensación de flotar hacia el techo. Y por encima de mí podía ver la cara sonriente de Johnny. Se inclinó hacia mí y me preguntó, ¿qué tal nena?

—Magnífico —dije—. ¡Hombre, qué agradable! Había comenzado mi excursión al infierno.

—No recibí otra inyección por una semana. Esta vez, cuando Johnny la sugirió, estaba lista. La próxima vino tres días más tarde. Desde entonces, Johnny no tenía que sugerirla, yo la pedía. No lo sabía entonces, pero estaba adicta ... enviciada.

—La semana siguiente cuando Johnny regresó a casa comencé a temblar. Le pedí una inyección.

—Escucha, nena. Te amo y todo eso, pero esto cuesta dinero.

—Lo sé, Johnny, pero necesito una inyección. Johnny sonrió. —No puedo dártela, nena. ¡Mujer! ¡Comienzas a costarme dinero!

—Por favor, Johnny, le pedí. No bromees. ¿No puedes ver que necesito una inyección?

—Johnny se dirigió hacia la puerta. —Hoy, no. Tienes que soportarlo. No tengo ni el tiempo ni el dinero.

—¡Johnny! —grité—. ¡No me dejes! ¡Por Dios, no me dejes! —Pero se había ido y oí la llave dar vuelta en la cerradura.

—Traté de dominarme, pero no podía hacer nada. Fui a la ventana y vi a Johnny al final de la cuadra, hablando con dos muchachas. Las conocía. Trabajaban para Johnny. Se refería a ellas como parte de su caballeriza.

Eran prostitutas que compraban drogas de él con el dinero que ganaban en su profesión. Johnny siempre las surtía, y ellas a su vez proveían a sus clientes mediante una comisión.

Me quedé en la ventana mirando a Johnny. Le vi sacar del bolsillo de su chaqueta un pequeño sobre blanco y pasarlo secretamente a una de las muchachas. Yo sabía que contenía la droga. Me enfureció ver a Johnny darle la preciosa heroína. ¿Por qué dársela a ella y no a mí? Yo la necesitaba.

De súbito, comencé a gritar: —¡Johnny! ¡Johnny!— Estaba gritando por la ventana a más no poder. Él miró hacia arriba y se puso en marcha para volver al apartamento. Cuando entró yo estaba en la cama sollozando y temblando. Había perdido toda capacidad para contenerme.

—Cerró la puerta tras él. Me senté en la cama y traté de hablar, pero antes de que saliese una palabra se me acercó y sentí el revés de su mano al dar contra mi boca.

—¿Qué demonios estás tratando de hacer? —gritó—. ¿Deseas que la policía me arreste o algo así?

—Johnny, por favor. ¡Ayúdame! Necesito una inyección. Te vi dar la droga a aquellas muchachas. ¿Por qué no me la das a mí? ¡Te suplico! —Yo estaba completamente desesperada. Estaba temblando y sollozando a la vez. Podía saborear la sangre que corría por el lado de mi boca, pero no me importaba. No deseaba más que aquella aguja.

—Johnny sonreía. —Escucha, nena, tú eres diferente de aquellas sucias allá abajo en la calle. Tienes clase. Pero este material no puede obtenerse sin dinero. Cuesta ... mucho. Aquellas muchachas trabajan por lo que obtienen. ¿Qué haces tú para obtenerla? ¿Eh?

—Trabajaré, Johnny. Haré cualquier cosa, cualquier cosa. ¡Sólo dame la aguja!

—No sé —dijo Johnny—. Tienes demasiada clase para ponerte a trabajar en la calle.

—Johnny, haré todo. Sólo dime lo que tengo que hacer. Podía sentir el suelo que ascendía hacia mí. Me dejé caer a sus pies y abracé sus rodillas y sus piernas para no caerme de cara.

—¿Quieres decir que estás dispuesta a prostituirte para mí? —Hizo una pausa y continuó con entusiasmo—. Puedes hacerlo, nena. Sé que puedes hacerlo, si deseas. Mujer, tú puedes exceder a aquellas otras pollas diez a uno. Los tipos vendrían a ti en grupos, y los dos podríamos ganar una fortuna. ¿Qué dices? Yo ganaría dinero y podría comprarte toda la droga que desees. No tendrías que sufrir más como ahora. ¿Qué piensas? ¿Es esto lo que deseas?

—Sí, Johnny, sí, sí, sí. Pero dame la inyección.

—Johnny se acercó a la cocina y abrió la llave de gas. Sacó la cuchara y puso adentro un poco del polvo blanco y la acercó sobre la llama. Llenó la jeringuilla y se acercó hasta donde yo estaba tirada en el suelo.

—¡Oye, nena! Esto es el principio del paraíso para los dos. Contigo a mi lado, podemos llegar a la Luna. —Sentí la aguja penetrar en la vena. La agitación cesó casi instantáneamente ... en unos segundos. Johnny estaba equivocado. No era el camino al paraíso. Era el principio de una pesadilla larga y horripilante que duró ocho años llenos de terror. No el paraíso ... sino el infierno.

—El infierno es un abismo sin fondo, donde continúas cayendo siempre hacia abajo, sin nunca encontrar el fondo.

Al caer en el hábito de drogas tampoco hay lugar para pararse o detener la caída. No hay manera de evitar el descenso. Yo iba camino hacia abajo.

—Johnny no podía explotarme sin ser adicta. Pero al hacerme esclava de las drogas, también me hice esclava de él. Tenía que hacer lo que él deseara ... y él deseaba que me hiciese prostituta, para ganar dinero para él. Me proveía con heroína, pero era evidente que no vivíamos en el paraíso que él había prometido.

Entre otras cosas, supe a poco que Johnny tenía otra mujer. Yo sabía que no tenía ninguna intención de casarse conmigo, pero nunca pensé que tuviera otra mujer. Lo descubrí con gran pena.

No hubo mucha clientela la noche anterior. A la tarde siguiente me levanté y salí a la calle para hacer unas compras. Me gustaba salir y olvidar lo que era, y fingir que era igual que las demás personas. Estaba en la esquina de Hicks y Atlantic esperando el cambio del semáforo cuando sentí una mano en el hombro que me volteó por completo.

—Tú eres María, ¿no? —Era una morena de largos cabellos negros que descendían sobre sus hombros. Sus ojos chispeaban fuego. Antes de que pudiese contestarle dijo: —¡Sí, eres tú. Te he visto antes. Eres la que andas con mi hombre. Te voy a enseñar ramera barata!

Traté de retroceder, pero me dio una bofetada. La luz había cambiado y había muchas personas a nuestro derredor, pero no iba a dejarme maltratar de esta manera por nadie. Extendí la mano agarrándola del cabello y empujándola a la vez.

Gritaba como una loca. —¡Perra sucia! Durmiendo con mi hombre. ¡Voy a matarte! —Estaba loca. Me tiró un golpe con su bolso, pero me agaché. La empujé con el cuerpo y cayó hacia atrás contra la barrera alrededor de la entrada del subterráneo. La oí jadear cuando su espina dorsal dio contra el tubo de hierro.

La agarré por la cabeza y la empujé hacia atrás hacia la escalera que conducía al subterráneo. Estaba tratando de rasgar sus ojos con mis uñas, donde sabía que le haría daño. De repente, me mordió la mano. Pude sentir el rasgar de la carne cuando saqué de un tirón la mano de su boca, gritando de dolor.

Al retroceder, alguien me agarró por detrás y la muchedumbre nos separó. El hombre que me había agarrado, me volvió de repente y me empujó a la calle donde tropecé y caí. La multitud continuó moviéndose alrededor de la otra mujer. Rápidamente, atravesé la calle y me alejé por la acera del otro lado.

No miré hacia atrás. Corrí al apartamento, me lavé la mano, y pedí a la muchacha al otro lado del pasillo que me la vendara. Aquella noche volví a la calle. Nunca la vi más.

Pero, desde entonces, no sentía más obligación en cuanto a Johnny. Yo sabía que podía obtener una inyección de una docena de hombres a los que le gustaría tenerme trabajando para ellos. Y así se hizo una larga pesadilla. Vivía con un hombre tras otro. Todos eran adictos. Vendía mi cuerpo y ellos robaban.

Aprendí a trabajar en compañía con algunas de las otras muchachas. Alquilábamos un cuarto por la noche. Entonces salíamos a la calle y esperábamos. Algunos de los hombres eran clientes regulares. La mayoría eran desconocidos ... negros, italianos, orientales, puertorriqueños, blancos ... su dinero era del mismo color.

Algunas noches no sacaba nada. Otras, conseguía nueve o diez en una misma noche. En tales noches ganaba mucho dinero. Pero para entonces me costaba casi cuarenta dólares al día mantener el vicio. Eso quería decir que necesitaba al menos cinco clientes cada noche para subsistir.

Era puro infierno. De día cuando podía dormir despertaba gritando a causa de los sueños horripilantes. Era prisionera dentro de mi propio cuerpo y era mi propia carcelera. No había manera de escapar del temor, la suciedad, y la fealdad del pecado.

Temía a los borrachos. Algunos eran perversos y crueles. Algunas muchachas habían sido forzadas a cometer actos no naturales por medio de la tortura. Una de las muchachas se encontró una noche con un tipo que se satisfacía sólo de azotar a una mujer con un cinturón. Estaba medio borracho y para cuando llegó al cuarto, estaba excitado hasta el punto de locura. La hizo desvestirse, después le quitó su sostén, le ató las manos a la cerradura de la puerta con él, y le azotó el estómago y los senos con su cinturón hasta que ella perdió el sentido gritando de dolor.

Yo prefería usar un cuarto que yo misma había alquilado. Algunas veces el hombre quería que lo acompañase a su apartamento o a su cuarto en un hotel. Algunos eran negociantes que habían venido a la ciudad como turistas o para asistir a una convención. Pero temía ir al cuarto de un hombre. Sucedían cosas terribles, y algunas de las muchachas jamás volvieron.

Algunos de los hombres temían acompañarme a mi cuarto. Tenían miedo de que los robara. Preferían que los acompañase en su auto.

Después de dos o tres episodios penosos no lo hice más.

Un hombre me dejó allá al otro lado de la ciudad, y pasé toda la noche tratando de volver a casa por subterráneo. Otro me llevó a un camino desierto. Estaba borracho e insistió en que le devolviese el dinero. Cuando rehusé me puso una pistola a la cabeza y apretó el gatillo. La pistola falló, y escapé corriendo, pero fue la última vez que me subí al auto de nadie.

Los sujetos en la calle no fueron los únicos que me causaron dificultades. También tenía problemas constantes con la policía. Estuve en la cárcel once veces durante los ocho años de mi adicción. La sentencia más larga duró seis meses. Me arrestaron por todo: por ratera, viciosa, ladrona, vagabunda y prostituta.

Odiaba las cárceles. La primera vez que estuve en la cárcel, no hice más que llorar. Me prometí no hacer nada para ser arrestada de nuevo. Pero a los cuatro meses estaba allí otra vez. Volví diez veces más.

La policía me molestaba continuamente. Un policía pasaba cada dos o tres días cuando yo estaba en la calle y trataba de persuadirme a acompañarle. Pero yo sabía que no me pagaría, así es que nunca lo hice.

Pero la heroína me estaba matando. Recuerdo la primera vez que me inyecté demasiado. Iba todavía buscando clientes por las calles y me había trasladado al apartamento de mi madre. Me había separado de Johnny. Mi madre trabajaba en una fábrica y yo en una oficina. Le dije a mi madre que necesitaba nuevos vestidos para mi trabajo, y le pedí que me consiguiera un préstamo del banco.

Una tarde volví a casa temprano de mi trabajo y saqué el dinero del escritorio. Fui a Harlem donde vivía el vendedor, compré la droga y la puse dentro de mi sostén. Después caminé un par de manzanas a un sótano donde vivían unos adictos que yo conocía. Estaba desesperada. Temblaba. Llené la jeringuilla y me la inyecté en la vena. Inmediatamente me di cuenta de que algo andaba mal. Me sentí mareada y me desmayé. Recuerdo que alguien trataba de ayudarme, trataba de levantarme. Creo que se asustaron cuando no respondí. Alguien me desgarró el sostén, me quitó el resto de la heroína, me arrastró fuera del sótano y me dejó desmayada en la acera.

Al despertar estaba en el hospital Bellevue. La policía me había encontrado y me llevaron al hospital. Alguien me había robado. Todo mi dinero había desaparecido. Tres policías rodeaban mi cama, todos haciéndome preguntas a la vez. Les dije que había estado bebiendo y que alguien había puesto algo en el licor. Pero sabían que no era verdad. Indicaron al médico que pusiera en el récord que yo había tomado exceso de heroína. Esa fue la primera de tres veces.

La última vez me faltó poco para morir.

Había estado bebiendo en mi cuarto. Una mezcla de heroína y licor barato hizo que perdiera el conocimiento.

Me quedé dormida en la cama y el cigarrillo me cayó en el pelo. Recuerdo bien la extraña sensación. Soñé que la mano de Dios bajaba y me sacudía ... y continuaba sacudiéndome. Recuerdo haber dicho: «¡Maldito sea! ¡Dios, déjame! ¡No me sacudas!» Pero el sacudimiento continuó. Y me desperté.

Sabía que algo malo pasaba, pero no sentía nada. Olí algo pútrido, como el olor de carne quemada. Traté de levantarme, pero caí al suelo. Me arrastré al espejo, me levanté y me examiné. La cara que vi no era la mía. Estaba calva. Todo el cabello se me había quemado. Las dos orejas se me habían quemado casi completamente. El humo, como el humo de pan quemado, ascendía en espiral de ambas orejas. Tenía las dos manos quemadas por haber tratado de extinguir el fuego aun estando sin conocimiento.

Comencé a gritar. Un hombre al otro lado del pasillo me oyó gritar histéricamente, y sabiendo que yo era adicta, vino y golpeó en la puerta.

Me tambaleé hasta la puerta y agarré el cerrojo, tratando de abrirla, pero la carne de la palma de la mano se pegó al metal cuando traté de tomarlo. La carne se deslizó de las manos y me fue imposible torcer la manecilla.

De alguna manera él abrió la puerta por el otro lado. Deseaba llevarme al hospital, pero no se lo permití. Caí de nuevo en la cama y le pedí que me llevara al apartamento de mi amiga Inés. Lo hizo y pasé la noche allí.

Las quemaduras eran de segundo y tercer grado y el dolor se hizo insoportable. Tenía miedo de ir al hospital. Había estado allí. Sabiendo que era adicta, si fuese al hospital, tendría que dejar de tomar heroína de golpe. No creía que podría lograrlo. Moriría. Y temía morir.

Al día siguiente Inés me convenció a ir al hospital. No tuvo que insistir mucho. Yo sabía que moriría si no lo hacía. Estuve allí seis semanas hasta que las quemaduras cicatrizaron.

Al salir, volví a la calle. Tomé la primera inyección tres cuartos de hora después de salir del hospital y aquella noche volví una vez más al ritmo. Pero era más difícil a causa de las quemaduras y las cicatrices. Nadie me deseaba. Llevaba vestidos cubiertos de quemaduras de cigarrillo y manchas de café. Mi cuerpo estaba sucio y olía mal. A veces caminaba por la calle nauseabunda, y el deseo de inyectarme heroína me volvía loca.

Un hispano llamado René acostumbraba a hablarme en la calle. Había sido vendedor de heroína, pero había ido a Teen Challenge y había dejado de ser adicto. Se había convertido en cristiano y en los últimos meses trataba de persuadirme a venir aquí para dejar el vicio también.

Una noche fría de marzo, deseaba con desesperación una inyección. Fui tambaleándome por la calle y doblé la esquina hacia el 416 Clinton y me desplomé en la escalera cerca del escritorio.

Mario estaba sentado al escritorio aquella noche. Llamó a Gloria. Me levantó con ternura y me apoyé en ella, mientras caminamos hacia la capilla por la puerta lateral frente al escritorio.

—Arrodíllate, María —dijo—. Arrodíllate y ora. —Yo estaba estupefacta y pensaba que me estaba muriendo. Pero si tenía que hacerlo para vivir, lo haría. Me arrodillé en el suelo detrás de uno de los bancos, pero antes de que pudiera bajar la cabeza, comencé a vomitar. El vómito me cayó en la blusa y en el suelo. Comencé a llorar y a temblar, y me desplomé al suelo, con ambas manos delante de mí en mi propio vómito.

Alcé la vista. Las otras muchachas en el cuarto me habían rodeado. Reconocí a algunas de ellas que las había visto en la cárcel, pero habían cambiado. Todas tenían la apariencia de ángeles flotando en el aire por encima de las sillas y las mesas y avanzando despacio en mi dirección. Todas sonreían y sus caras brillaban. Sus ojos chispeaban, no de marihuana ni de heroína, sino de una luz interior que brillaba sobre mí.

Estaba aturdida y la cabeza me daba vueltas alrededor.

Gloria estaba a mi lado y me di cuenta de que estaba arrodillada en mi vómito. Volví la cabeza para tratar de llorar, pero tan sólo logré vomitar.

Las muchachas se acercaron y las escuché orar. Gloria se levantó y podía sentir sus manos sobre mi cabeza. Una fuerza, un poder eléctrico espiritual, me inundó el cuerpo. Al pasar sus manos delicadas por mi cuerpo desahuciado, casi me elevó del suelo.

Oí música. Algunas de las muchachas cantaban. Me estremecí y vomité de nuevo.

—Por favor, ¿puedo acostarme? —pregunté.

Sentí unos brazos fuertes bajo mis sobacos cuando una de las muchachas me levantó y casi me cargó escalera arriba. Oía correr agua, y podía sentirlas tirar de mis ropas. Estaba demasiado enferma para hacerles caso. Creía que iban a ahogarme en el agua. Pensaba que quizás fuese un grupo de lesbianas y que iban a matarme. No me importaba un bledo.

Me pusieron bajo la ducha con cuidado y me lavaron. Era la primera vez en meses que estaba limpia completamente, y me ayudó. Me ayudaron a secarme. Pusieron una sábana limpia sobre mí y me llevaron a un lecho en un cuarto grande lleno de otras camas.

—¿Puedo fumar? —le pregunté a una de las muchachas—. Gloria dijo: —lo siento, María, pero no fumamos aquí. Aquí tienes unos dulces. Pruébalos. Creo que te ayudarán.

Me dejé caer sobre la cama y comencé a temblar. Se turnaban para frotarme la espalda. Cada vez que pedía un cigarrillo, Gloria ponía un bombón en mi boca.

Estuvieron sentadas a mi lado dos días y dos noches.

Durante la noche, cuando despertaba temblando, veía a Gloria al lado de mi cama leyendo la Biblia u orando en alta voz. No me dejaron a solas.

La tercera noche Gloria me dijo: —María, quiero que vengas abajo al servicio en la capilla. —Me sentía débil, muy débil, pero bajé a la capilla y me senté al fondo del cuarto.

Fue la noche que usted estaba predicando que entré en esta oficina y me arrodillé aquí y derramé el corazón ante Dios.

María cesó de hablar. Tenía la cabeza inclinada hacia el pecho con los ojos fijos en la Biblia que estaba sobre mi mesa.

—María: —le pregunté susurrando con ternura—, ¿oyó el Señor su grito?

Miró hacia arriba: —¡Oh sí, Nicky! No lo he dudado nunca. Pero cuando el apetito de las drogas se hace tan fuerte, deseo rendirme. —Una lágrima corrió por su mejilla—. Siga orando por mí. Con la ayuda de Dios ahora lo lograré.

Capítulo Dieciséis
Con Cristo
en Harlem

───── ❦ ─────

David viajaba la mayoría del tiempo reclutando personas para trabajar durante el verano y solicitando dinero para el Centro. Conforme pasaba el tiempo tenía cada vez menos contacto personal con los adictos, y terminó desempeñando el papel de administrador, lo que era una función que a mi parecer él no deseaba, pero que tenía que asumir debido a las circunstancias.

La mayoría del trabajo fuera del Centro consistía en los servicios en la calle y en los contactos personales en las esquinas. Casi todas las tardes instalábamos nuestra plataforma y el altoparlante en alguna parte del barrio de la ciudad.

Una tarde Mario y yo llevamos un pequeño grupo en nuestro pequeño autobús al centro de Harlem de habla española. Estábamos distribuyendo folletos y tratando de atraer gente para un servicio en la calle, pero con poco éxito.

Mario me dijo: —Voy a atraer un gentío.

—Esta tarde, no —dije—. Nadie se interesa. Es mejor empaquetar las cosas y volver al Centro.

—No —dijo Mario—. Vamos a tener una multitud. Tú y los demás cuelguen los altoparlantes. Dentro de una hora vamos a tener el servicio más grande que jamás hemos tenido.

—Hombre, ¿cómo piensas tener un servicio sin auditorio? Hoy, es evidente que no están interesados.

—No te preocupes. Déjame a mí —dijo Mario.

Sonriendo tímidamente se dirigió a prisa calle abajo y dobló la esquina.

Comenzábamos a instalar el equipo. Era una aventura estrictamente de fe y me sentí como Noé construyendo el arca en la cima de una montaña seca. Pero continuarnos martillando confiando que Dios enviaría la lluvia.

Lo hizo. Un cuarto de hora después de que hubimos terminado y estaba una vez más en la esquina distribuyendo tratados, vi a un grupo de muchachos corriendo calle abajo en mi dirección. Venían batiendo palos y bates de béisbol y gritaban a más no poder. Di vuelta y me dirigí hacia la plataforma cuando vi otro grupo de muchachos corriendo en dirección opuesta, gritando y blandiendo palos. —Tengo que escaparme de aquí —me dije—. Estos tipos van a armar pelea ¡Pero era demasiado tarde! Estaba rodeado por las pandillas que gritaban y se abrían paso a codazos. Esperé el momento en que comenzarían a golpear.

De repente, vi a Mario corriendo por un callejón en el centro de la cuadra gritando hacia las escaleras de incendios: —Eh, ¡todo el mundo! El líder de la violenta pandilla de los Mau Mau de Brooklyn va a hablar dentro de quince minutos. ¡Vengan a oírle! ¡Vengan a oír al gran Nicky Cruz, el hombre más peligroso de Brooklyn! ¡Vengan preparados! ¡Es un asesino y todavía es peligroso!

Los muchachos descendían en tropel de los apartamientos por las escaleras de incendios, y corrían en mi dirección.

Pasaban por mi lado gritando: —¿Dónde está Nicky? Quiero verlo. ¿Dónde está el jefe de los Mau Mau?

Mario regresó, sonriendo de oreja a oreja: —¿Tú ves? ¿No te dije que atraería una multitud?

Echamos una mirada alrededor. No cabía duda que había logrado atraer una multitud. Habrían como trescientos muchachos en el centro de la calle.

Sacudí la cabeza. —Espero que no nos causes la muerte a todos nosotros. Hombre, estos muchachos son malos.

Mario sonreía todavía y jadeaba por haber corrido tanto. —Adelante, predicador. Tu congregación espera.

Con el sudor corriéndole por la cara, subió frente al micrófono y levantó las manos en señal de silencio.

Los muchachos escucharon mientras él hablaba, casi lo mismo que charlatán de carnaval preparando a la muchedumbre para el espectáculo.

—Señoras y señores. Hoy es el gran día. El líder de los perversos y famosos Mau Mau va a hablarles ... El hombre más peligroso de Nueva York. Es temido por jóvenes y ancianos. Pero ya no es el líder. Es el ex-líder. Y esta tarde va a explicar por qué ya no está con la pandilla y por qué ahora camina con Jesús. Les presento al único, al sin igual, ¡NICKY CRUZ! ex-líder de los Mau Mau.

Estaba gritando cuando terminó, y yo salté a la plataforma y me puse frente al micrófono. Los muchachos en la muchedumbre comenzaron a gritar y aplaudir. Me quedé de pie en la plataforma sonriendo y saludando con la mano mientras que aplaudían. Muchos me reconocieron o habían leído acerca de mí en el periódico. Unos doscientos adultos se habían congregado al fondo de la multitud. Dos carros policías acudieron, uno a cada lado de la muchedumbre.

Extendí las manos, y los gritos, los silbidos, y el aplauso disminuyeron. Al momento la multitud guardó silencio.

Me sentí fuertemente inspirado por el Espíritu Santo al comenzar a predicar. Las palabras venían en abundancia y sin esfuerzo. —Yo fui el líder de los Mau Mau. Veo que han oído de mi reputación. —Una vez más la multitud estalló en aplauso espontáneo. Extendí los brazos, guardaron silencio.

—Esta tarde deseo explicarles porque ya no soy jefe de los Mau Mau. Soy el exlíder porque Jesús me cambió el corazón. Un día en un servicio en la calle, exactamente como éste, oí a un predicador que me dijo de alguien que podía cambiar mi vida. Me dijo que Jesús me amaba. Yo no sabía aún quién era Jesús, y sabía que nadie me amaba. Pero David Wilkerson me dijo que Jesús me amaba. Y ahora mi vida ha cambiado. Me entregué a Dios y Él me dio nueva vida. Una vez yo era exactamente como ustedes. Corría por las calles. Dormía en las azoteas de los edificios. Me echaron del colegio por pelear. La policía me buscaba continuamente y me detuvieron varias veces y me encarcelaron. Tenía miedo, pero después Jesús cambió mi vida y me dio razón para vivir. Me dio esperanza. Me dio nuevos propósitos en la vida. Ya no fumo marihuana. Ya no peleo, y se acabaron los asesinatos. Ahora no paso las noches despierto a causa del temor, y ya no tengo pesadillas. Ahora la gente me saluda cuando paso. Pero sobre todo, estoy contento, y ya no huyo más.

La multitud estaba silenciosa y atenta. Terminé el mensaje y los llamé hacia el altar.

Veintidós respondieron a la invitación y se arrodillaron frente a la multitud mientras yo oraba.

Al terminar la oración, alcé la vista. Los policías habían dejado sus autos y tenían la gorra en mano y la cabeza inclinada. Levanté la cara hacia el cielo. El sol brillaba en Harlem.

El Harlem de habla española se hizo el lugar favorito para nuestros servicios en la calle. Parecía que podíamos atraer más personas allí, y la necesidad de predicar el evangelio era más evidente allí que en los otros lugares donde predicábamos. Yo continuaba recordando a nuestro equipo que «donde el pecado abunda sobreabunda la gracia».

Gloria tuvo dificultades en aceptar el Harlem hispano. No podía acostumbrarse al olor. Trataba de no actuar con jactancia, pero alguno de los mercados abiertos eran casi más de lo que ella podía soportar. Era difícil, aun para mí, acostumbrarme a las moscas que se amontonaban sobre las frutas y las verduras.

Por encima de todo esto, estaba el olor de los adictos. Hedían muy mal y cuando estaban reunidos, especialmente cuando hacía calor durante el verano, el hedor era repugnante.

Aprendimos mucho aquellos primeros meses que predicábamos en la calle. Supimos que los que tenían mayor éxito eran los que venían de las calles y podían dar un testimonio personal de cómo el poder de Jesucristo puede cambiar y transformar la vida. Yo no tenía tanto éxito en predicar a los enviciados como lo tenían los que habían sido adictos. Eran los mejores predicadores. Sus testimonios sinceros y honestos hacían un impacto tremendo sobre los enviciados. Cada vez más los llevábamos con nosotros a la calle para predicar. Sin embargo, esto también causaba problemas.

Muchas veces durante los servicios, los adictos en la calle trataban de tentar y de burlarse de los miembros de nuestro grupo. Encendían un cigarrillo de marihuana cerca de ellos y exhalaban el humo en sus caras deliberadamente. Aun vi a un hombre sacar una jeringuilla y un paquete de heroína y ponerlo frente a la cara de uno de nuestros miembros que había sido adicto diciendo: —¡Eh, chico! ¿No te hace falta esto? ¡Hombre! ¡Esto es vivir! ¡Debes probarlo! —La tentación era casi irresistible, pero estas vidas eran protegidas por un escudo: el poder de Dios.

Me di cuenta de que María en particular no tenía vergüenza de enfrentarse con un grupo de sus antiguas compañeras, prostitutas y viciosas, y dar testimonio de la gracia de Dios. Su testimonio simple muchas veces movía la muchedumbre a llorar cuando relataba cómo Dios le era un amigo amado y personal. Un amigo que en la forma de su Hijo Jesucristo caminaba por las duras calles de la ciudad, tocando al pueblo que vivía en el pecado, y redimiéndolo. La mayoría no había oído del tal Dios. El Dios de que ellos habían oído, si hubiesen oído de Dios, era un Dios de juicio, que maldice el pecado y que azota a la gente al igual que un policía. Algunos identificaban a Dios con las iglesias frías, formales, y gigantescas que habían visto.

Un día un exmiembro de una pandilla, un joven negro que había usado heroína, habló de su juventud. Relató cómo tuvo que salir de su casa cuando tenía trece años porque no había espacio para él en el apartamento. Contó que varios hombres habían convivido con su madre. Decía cómo dormía en las azoteas y en los subterráneos. Para comer tenía que robar y mendigar. No tenía casa alguna, y usaba las azoteas y los callejones como letrina. Vivía en las calles como una fiera.

Mientras hablaba, una anciana al fondo de la multitud comenzó a llorar. Lloraba casi histéricamente. Me acerqué para hablar con ella. Cuando logró controlar el llanto, me dijo que este muchacho podía haber sido su hijo. Tenía cinco hijos que dejaron el hogar para vivir en las calles de la ciudad de esta misma manera. Su culpa era más de lo que podía soportar. Nos reunimos a su alrededor y oramos por ella. Echó la cabeza hacia atrás y con la cara dirigida hacia el cielo, gritó a Dios que la perdonara y que protegiera a sus hijos, dondequiera que estuviesen. Encontró paz con Dios aquella tarde, pero el daño a sus hijos no podía deshacerse. Y en miles de otros casos el daño continuaba haciéndose. Nos sentíamos como tratar de secar el océano sacando agua de la superficie con una cuchara. Sin embargo, sabíamos que Dios no nos demandaba la conquista del mundo entero; todo lo que quería era nuestro testimonio y nuestra fidelidad. Y ese era nuestro objetivo.

Una tarde nos reunimos para un servicio en la esquina del patio de una escuela en el Harlem hispano. Era una noche caliente de verano y un grupo grande de personas se había congregado para oír los coros avivados en español y la alegre música evangélica que salía de los altavoces.

La multitud estaba nerviosa y agitada. Cuando la música se hizo más rápida algunos de nuestros muchachos y muchachas se acercaron al micrófono y comenzaron a cantar, y a dar palmadas al compás de los ritmos acelerados. Pero a un lado, me di cuenta de una conmoción. Un grupo de «pequeños» bailaban al compás de la música. Había unos cinco o seis bailando en la calle, contoneando las caderas y zapateando. Algunas personas de la multitud les observaban y comenzaron a incitarles, riéndose y acompañándolos con palmadas. Dejé el lugar donde estaba y me acerqué a ellos.

—¡Eh, niños! ¿Por qué bailan aquí? Este es el territorio de Jesús.

Uno de ellos me dijo: —Ese hombre nos pagó por bailar. ¡Mira! Nos dio diez centavos. —Señaló a un joven delgado de unos 28 años de edad a orillas de la multitud. Me acerqué para hablar con él. Me vio avanzar y también se puso a bailar al compás de la música.

Traté de hablar con él, pero continuaba bailando de un lado a otro, moviendo los pies y sacudiendo las caderas, diciendo: —Hombre, esa música está «brava», chachacha. —Se contorneaba en la calle y se golpeaba los muslos con las palmas. Zarandeándose y tirando la cabeza hacia atrás como un loco, cantaba: — Bebopchachacha ... dumdedumdum ... ¡Qué ritmo, hombre, qué ritmo!

Al fin, pude lograr su atención. —Eh, hombre, quiero preguntarle algo.

Continuaba bailando al compás de la música: —Sí, papito, ¿qué desea? ... dígame ... be-bop, de-dum-dum ... ¿qué quiere?

Le dije: —¿Dio usted dinero a eso niños para que bailasen e interrumpieran nuestro servicio? Empezaba a impacientarme.

Volviendo de repente, dijo: —Eso es, hombre, ha acertado esta vez. Yo soy ... da-da-de-da ... —Se chupaba los labios y alzaba los pies hasta casi tocarse la cara.

Creí que estaba loco. —¿Por qué? —le grité—. ¡Hombre! ¿Qué tiene usted?

—Porque ustedes, no nos gustan. No nos gustan los cristianos. No. No. No. No nos gustan los cristianos. Dadadumdedum.

Yo estaba furioso. —Bien, hombre —dije, cerrando el puño y avanzando en su dirección—. Vamos a terminar este servicio y usted va a estar quieto o le voy a aplastar contra ese edificio y silenciarle de una vez.

Él comprendió que yo hablaba en serio, pero no podía parar sus diabluras repentinamente. Se puso la mano sobre la boca fingiendo terror, y me miró por encima de la mano. Pero paró de bailar y se calló.

Volví al micrófono y prediqué aquella tarde acerca de mis experiencias de joven en Nueva York. Hablé de la suciedad, la pobreza, la vergüenza y el pecado que había sido parte de mi vida. Después prediqué acerca del pecado y de los padres que permiten a sus hijos vivir en tal pecado. Les imploré que se hicieran buenos ejemplos para sus hijos.

Algunos comenzaron a quitarse el sombrero al oírme hablar. Esto es una de las mejores indicaciones de reverencia y respeto. Observaba lágrimas en los ojos de mucha gente, y de vez en cuando alguien sacaba su pañuelo. Yo sabía que el poder de Cristo se movía de una manera especial, pero no me daba cuenta del impacto que iba a tener en los momentos que siguieron.

Al hablar, noté a un anciano en medio de todo aquel gentío. Estaba llorando. Era obvio que era alcohólico. Una muchacha hundió la cabeza en sus manos y se arrodilló en la calle, sobre el sucio y duro pavimento. Una de nuestras muchachas dejó el grupo y se arrodilló a su lado, orando con ella. Yo continué predicando.

Era obvio que el poder del Espíritu Santo de Dios estaba presente en aquel servicio. Al terminar de predicar, los invité a venir al altar. Noté a un adicto en la multitud en gran agonía espiritual. Puso la mano en el bolsillo de la camisa y sacó varios paquetes que arrojó a la calle a sus pies. Comenzó a gritar y a pisar las pequeñas envolturas blancas. —¡Te maldigo polvo sucio! ¡Arruinaste mi vida! ¡Alejaste a mi mujer! ¡Has matado a mis hijos! ¡Has enviado mi alma al infierno! ¡Te maldigo! ¡Te maldigo!

Se dejó caer de rodillas en el pavimento llorando y meciendo el cuerpo de un lado a otro con la cabeza en las manos. Uno de nuestros hombres se apresuró a su lado. Dos más de nuestros hombres que habían sido adictos se pusieron a su lado. Uno puso las manos sobre su cabeza, y otro estaba arrodillado. Todos oraban en alta voz mientras él clamaba por perdón.

Ocho o nueve adictos pasaron al frente de la multitud y se arrodillaron en la calle enfrente del micrófono. Fui de uno al otro lado, poniendo las manos sobre su cabeza, y orando por ellos, sin prestar atención alguna al ruido del tráfico intenso y las miradas fijas de los curiosos.

Después del servicio dábamos consejos a los que habían venido y los informábamos acerca del Centro. Los invitamos a venir a vivir con nosotros para que «rompieran» el hábito. Siempre había algunos que nos acompañaban inmediatamente. Otros vacilaban y rehusaban.

Otros venían una semana o dos más tarde y pedían ser admitidos.

Cuando la multitud se alejó, reunimos nuestro equipo y empezamos a ponerlo en el autobús. Uno de los muchachos que había estado bailando en la calle me tiró de la manga de mi chaqueta. Le pregunté lo que deseaba, y me dijo que «el bailador» deseaba hablar conmigo. Le pregunté dónde estaba el hombre y señaló un callejón oscuro al otro lado de la calle.

Ya era de noche y no quería entrar a un callejón oscuro donde se escondía un loco. Le dije al muchacho que informara al hombre que tendría gusto en hablar con él aquí bajo las luces.

El muchacho se alejó, y dentro de unos momentos volvió. Casi habíamos terminado de desmontar el equipo. Sacudió la cabeza y dijo que el hombre necesitaba hablar conmigo, pero que estaba demasiado avergonzado para salir a la luz.

Estuve a punto de decirle al niño que no, cuando recordé a David Wilkerson que bajó al sótano para visitarme en el cuarto donde me había escondido después del primer servicio en la calle. Recordaba cómo entró sin temor y dijo: «Nicky, Jesús te ama». Fue esa intrepidez y compasión que me persuadieron a recibir a Cristo como mi Salvador.

Así es que, mirando al cielo negro, dije al Señor que iría a hablar a este loco «bailador» si él lo deseaba, pero que iba en Su Espíritu y no en mi propio poder, y que esperaba que Él fuese delante de mí ... especialmente dentro de aquel callejón oscuro.

Me dirigí al otro lado de la calle y me detuve en la entrada del callejón. Era como la entrada de una tumba. Susurré una oración. «Oh, Señor, ojalá que me hayas precedido» y entré. Avanzaba a tanteos entre las murallas de ladrillo en la oscuridad.

Entonces oí el sonido sordo de un hombre sollozando.

Avanzando unos pasos le vi bajo la luz mortecina agachado en medio de una cantidad de hediondos cubos de basura. Tenía la cabeza entre las piernas y todo su cuerpo se agitaba con llantos convulsivos. Di un paso adelante y me arrodillé a su lado. El mal olor de la basura me abrumaba, pero aquí había un hombre necesitado, y el deseo de ayudarlo era más fuerte que el hedor del callejón.

—¡Ayúdame! ¡Ayúdame! ¡Por favor! —sollozó—. He leído acerca de ti en los periódicos. Supe que tú te habías convertido y que habías asistido a un instituto bíblico. ¡Ayúdame, por favor!

No podía creer que este fuera el mismo hombre que unos minutos antes había estado bailando y cantando en la calle, tratando de interrumpir nuestro servicio.

—¿Crees que Dios me perdonará? ¡Dime, ¿he caído demasiado bajo? ¿Me perdonará? ¡Ayúdame! ¡Por favor! —Le dije que Dios lo perdonaría. Lo sabía. Me había perdonado a mí. Le hice unas preguntas acerca de su vida. Relató su historia mientras yo estaba arrodillado a su lado en la suciedad del callejón.

Una vez tuvo la convicción de que Dios lo llamaba al ministerio. Había dejado su trabajo y asistió a un instituto bíblico para estudiar y hacerse ministro. Pero al regresar a Nueva York se había encontrado con una mujer que le sedujo a separarse de su esposa. Su esposa y sus dos hijos le imploraron que no los abandonara. Le recordaron sus votos a Dios y de las promesas solemnes de su casamiento, pero era un hombre poseído del demonio y dejó a su esposa y se fue a vivir con la otra mujer. Dos meses más tarde, ella lo abandonó, diciéndole que él le fastidiaba, y que no la divertía más. Se quedó desconsolado y ahora fumaba marihuana y tomaba toda clase de píldoras.

Le pregunté qué clase de píldoras usaba y dijo que estaba usando bombitas nembies, tuinal y seconal. Se daba cuenta de que estaba perdiendo la mente.

—Traté de ahuyentarlos —gimió—´. Es por eso que hice lo que hice en la calle y en el patio de la escuela. Tenía miedo. Temía a Dios, y me espantaba encararme a Él. Quiero volver a Dios. Quiero volver a mi esposa y a mis hijos, pero no sé cómo. ¿Quieres orar por mí? —Levantó la cabeza y vi sus ojos llenos de sufrimiento y de culpa, implorando ayuda.

Le ayudé a levantarse y salimos del callejón al otro lado de la calle hasta el autobús. Seis de nosotros subimos al vehículo. Él estaba sentado en uno de los asientos en el centro del autobús con la cabeza inclinada sobre el asiento del frente. Comenzamos a orar con él. Todos orábamos en alta voz. Él también estaba orando. Pronto me di cuenta de que citaba versos de las Sagradas Escrituras de memoria, como resultado de su educación en el instituto bíblico. Citó las palabras del Salmo 51, el salmo en que el rey David oró después de cometer adulterio con Betsabé y de haber enviado a su esposo a la batalla para morir. No me he sentido nunca tan cerca del poder de Dios como cuando este ex-ministro, que se había hecho esclavo de Satanás, recibió el Espíritu de Cristo y gritó en oración y confesión pidiendo perdón usando las palabras de las Santas Escrituras.

«¡Ten piedad de mí, oh Dios, conforme a tu misericordia; conforme a la multitud de tus piedades borra mis pecados. Lávame más y más de mi maldad, y límpiame de mi pecado. Porque yo reconozco mis rebeliones, y mi pecado está siempre delante de mí. Contra Ti, contra Ti sólo he pecado, y he hecho mucho mal ante tus ojos; para que seas reconocido como justo en Tu palabra, y tenido por puro en Tu juicio. He aquí, en maldad he sido formado, y en pecado me concibió mi madre!

¡He aquí, Tú amas la verdad en lo íntimo, y en lo secreto me has hecho comprender la sabiduría. Purifícame con hisopo, y seré más blanco que la nieve. Hazme oír gozo y alegría, y se alegrarán los huesos que has abatido. Esconde Tu rostro de mis pecados, y borra todas mis maldades!

¡Crea en mí, oh Dios, un corazón limpio. Y renueva un espíritu recto en mí. No me eches de Tu presencia y no me quites Tu Santo Espíritu. Vuélveme el gozo de Tú salivación, y espíritu noble me sustente!

¡Entonces enseñaré a los transgresores Tus caminos, y los pecadores se convertirán a Ti. Líbrame de homicidios, oh Dios, Dios de mi salvación; Cantará mi lengua Tu justicia! »

Terminó de orar. El autobús iba en silencio. Entonces Gloria habló con una voz dulce y hermosa terminando las palabras del Salmo. «Los sacrificios de Dios son el espíritu quebrantado, al corazón contrito y humillado no despreciarás Tú, oh Dios».

Todos nos alzamos de nuestras rodillas. Él se estaba pasando el pañuelo por la cara y sonándose las narices. Nosotros también estábamos soplándonos las narices.

Miró hacia mí. —Di el último real que tenía a aquellos niños locos para bailar en la calle. Puedes prestarme veinticinco centavos para llamar a mi esposa y tomar el subterráneo. Voy a casa.

Siempre he tenido la costumbre de no dar dinero ni a adictos ni a alcohólicos. Sabía que casi sin excepción lo usaban para comprar drogas o bebidas alcohólicas. Pero esto era una excepción. Busqué en el bolsillo y saqué el último dólar que tenía. Lo tomó y me abrazó. Tenía la cara todavía húmeda de lágrimas. Después fue a los otros y abrazó a cada uno de ellos también.

—Oirán de mí —dijo—. Volveré.

Y volvió. Dos días más tarde llevó a su esposa y a sus dos hijos al Centro para presentárnoslos. Había en su rostro un resplandor que no podían producir nunca ni las drogas ni las píldoras. Era la luz de Dios.

Capítulo Diecisiete

En el valle

de las Sombras

—⚬⚬⚬—

Es casi imposible poner 40 adictos a las drogas bajo un mismo techo sin tener problemas, particularmente cuando están a cargo de personas sin experiencia. Lo único que evitó la explosión de la organización de Teen Challenge fue el Espíritu Santo. Estábamos sentados sobre pólvora y cualquiera de nosotros podría encender la mecha de alguna mente psicopática y enviarnos a todos al otro mundo. Nuestra única esperanza era estar lo más cerca posible de Dios.

Era difícil distinguir los verdaderos de los falsos, porque la mayoría de estos hombres y mujeres eran timadores profesionales. Se ganaban la vida mintiendo. Pero, confiábamos en ellos todo lo posible.

Yo insistía en la disciplina y pronto supe que la mayoría no la resentía si era justa y razonable. En efecto, les gustaba, porque les daba una base firme para sus acciones; un sentir sólido de pertenecer. Sin embargo, yo sabía que no todos se sentían de esta manera.

David estaba de acuerdo con mi filosofía. Pero el disgusto de tener que reprender constantemente a los ofensores me imponía una carga tremenda. Muchas veces tenía que levantarme de la cama a media noche para calmar un altercado, y aun echar del Centro a alguien por haber quebrantado las reglas.

La mayoría de las decisiones de importancia se me dejaba a mí. Tuvimos que añadir trabajadores adicionales, y la mayoría de ellos acababa de salir de la universidad. Me daba cuenta de mi falta de educación formal y conocía mi propia inseguridad. No sabía casi nada de administración y aun menos acerca de los aspectos psicológicos entre personas, tan necesarios para mantener comunicación y armonía con los otros miembros de la administración. Podía sentir el celo de algunas de las personas que yo dirigía, y me di cuenta de un quebrantamiento progresivo de nuestras relaciones.

Cuando David venía por el centro trataba de explicarle que yo tenía problemas demasiado grandes para mí, pero siempre me replicaba. —Tú puedes hacerlo, Nicky. Tengo mucha confianza en tu capacidad.

Pero los problemas continuaban amontonándose como las nubes obscuras en el horizonte antes de una tormenta.

En el otoño David y yo fuimos por avión a Pittsburgh para hablar en una cruzada dirigida por Kathryn Kuhlman . La señorita Kuhlman tiene uno de los ministerios más llenos del Espíritu Santo en el mundo. Su trabajo por medio de la Fundación Kathryn Kuhlman llega a todas partes del mundo. Había visitado Teen Challenge y se había interesado personalmente en mi trabajo. La había conducido por la ciudad y habíamos visitado el «ghetto». —Doy gracias a Dios que lo haya levantado de estos barrios bajos — me dijo—. Si tiene usted alguna vez un problema demasiado grande para resolver, llámeme.

Yo pensaba tratar de hablar con ella mientras estaba en Pittsburgh porque la carga de mi corazón se hacía cada vez más pesada. Pero el programa era tan intenso que me no me dejó tiempo. Aquella noche, hablando por medio de mi amigo Jeff Morales, que nos acompañaba como intérprete, di mi testimonio ante miles de personas en el gigantesco auditorio. Después del servicio comimos en un restaurancito, pero nunca tuve la oportunidad de hablar a solas con la Señorita Kuhlman. Así es que salí de Pittsburgh más frustrado que nunca a causa de mi incapacidad para resolver mis propios problemas.

Al llegar el mes de enero de 1964 el Centro había crecido demasiado para poder alojar las mujeres en el tercer piso de 416 Clinton. Hicimos arreglos para obtener una casa al otro lado de la calle para las mujeres. Yo sabía que había conspiraciones secretas entre algunas de las adictas que yo tenía que disciplinar. Además, habíamos recibido en el Centro varias lesbianas, las cuales nos trajeron muchos líos. Temía constantemente que una de estas lesbianas tratase de seducir a alguna de las muchachas sin experiencia que habían venido de las universidades para trabajar como consejeras.

Trabajar con toxicómanos era como tratar de apagar un incendio forestal con una toalla mojada. Cada vez que había controlado una situación, otra estallaba. Me di cuenta de que estaba involucrándome personalmente, y cuando un adicto dejaba el Centro y volvía al mundo, empezaba a culparme a mí mismo.

Gloria me aconsejaba que no debía tratar de llevar solo toda la responsabilidad, pero tenía que asumir la mayor parte de ella.

Entonces Quetta vino al centro. Era una lesbiana que hacía el papel de varón. En cierta ocasión había estado «casada» con otra muchacha. Usaba ropas masculinas ... pantalones, chaqueta y aun la ropa interior y los zapatos de hombre. Tenía unos treinta años de edad, de tez muy blanca y con el pelo negro cortado a la moda masculina. Era delgada, esbelta y con una personalidad atractiva.

Quetta era una de las vendedoras de narcóticos más activas de la ciudad. Por años mantuvo un apartamento donde los adictos venían a inyectarse. Los hombres y las mujeres venían no sólo para comprar heroína, sino para participar en la inmoralidad sexual. Ella proveía todo lo necesario ... agujas, heroína, píldoras y para las personas con deseos anormales ... hombres y mujeres. Era una situación desastrosa.

Cuando la policía hizo una redada por sorpresa a su apartamento, arrestaron a 12 personas, incluso a unas prostitutas profesionales, y encontraron 10 «aparatos» (cuchara, aguja y cuentagotas). Demolieron literalmente el apartamento, tirando abajo las paredes y el suelo hasta encontrar su escondite de drogas que valía miles de dólares.

Quetta vino al Centro durante su libertad condicional. Le expliqué las reglas y le dije que tendría que vestirse con vestidos femeninos y dejarse crecer el pelo. Además, no debía estar a solas con otra adicta a menos que hubiese presente una mujer de la administración. Estaba demasiado enferma para rehusar, y parecía agradecida de no estar en la cárcel. A la semana hizo una profesión de fe, y dio todas las evidencias exteriores de ser convertida.

Pero me di cuenta dentro de poco que aun las conversiones religiosas pueden ser falsas. A pesar de que nos servíamos de Quetta para dar su testimonio en muchos de los servicios en la calle, tenía la impresión de que ella tenía algo de falso.

Dos semanas más tarde, una de las consejeras vino a verme muy de mañana. Estaba blanca como una sábana y temblando como una hoja. —¿Qué hay, Diana? ¡Pasa y siéntate!

Diana era la trabajadora más recién llegada, una campesina de Nebraska acabada de graduarse de una universidad bíblica. —No sé como decirte, Nicky —dijo—. Tiene que ver con Quetta y Lilly.

Lilly era una de las adictas que había venido al Centro sólo una semana antes. Había asistido a los servicios, pero no se había dedicado al Señor. Sentía que la boca se me secaba. —¿Qué hay entre Quetta y Lilly? — pregunté.

Diana se ruborizó e inclinó la cabeza. —Estaban en la cocina anoche cerca de medianoche. Las sorprendí al entrar en la cocina, y, Nicky, ellas estaban ... estaban .... —Su voz disminuía a causa del bochorno y la vergüenza. —No he podido dormir en toda la noche. ¿Qué debemos hacer?

Me puse de un lado al otro de la mesa. —Vuelve al edificio y diles que quiero hablar con ellas en mi oficina inmediatamente —dije conteniéndome—. Este lugar está dedicado al Señor. No podemos soportar actividades de esa índole aquí.

Diana se fue y me senté al escritorio con la cabeza en las manos orando desesperadamente por sabiduría. ¿Dónde había faltado yo? Habíamos permitido a Quetta dar su testimonio en el Centro. Los periódicos habían publicado su historia, y ella había recibido mucha publicidad. Ella había testificado aun en las iglesias, del cambio en su vida.

Esperé más de una hora, y entonces caminé hacia la puerta para ver lo que las retrasaba, cuando Diana me encontró en la escalera. —Se han ido. Las dos. Les dio miedo y dijeron que se iban. No pudimos detenerlas.

Di una vuelta y fui despacio hacia el Centro. Yo tomé la derrota como cosa personal, y dura. Durante tres días Gloria oró por mí y me hablaba mientras yo me quedaba taciturno al no poder aparentemente cambiar estas adictas con la verdad.

—¡Nicky!, Jesús mismo tuvo fracasos entre sus seguidores —dijo—. Recuerda a todos aquellos que han sido leales y que han tenido éxito. Recuerda a Sonny que está en un instituto bíblico estudiando para ser ministro. Piensa en María y en el cambio maravilloso en su vida. Recuerda lo que Dios ha hecho por ti. ¿Has olvidado la experiencia de tu propia salvación? ¿Cómo puedes dudar de Dios y desanimarte a causa de estos fracasos aislados?

Gloria tenía razón, pero yo no podía salir de mi abatimiento. Al acercarse el verano el peso de la culpa se hizo mayor. Tenía la impresión de que era un fracaso total. No había más comunicación entre mí y la mayoría de los demás que trabajaban en el centro. David continuaba confiando en mí, pero yo estaba muy consciente de los fracasos constantes que ocurrían en el Centro. La tensión crecía. Gloria continuaba tratando de sacarme de mi actitud de derrota, pero yo presentaba una actitud negativa hacia todas mis actividades.

Lo único alentador fue la llegada de Jimmy Báez. Jimmy fue adicto por ocho años. Entró al Centro por error pensando que era un hospital, pidiendo medicamento.

—No tenemos más medicina aquí que Jesús —le dije—. Creyó que yo estaba loco. —Hombre, creía que esto era una clínica. Pero ustedes son un grupo de insensatos. —Miró a su derredor buscando una salida de mi oficina. —Siéntate, Jimmy. Deseo hablar contigo. Cristo puede cambiarte.

—Nadie puede cambiarme —murmuró Jimmy—. He hecho esfuerzos, pero no he pasado de ahí.

Me levanté de la mesa y me acerqué a él. Poniendo las manos sobre su cabeza, comencé a orar. Le sentí temblar, y cayó de rodillas, clamando a Dios. Desde aquella noche en adelante jamás deseó otra inyección de heroína.

—¿Tú ves? —dijo Gloria cuando le informé de la conversión de Jimmy—. Dios te está mostrando que puede servirse de ti todavía. ¿Cómo puedes seguir dudando de Él? ¿Por qué no adoptas una actitud más positiva? Hace varios meses que no has salido para los servicios en la calle. Ponte a trabajar para Dios y sentirás la dirección del Espíritu Santo como antes.

Acepté su consejo y consentí en conducir los servicios en la calle durante la última semana de agosto. La primera noche pusimos la plataforma en Brooklyn y empecé a predicar. Era una noche caliente y húmeda, pero el público era grande y atento. Predique con energía y quedé satisfecho de mi mensaje. Al final del sermón extendí una invitación al altar.

De repente, levanté los ojos al fondo de la multitud y lo vi. No podía equivocarme de su cara. Era Israel. Durante todos estos años, yo había orado, buscando, preguntando ... y de repente, allí estaba, una cara en la multitud.

El corazón me saltó dentro del pecho. Quizás Dios le había hecho volver. Sentí el antiguo fuego encenderme el corazón al dar la invitación. Parecía que escuchaba atentamente, estirando el cuello para oír mis palabras. El órgano portátil comenzó a tocar y el trío de muchachas empezó a cantar. Vi a Israel dar vuelta y alejarse.

Bajando de la plataforma de un salto, me abrí camino a codazos furiosamente a través de la multitud, tratando de alcanzarlo antes de que desapareciese entre la muchedumbre.

—¡Israel! ¡Israel! —le gritaba—. ¡Espera! ¡Espera! —Se detuvo y se volvió. Hacía seis años que nos habíamos visto. Estaba más grueso y más envejecido. Pero su guapo rostro tenía la apariencia de mármol cincelado, y sus ojos profundos y tristes.

Le abracé y traté de llevarle hacia la multitud, pero se resistió y quedó inmóvil. —¡Israel! —grité, rebozando de gozo.

—¿Eres tú de veras? —Di un salto hacia atrás y mantuve sus hombros a la distancia de mis brazos, observándole. —¿Dónde has estado? ¿Dónde vives? ¿Qué haces? Dime todo. ¿Por qué no me has llamado por teléfono? Te he buscando por todas partes de la ciudad de Nueva York. Este es el mejor día de mi vida.

Tenía los ojos distraídos y fríos. Sus modales eran extraños y tímidos.

—Tengo que irme, Nicky. Me alegro haberte visto de nuevo.

—¿Tienes que irte? No te he visto desde hace seis años. He orado por ti diariamente. Vas a acompañarme a casa. Comenzaba a tirarle del brazo, pero sacudió la cabeza y retiró el brazo. Podía sentir sus fuertes músculos temblando bajo la piel.

—Algún día, Nicky. Ahora, no. Me encogió de hombros y comenzó a alejarse.

—¡Eh, espera un minuto! ¿Que tienes? Tú eres mi mejor amigo. No puedes alejarte de esa manera.

Se volvió y me dejó helado en el sitio con la mirada fija de unos ojos grises que no parpadeaban. —Más tarde, ¡Nicky! —contestó—. Se volvió repentinamente y se echó a caminar por la acera desapareciendo en la oscuridad.

Me quedé allí llamándole a gritos con desesperación, pero no volvió. Continuó caminando en la oscuridad de donde había venido.

Volví al centro quebrantado. Desanimado, subí la estrecha escalera al tercer piso y cerré la puerta tras mí en uno de los cuartos. —¡Oh, Dios! —grité—. ¿Qué he hecho? Israel está perdido y es culpa mía. Perdóname. Me dejé caer al suelo y lloré inconsolablemente. Golpeaba la pared con los puños en completa desesperación, pero no recibí respuesta. Me quedé dos horas en el cuarto agotándome física, emocional y espiritualmente. Algo me dijo que abandonaría al Centro. Tenía la impresión de que mi ministerio se había acabado. Todos los que toqué se desviaron. Quetta, Lilly y ahora Israel. Era inútil permanecer y pelear en las batallas enormes que no podía ganar. Había llegado al fin, estaba abatido, derrotado. Con esfuerzo me levanté y me quedé mirando por la ventanilla del cuarto hacia el cielo oscuro.

—¡Oh, Dios! ¡Estoy vencido! ¡Me he equivocado! ¡He estado poniendo confianza en mí mismo y no en ti. Sí, esta es la razón de por qué has permitido que suceda esto, consiento en confesar mi pecado terrible. Humíllame. Mátame si es necesario. Pero querido Dios, no me arrojes al montón de los desechados!

Una vez más los gemidos me sacudieron el cuerpo. Quedé en la puerta mirando hacia atrás. El cuarto estaba silencioso. No sabía si Él me había oído o no, pero en ese instante no tenía importancia. Yo había hecho todo lo que sabía hacer.

Descendí la escalera a mi apartamento. Gloria había acostado a la niña y estaba limpiando la mesa de los residuos de la cena. Cerré la puerta y me dirigí a una silla. Antes de que pudiera sentarme, ella estaba frente a mí. Me rodeó la cintura con sus brazos y me abrazó estrechamente. Ella no sabía nada de lo ocurrido en la calle ni en el cuarto de arriba, pero puesto que éramos una sola carne, ella podía sentir que había sido herido. Estaba a mi lado para levantar mi espíritu decaído y para darme fuerzas en la hora de necesidad. Me arrimé a su cuerpo y hundí la cara en su hombro y las lágrimas comenzaron de nuevo. Nos quedamos allí mucho tiempo apretados el uno al otro, mi cuerpo agitado por gemidos. Al fin, no lloré más. Estaba lleno de lágrimas, como fuentes profundas de agua brotando de las profundidades de la tierra pura. Ella no lloraba. Sonreía muy ligeramente. El amor que brotaba de su corazón rebotaba hasta sus ojos y las lágrimas que le brotaban corrían en riachuelos por sus mejillas ligeramente bronceadas.

Apreté su cara en las manos. Ella estaba hermosa. Más hermosa que nunca. Sonreía y sus labios se abrieron cuando se acercó para darme un beso dulce y prolongado.

Podía probar la sal de mis propias lágrimas y el calor húmedo de su boca contra la mía.

—Se ha acabado, Gloria. No puedo más. Voy a partir. Quizás me haya enorgullecido. Puede ser que haya pecado. No sé, pero sé que el Espíritu me ha abandonado. Estoy como Sansón saliendo a pelear con los filisteos sin el poder de Dios. He fracasado. Traigo la ruina a todo lo que toco.

—¿Qué pasa, Nicky? —Su voz era dulce y mansa—. ¿Qué ha ocurrido?

—Esta noche vi a Israel. Por primera vez en seis años vi a mi amigo más querido. Me dio las espaldas. La culpa es mía de que él sea así. Si yo no hubiese salido de la ciudad dejándole a solas hace seis años, estaría trabajando a mi lado hoy. En vez de esto, pasó cinco años en la prisión y esta noche está perdido. Dios no se interesa más. —Nicky, lo que dices es casi blasfemar —dijo Gloria, hablando todavía en voz baja—. No puedes culparte por lo que le ha sucedido a Israel. No eras más que un niño asustado aquella mañana que saliste de la ciudad. No fue culpa tuya que no se encontrara a Israel. No hay razón para culparte. ¿Y cómo te atrevas a decir que Dios no se interesa más? Es cierto que se interesa. Se interesó para salvarte a ti.

—No comprendes —dije, sacudiendo la cabeza—. Desde que David me dijo que Israel había vuelto a la pandilla, me he culpado a mí mismo. He llevado el peso de la culpa sobre mi corazón. Esta noche lo vi, me volvió las espaldas. Hasta rehusó hablarme. Si tú hubieras visto su cara fría y empedernida

—Pero Nicky, no puedes rendirte ahora, justamente cuando Dios está comenzando a trabajar ...

—Mañana voy a renunciar —la interrumpí—. No pertenezco aquí. No pertenezco al ministerio. No soy lo bastante bueno. Si me quedo toda la organización de Teen Challenge se desbaratará. Soy como Jonás. Quizás esté huyendo todavía de Dios, y no lo sepa. Tienen que arrojarme por la borda para que un pez me trague. Si no se deshacen de mí, el buque se hundirá.

—Nicky, hablar así es locura. Satanás te hace decir eso —dijo Gloria casi llorando.

Me retiré de ella. —Satanás está dentro de mí, sin duda, pero voy a dimitir a pesar de todo.

—¡Nicky! Al menos deberías hablar primero con David.

—Lo he intentado cien veces, pero siempre está demasiado ocupado. Él cree que yo puedo dominar la situación. Bueno, no puedo soportar más. Yo no pertenezco aquí, y ya es hora de que yo mismo lo admita. ¡He fracasado! ... ¡fracasado!

Después de acostarnos, Gloria deslizó el brazo alrededor de mi cabeza y me frotó la nuca. —Nicky, antes de dimitir, ¿quieres prometerme una cosa? ¿Consientes en llamar a Kathryn Kuhlman y hablar con ella?

Asentí con la cabeza. Mi almohada estaba húmeda de lágrimas cuando oí a Gloria susurrar: —¡Nicky! ¡Dios cuidará de nosotros!

Hundí la cabeza en la almohada rogando que Dios no permitiera que el sol alumbrara otro día de mi vida.

Durante eso días de oscuridad e indecisión apareció una sola estrella brillante en la forma de una alta mujer majestuosa que parecía exhalar la presencia del Espíritu Santo. Nada más que hablar por teléfono con la Señorita Kuhlman a la mañana siguiente pareció ayudarme. Ella insistió que fuera a Pittsburgh a su costa antes de decidirme determinadamente.

A la tarde siguiente fui por avión a Pittsburgh. Me sorprendía que no tratara de persuadirme a continuar con Teen Challenge. En cambio, me dijo: —Quizás Dios te esté dirigiendo a otro ministerio, Nicky. Puede ser que te esté conduciendo por el valle de la sombra para traerte a la luz del otro lado. Continúa mirando a Jesús y no te amargues ni te desanimes. Dios ha puesto su mano sobre ti y no te abandonará. Recuerda, Nicky, que cuando nosotros pasamos por el valle, Él nos acompaña.

Oramos juntos y ella oró que si era la voluntad de Dios que yo dejase a Teen Challenge que mantuviera la nube de desánimo a mi alrededor. Y si quisiera que me quedase, que apartara la nube para que pudiese sentirme libre para permanecer en Nueva York.

A la mañana siguiente volé de regreso a Nueva York, lleno de gratitud por la amistad y la confianza de esta benigna y dinámica cristiana.

Esa noche, después de acostada la niña, me quedé a la mesa en la cocina y hablé de nuevo con Gloria. Yo quería salir. Empezaríamos de nuevo, quizás en California. Gloria me dijo que me acompañaría dondequiera que fuese. Su gran amor y confianza me dieron una fuerza nueva. Antes de acostarme, tomé papel y lápiz y escribí mi dimisión.

Pasamos un fin de semana miserable. El lunes por la mañana, David llegó al Centro. Le di la dimisión y esperé mientras la leía.

Dejó caer la cabeza: —¿Soy yo el que te ha fallado, Nicky? —dijo en voz baja—. ¿Me he apresurado tanto que no he estado aquí para ayudarte cuando me necesitabas? Pasa a la oficina y hablemos.

Le seguí por el pasillo hasta el despacho. Cerró la puerta y me miró a la cara mostrando una tristeza profunda. —Nicky, no sé lo que ha causado esto, pero sé que mucha de la culpa es mía. Me he censurado diariamente por no haber pasado más tiempo contigo, pero he estado viajando tanto para obtener fondos para el Centro, que ni siquiera he podido pasar unos días con mi familia. La carga sobre mis hombros ha sido pesada. Por lo tanto, antes de que hablemos, deseo pedirte perdón por haberte fallado. ¿Quieres perdonarme, Nicky?

Dejé caer la cabeza y asentí en silencio. David suspiró profundamente y se dejó caer en una silla. —Háblame, Nicky.

—Ya es demasiado tarde para hablar, David. He tratado de hablarte, creo que esto es lo que tengo que hacer.

—Pero, ¿por qué? Nicky, ¿por qué? ¿Qué ha causado esta súbita decisión?

—No es nada súbito, David. Se ha ido acumulando por tiempo, ... —y le desahogué mi corazón.

—Nicky —dijo David, con sus ojos penetrantes observándome fijamente—. Todos nosotros pasamos por estos períodos de depresión. Yo he fallado a otras personas, y otros me han fallado a mí. A menudo me he encontrado con Elías bajo un enebro gritando: «Basta ya, oh Jehová, quítame la vida». Pero Nicky, tú has caminado donde los ángeles temen pisar. No puedo concebir que tú huyas de estas pequeñas derrotas.

—Para mí no son pequeñas, David. Ya me he decidido. Lo siento.

Al día siguiente puse a Gloria y a Alicia en un avión para Oakland, y dos días más tarde volé a Houston para cumplir el último compromiso de predicar. Era el mes de agosto de 1964. Había estado con Teen Challenge dos años y nueve meses.

En Houston tenía vergüenza de decir al pueblo que había dimitido de Teen Challenge. Por eso todo fue frío y sin resultados. Estaba ansioso de llegar a California para estar con Gloria.

Mientras volaba a través de la nación me di cuenta poco a poco de que no tenía dinero con que pagar los gastos. Habíamos ahorrado muy poco dinero y los boletos de avión y los gastos de trasladarnos nos costarían casi todo el dinero. Temía, estaba inseguro, temeroso.

Recordaba las ocasiones cuando la gente trataba de poner dinero en mi mano cuando estaba predicando en reuniones y conferencias. Les daba las gracias y les pedía hicieran un cheque a Teen Challenge. No deseaba nada para mí. Mi vida entera estaba concentrada en el Centro.

Parecía irónico que aun en Houston continuaba diciéndole a la gente que escribieran sus cheques a Teen Challenge, a pesar de que sabía que tenía apenas bastante dinero para vivir sólo unos pocos días.

Gloria me esperaba en el aeropuerto. Había alquilado un pequeño apartamento. No teníamos dinero y estábamos apesadumbrados. Yo le había dado a Dios seis años de mi vida y me sentía como que Él me había dado la espalda.

Tenía la intención de abandonarlo todo, salir del ministerio y principiar de nuevo en otra carrera. El sol se ponía en el Pacífico y mi mundo estaba envuelto en la oscuridad.

No tenía ninguna idea en qué dirección dirigirme. Me encontraba aislado de todo. Ni siquiera quería acompañar a Gloria a la iglesia. Prefería quedarme sentado en la casa mirando fijamente las paredes. Gloria trataba de orar conmigo, pero yo estaba sin esperanzas y me encogía de hombros, diciéndole que ella podía orar, pero que yo estaba vacío.

A las pocas semanas corrió la noticia de que yo estaba de nuevo en California. Recibí numerosas invitaciones para hablar en las iglesias. Pronto me aburrí de decirles que no y de tratar de encontrar alguna excusa. Al fin, dije a Gloria que no aceptara más llamadas telefónicas de larga distancia, y que no contestara las cartas que venían diariamente por correo.

Pero necesitábamos dinero desesperadamente. Habíamos usado todos nuestros ahorros y Gloria no podía conseguir trabajo.

Como último recurso acepté una invitación a predicar en una cruzada para jóvenes. Estaba frío espiritualmente. Por primera vez en la vida entré al púlpito sin orar. Sentado en la plataforma me sorprendió mi dura y fría indiferencia. Me asustó mi actitud mercenaria. Pero estaba desesperado. Si Dios me había abandonado de la manera que estaba persuadido que me abandonó en Nueva York, entonces no sentía ninguna obligación en buscar su bendición para predicar. Si me pagaban yo lo tomaría. Era muy simple la cosa.

Pero con Dios no era tan simple. Era evidente que Él tenía planes más importantes para mí que aceptar dinero por predicar. Para Dios el predicar es sagrado, y ha prometido, «Mi palabra ... no volverá a mí vacía».

Al hacer la invitación, algo sucedió. Primero un jovencito salió de la multitud y vino hacia adelante, arrodillándose frente al altar. Después otro vino del otro lado de la sala. Otros vinieron en grupos hasta que los pasillos estaban llenos de jóvenes avanzando hacia el altar y arrodillándose para dedicar su vida a Jesucristo. La muchedumbre al frente era tan grande que muchos tenían que quedar de pie detrás de los arrodillados y apretados cerca del altar. Al fondo de la iglesia vi a algunas personas cayendo de rodillas e implorando a Dios. Continuaban pasando al frente. No había estado nunca en un servicio donde el Espíritu de Dios pasara por la congregación con tanto poder.

Dios estaba tratando de decirme algo, no en susurros, sino con voz de trueno. Me estaba diciendo que estaba todavía en su trono. Me estaba recordando que a pesar de que le hubiese faltado, Él no iba a faltarme a mí. Me estaba diciendo en términos inequívocos que todavía tenía la intención de usarme en su obra ... que podía servirse de mí aun cuando yo no lo quisiera.

Sentí temblarme las rodillas y traté de sostenerme asiéndome del púlpito. Pronto, los ojos se me llenaron de lágrimas y yo, el predicador, tropecé hacia adelante y caí de rodillas al lado del altar cerca del púlpito. Allí, con el corazón rebozando de arrepentimiento, entregué mi alma a Dios, dedicándome a Él de nuevo.

Después del servicio, Gloria y yo nos sentamos en el auto en el parque de estacionamiento de la iglesia. Planeamos ir a un restaurante a comer y después ir de paseo en automóvil. En vez de eso, decidimos volver a casa.

Al entrar por la puerta, caí de rodillas. Gloria estaba a mi lado y los dos lloramos e imploramos a Dios. Yo sabía que había más, mucho más. Sabía que «a los que aman a Dios, todas las cosas les ayudan a bien». Miré hacia arriba a través de las lágrimas y de repente, me di cuenta de que Él estaba a mi lado. Podía sentir su presencia. Casi le podía oír decir. «Aunque ande en valle de sombra de muerte, no temeré mal alguno», porque «Tú estarás conmigo; tu vara y tu báculo me infundirán aliento».

Habíamos pasado por el valle de sombra, pero su gracia nos había sostenido y ahora la luz del sol de la mañana brillaba en los picos de las montañas distantes anunciando el amanecer de un nuevo día.

Capítulo Dieciocho
Caminando en el
territorio de Jesús

~~~∽⊘⊘∽~~~

La gran oportunidad llegó poco antes de la Navidad cuando recibí una invitación de un grupo de laicos llamados «Confraternidad Internacional de Hombres de Negocio del Evangelio Completo». Fue mediante este grupo de dedicados hombres de negocio que las invitaciones comenzaron a llegar a montones pidiéndome que hablara en colegios y universidades. Durante el año de 1965 viajé a la mayoría de las ciudades principales de la nación. Mis cruzadas, muchas de ellas para iglesias de todas las denominaciones, tenían un éxito maravilloso, y hablé a grupos de hasta diez mil personas.

Daba las gracias diariamente a Dios por su bondad, pero continuaba intranquilo, y tenía un deseo profundo en el corazón. Parecía que no podía adivinar la causa, pero cada día me sentía más intranquilo.

Entonces conocí a Dan Malachuk, un comerciante muy amable de Nueva Jersey, que sin saberlo enfocó la luz sobre el problema. Una noche dijo casualmente que él creía que mi deseo original era trabajar con «los pequeños».

No le respondí en aquel entonces, pero no pude borrar de mi mente aquella idea.

Recordaba mi propia niñez. Si alguien se hubiese interesado lo bastante para llevarme a Cristo siendo niño, quizás ...

Aquella noche conversé con Gloria. Dios estaba usando mi testimonio en las grandes cruzadas, pero cada vez que veía un artículo en el periódico acerca de algunos niños arrestados por haber inhalado cola o por haber fumado marihuana, me dolía el corazón. Continuábamos orando que Dios abriera un camino para que pudiéramos ayudar a estos niños.

Unos pocos meses más tarde, Dan ayudó a organizar una cruzada de cuatro días en Seattle. Durante todo este tiempo yo hablaba por medio de un intérprete, Jeff Morales. Jeff se había trasladado a California para acompañarme en las cruzadas grandes donde el auditorio tenía dificultad en comprenderme a causa de mi acento. Pero sólo media hora antes de que debiera partir para el aeropuerto, Jeff llamó por teléfono.

—Nicky, estoy en cama con neumonía. El médico rehúsa permitirme acompañarte. Tienes que hacerlo solo.

De pie en la plataforma ante una batería de micrófonos y de cámaras televisoras, observé la enorme muchedumbre. ¿Podrían comprenderme con mi acento puertorriqueño? ¿Se reirían de mi pobre gramática? Inquieto, carraspeé y abrí la boca para hablar. No hubo palabras ... tan sólo unos sonidos sordos. Carraspeé de nuevo y salió algo que se asemejaba a: «uuuugggghhhhllkfg».

La muchedumbre se movía nerviosamente, pero cortésmente. Era inútil. Estaba demasiado acostumbrado a tener a Jeff a mi lado. Incliné la cabeza y pedí poder. «Querido Señor, si puedes darme una lengua desconocida para alabar tu nombre, entonces confío en Ti para darme una lengua conocida y hablarles a estos muchachos de Ti».

Levanté la cabeza y comencé a hablar. Las palabras eran perfectas y salían de mi boca con poder sobrenatural. Jeff había sido reemplazado por Jesús, y desde aquel momento supe que mientras hablase por Él, no necesitaría más intérprete.

Después del servicio final, Dan pasó por mi cuarto en el hotel.

—Nicky, Dios está bendiciendo de una manera maravillosa. Recogimos una ofrenda de amor de $3.000.00 para tu ministerio.

—Dan, no puedo aceptar ese dinero.

—Nicky —dijo Dan tendiéndose en el sofá y quitándose los zapatos—, el dinero no es para ti. Es para la obra de Dios por medio de ti.

—¿Y puedo usarlo de la manera que crea que le gustaría a Dios? —pregunté.

—Eso es —dijo Dan.

—Entonces lo usaré para «los pequeños». Quiero establecer un centro para ministrarlos a ellos.

—¡Maravilloso! —repuso Dan, estirándose en el sofá—. Llámalo «Outreach for Youth», (Alcance Para la Juventud).

—«Outreach for Youth» se llamará. —Volví a California con los $3.000.00 y la determinación de establecer un centro donde pudiera sacar a los pequeños de la calle y ganarlos para Cristo.

Establecimos el centro en la ciudad de Fresno en el número 221 Broadway del Norte. Inscribimos oficialmente el título ante el estado de California y colgué un rótulo en la puerta de entrada: «Outreach for Youth, Nicky Cruz, Director».

Inmediatamente comencé a salir a las calles a buscarlos. El primer día encontré a un niño de once años de edad sentado en el umbral de una puerta. Me senté a su lado y le pregunté su nombre.

Me miró de soslayo y dijo, después de una pausa: —Rubén, ¿para que quieres saberlo?

—No sé —contesté—. Tenías la apariencia de estar solitario, y me decidí hablarte.

Me dijo voluntariamente que su padre era adicto. El día anterior había inhalado cola. Había dejado la escuela en el sexto grado. Le escuché y entonces le dije que estaba abriendo un Centro para niños como él, y le pregunté si le gustaría venir a vivir conmigo.

—¿Quieres decir que deseas que yo vaya?

—Cierto —dije—, pero tendremos que consultar con tu papá primero.

—¡Diablos! —contestó el muchacho de once años—, mi viejo estaría contento de deshacerse de mí. De quien tienes que recibir aprobación es del oficial de la corte que está encargado de la supervisión de mi libertad provisional.

La idea agradó al oficial y aquella noche Rubén vino a vivir con nosotros.

Durante las semanas que siguieron encontramos a dos niños más. Los matriculamos en la escuela y todos los días teníamos en el centro una clase de Biblia. Al principio Rubén nos causó muchas dificultades, pero al fin de la segunda semana hizo profesión de fe durante un estudio de la Biblia. A la tarde siguiente cuando volvió de la escuela, fue directamente a su cuarto y empezó a estudiar. Gloria me guiñó el ojo. —¿Qué evidencia más clara quieres de que su conversión es sincera? —me preguntó—. Yo estaba convencido. Allá dentro de mí me sentía bien; el desasosiego iba desapareciendo.

Con el correr de los días empezamos a recibir llamadas de madres turbadas que nos decían que no podían hacer nada con sus hijos y nos imploraban que nos los lleváramos a vivir con nosotros. Dentro de unas semanas el centro estaba lleno, y continuamos recibiendo llamadas. Gloria y yo pasamos mucho tiempo orando y pidiendo a Dios que nos dirigiera.

Un día muy de mañana, después de sólo unas dos horas de sueño, sonó el teléfono. Levanté el receptor. Era Dan Smith, miembro activo de la Confraternidad Internacional de Hombres de Negocio del Evangelio Completo, en Fresno.

—Nicky, Dios está moviéndose de una manera misteriosa. Varios de nosotros hemos estado orando por la obra que estás haciendo. Dios me ha hecho saber que debo ayudarte a formar una Junta de Directores. He hablado con Earl Draper, contador, el reverendo Paul Evans y con H. J. Keener, gerente de una estación local de televisión. Tenemos ganas de trabajar contigo si tú lo deseas.

El hecho de que este pequeño grupo de negociantes y personas profesionales apoyara al Centro era otra respuesta a nuestras oraciones.

A finales del mismo mes Dave Carter se unió a nuestra administración para trabajar con los muchachos. Yo conocí a Dave, un negro alto y reservado, cuando era líder de una pandilla en Nueva York. Había asistido a un instituto bíblico después de su conversión. Y puesto que no tenía familia podía pasar muchas horas aconsejando individualmente a los muchachos que sufrían por falta de cariño. Dos jóvenes mejicanas, Frances Ramírez y Angie Sedillos, se unieron a nosotros para añadir el toque femenino y para ayudar como secretarias.

El último miembro de la administración era alguien que me era muy especial. Era Jimmy Báez. Jimmy acababa de graduarse de un instituto bíblico y se había casado con una muchacha reservada y de hablar suave. Venía para trabajar como supervisor, pero para mí era más que eso. Era una prueba viviente del poder de Jesucristo en cambiar y transformar una vida. Era difícil imaginar que este joven con la apariencia de erudito, una cara hermosa y gafas con marco de concha, fuese el mismo mozo enfermizo que se había arrastrado al Centro Teen Challenge con los temblores del que ha dejado de tomar la heroína e implorando drogas.

Con nuestro corazón lleno de fe en Dios y nuestras manos ocupadas con «los pequeños», seguimos avanzando. Dios nos bendecía y yo no pensaba que podía contener más de sus sorpresas maravillosas. Pero para los que aman a Dios, no hay límites para las sorpresas del mañana.

En ese otoño, Dan Malachuk preparó en Nueva York una serie de conferencias para que yo hablara. Después de ir a buscarme al aeropuerto, nos dirigimos a la ciudad pasando milla tras milla de apartamentos de barrios bajos. Me hundí en el asiento de enfrente del automóvil de Dan y observaba el ghetto pasar con rapidez. Algo me tiraba del corazón. Ya no formaba parte del ghetto pero el ghetto todavía era una parte de mi ser ... Comencé a pensar en los viejos amigos y en los miembros de la pandilla ... particularmente en Israel. —¡Jesús! —oraba—, ¡dame una oportunidad más de hablarle de Ti!

Después del servicio aquella noche Dan me acompañó a mi cuarto en el hotel. El teléfono sonaba cuando entramos.

Levanté el receptor y hubo un largo silencio antes de oír una voz débil, pero familiar que dijo: —¡Nicky! ¡Soy yo, Israel!

—¡Israel! —grité—. ¡Alabado sea Dios! He recibido la respuesta a mi oración. ¿Dónde estás?

—Estoy en casa, Nicky, en el Bronx. Acabo de leer en el periódico que estabas en la ciudad y llamé a tu hermano Frank. Me dijo que podría encontrarte en el hotel.

Yo estaba a punto de hablar, pero me interrumpió. —Nicky —que ... que ... quería saber si pudiese verte mientras estás en la ciudad, para hablar de otros tiempos.

Me era casi imposible creer lo que oía. Volví hacia Dan. —Es Israel. Desea verme.

—Invítale a cenar con nosotros en el hotel mañana por la noche —dijo Dan—. La reunión que yo había esperado desde hacia tanto tiempo quedó arreglada para las seis de la tarde del día siguiente.

Toda aquella noche oré por él, pidiendo a Dios que me diese las palabras apropiadas para tocarle el corazón para Cristo.

Dan y yo caminamos de un lado al otro del vestíbulo del hotel desde las cinco y media hasta las siete. No había venido. Tenía el corazón en mi garganta al recordar aquella mañana temprano hace nueve años cuando le habíamos fallado por primera vez.

De repente lo vi. Las bellas facciones, los ojos profundos, el pelo ondulante ... no había cambiado. Yo no podía hablar a causa de las lágrimas que me llenaban los ojos. —¡Nicky! —dijo con emoción al darme la mano—. ¡No puedo creerlo! —De repente estábamos riendo y hablando a la vez, sin darnos cuenta alguna del tráfago humano por todos lados.

Momentos después se retiró de mí y dijo: —Nicky, deseo presentarte a mi esposa, Rosa.

A su lado estaba una muchacha puertorriqueña bajita y dulce, con una sonrisa que le llenaba toda su hermosa cara. Me incliné para estrecharle la mano, pero ella puso los brazos en torno de mi cuello y me dio un beso sólido en la mejilla.

—Me parece que te conozco —dijo pestañeando y hablando con acento puertorriqueño—. He vivido contigo todo este tiempo. Israel ha hablado mucho acerca de ti durante estos tres años.

Nos dirigimos hacia la Hay Market Room para cenar. Israel y Rosa se detuvieron atrás y tuve la impresión de que algo les molestaba. —¡Eh, Israel! ¿Qué hay, chico? Dan pagará, ¡Vengan!

Israel me miró con vergüenza y al fin me llamó aparte. —Nicky, no me siento bien en un lugar tan lujoso. Nunca he estado en un establecimiento tan elegante. No sé cómo comportarme.

Puse el brazo alrededor de su hombro y le dije: —Ni yo

tampoco. No tienes que hacer más que pedir lo más caro y deja pagar al «Alegre Gigante Verde», —dije sonriendo y señalando a Dan.

Después de cenar subimos por el ascensor a mi cuarto en el decimocuarto piso. Israel estaba tranquilo y se parecía al mismo de antes al informarnos de su apartamento en el «ghetto».

—No es el lugar más placentero para vivir; —dijo—. Tenemos que guardar los platos en la refrigeradora para protegerlos de las cucarachas, pero podría ser peor. Abajo, las ratas entran de los callejones y muerden a los niños mientras duermen.

Israel hizo una pausa y reflexionó. —Es como si estuvieses encadenado allí, dijo—. No puedes escaparte. Es un sitio malo para criar a los niños. La semana pasada, tres niñitas de la misma casa en que vivimos, todas de unos nueve años de edad, fueron violadas en el callejón de atrás. No nos atrevemos a permitir a los niños salir a la calle y estoy harto y cansado de la situación. Deseo partir, pero ...

Su voz se apagó, se levantó y fue a la ventana a observar la torre iluminada del edificio Empire State. —Pero hay que vivir en alguna parte, y en todos los otros lugares hay que pagar demasiada renta. Pero quizás, el año que viene ... puede ser que el año que viene podamos trasladarnos a un mejor apartamento. No me ha ido mal. Comencé como lavaplatos y he subido hasta hacerme oficinista en Wall Street.

—Pero después que te traslades, entonces, ¿qué? —interrumpí.

Israel se volvió y me miró fija y perplejamente. —¿Qué dijiste? —me preguntó.

Yo sabía que el tiempo había llegado para profundizar en el pasado. —Israel, dime cómo te desviaste.

Volvió al sofá en que Rosa estaba sentada y se sentó nerviosamente a su lado. —No me importa discutirlo. Quizás necesite hacerlo. Aún no se lo he revelado a Rosa. ¿Recuerdas aquella mañana después que saliste del hospital y tú y aquel hombre deberían haberme encontrado?

Asentí con la cabeza. El recuerdo era doloroso. —Esperé allí tres horas. Me sentí como un bobo, cansado de los cristianos, y aquella noche volví a la pandilla.

—Israel, lo siento —interrumpí—. Te buscamos.

Sacudió la cabeza. —¿Qué importa? Hace mucho tiempo. Quizás las cosas hubiesen sido diferentes si te hubiese acompañado. ¿Quién sabe?

Se detuvo y comenzó de nuevo. —Después tuvimos dificultades con los Ángeles de la calle South. Un tipo entró en nuestro territorio y le dijimos que no queríamos jíbaros por allí. Rehusó y le pegamos. Se echó a correr y cinco de nosotros lo perseguimos hasta el territorio de la calle South y lo cogimos en la Penny Arcade. Lo arrastramos fuera y comenzamos a pelear con él. De lo único que me di cuenta es que uno de nuestros miembros tenía una pistola en la mano y estaba tirando. Paco se puso las manos en el estómago y comenzó a mofarse diciendo: —¡Ay! ¡Me han herido! ¡Estoy herido! —Todos los nuestros se echaron a reír.

—Entonces el tipo cayó al suelo. Estaba herido de veras. Estaba muerto. Yo podía ver el agujero en la cabeza.

Israel interrumpió. El único sonido era el estruendo sordo del tráfico a lo lejos de la calle.

—Nos echamos a correr, pero nos arrestaron a cuatro de nosotros. El otro se escapó. El individuo que apretó el gatillo fue condenado a veinte años de prisión y nosotros a cinco.

Cesó de hablar y bajó la cabeza. —Fueron cinco años de infierno.

Recuperando su compostura, continuó. —Tuve que hacer un arreglo para salir de la prisión.

—¿Qué quieres decir con la palabra «arreglo»? —preguntó Dan.

La Junta de Libertad Bajo Palabra dijo que podría salir si pudiese dar pruebas de que afuera me esperaba algún trabajo. Me dijeron que tendría que regresar a casa. Yo no deseaba volver a Brooklyn. Deseaba comenzar de nuevo en otro lugar, pero insistieron en que volviese a casa. Hice un arreglo por medio de un adicto que estaba conmigo en prisión. Él conocía a un hombre que tenía una fábrica de vestidos en Brooklyn y este hombre dijo a mi madre que si ella le daba cincuenta dólares me prometería trabajo. Ella le dio el dinero, y él escribió una carta diciendo que yo tendría un puesto al salir de la prisión. Era la única manera en que podía obtener trabajo. Hombre, ¿quién quiere emplear a un reo?

—Pero, ¿recibiste el puesto? —preguntó Dan.

No —dijo Israel—. Le dije que era un arreglo. No había tal puesto. No era más que un truco para salir de la prisión.

—Así fue que salí y fui a una agencia de trabajos y les mentí acerca de mi pasado. ¿Crees que me habrían empleado si les hubiese dicho que acababa de salir de la prisión el día anterior? Obtuve trabajo como lavaplatos, y después una docena de otros empleos. Desde entonces continué mintiendo. Hay que mentir para obtener trabajo. Si el patrón que tengo ahora supiese que yo había estado en prisión, me echaría a la calle, a pesar de que hace cuatro años que estoy afuera y de que he trabajado bien. Así es que, miento. Todo el mundo lo hace.

—¿No te ayudó la Junta de Libertad Bajo Palabra? —preguntó Dan.

—Sí. El oficial encargado de mi conducta era un tipo que verdaderamente se esforzaba por ayudarme. Pero, ¿qué podía hacer? También tenía que ayudar a centenares. No, era yo quien tenía que hacerlo. Y hasta ahora lo he hecho a solas.

El cuarto quedó en silencio. Rosa había estado sentada y calladita al lado de Israel durante todo este tiempo. Ella no le había oído hablar de esta parte de su vida.

Le pregunté —Israel, ¿recuerdas la ocasión en que fuimos en busca a los Phantom Lords y nos tendieron una emboscada?

Israel asintió con la cabeza. —Sí, recuerdo.

—Me salvaste la vida aquella noche, Israel. Esta noche deseo hacer lo mismo por ti. Quiero decirte algo que te salvará la vida.

Rosa enlazó su brazo con el de Israel, y los dos se miraron con expectación.

—Israel, tú eres mi amigo más querido. Tú puedes notar el cambio en mi vida. El viejo Nicky está muerto. La persona que tú ves esta noche no es Nicky. Es Jesucristo que vive dentro de mí. ¿Recuerdas aquella noche en el St. Nicholas Arena cuando los dos entregamos el corazón al Señor?

Israel asintió con la cabeza y bajó los ojos hacia el suelo.

—Dios entró en tu corazón aquella noche, Israel. Lo sé. Dios hizo un contrato contigo y Él continúa cumpliendo su parte del contrato. Él no te ha abandonado, Israel. Tú has estado corriendo todos estos años, pero Él todavía tiene un contrato contigo.

Tomé mi Biblia. —En el Antiguo Testamento habla de un hombre llamado Jacob. Él también huía de Dios. Y una noche, exactamente como ésta, tuvo una riña con un ángel. El ángel salió victorioso y Jacob se rindió a Dios. Y aquella noche Dios le cambió el nombre. No se llamó más Jacob desde aquel entonces, sino Israel; Israel quiere decir «el que camina con Dios».

Cerré la Biblia y vacilé antes de continuar. Israel tenía los ojos llenos de lágrimas y Rosa lo tenía cogido del brazo. —Me he pasado las noches despierto durante años orando por ti, pensando qué maravilloso sería tenerte trabajando a mi lado, no haciendo lo de antes, sino trabajando para Dios. Israel, esta noche deseo que te hagas «el que camina con Dios». Deseo que des un paso hacia delante y comiences a caminar en el territorio de Jesús.

Israel alzó los ojos, llenos de lágrimas. Volvió la cabeza para mirar a Rosa. Ella no comprendía y le habló en español. Yo hablaba en inglés y ahora me di cuenta de que Rosa no había comprendido todo lo que había dicho. Ella le preguntó qué era lo que yo quería. Israel le explicó que yo quería que ambos le entregaran su corazón a Cristo. Habló rápidamente en español, explicándole su deseo de volver a Dios ... como el Jacob de antaño ... deseaba regresar. Le preguntó si quería hacer lo mismo.

Ella sonrió y sus ojos centellearon cuando asintió con la cabeza.

—¡Alabado sea Dios! —grité—. ¡Arrodillémonos frente a este sofá mientras oro!

Israel y Rosa se arrodillaron frente al sofá y Dan se deslizó de su silla y se arrodilló al otro lado del cuarto. Puse las manos sobre sus cabezas y comencé a orar, primero en inglés y después en español, usando las dos lenguas alternadamente. Sentí el Espíritu de Dios correr por mi corazón y a través de mis brazos y manos dentro de sus vidas. Orando, pedí a Dios que los perdonara y les diese su bendición, y los recibiese sin reservas en Su Reino.

La oración duró mucho tiempo. Al terminar, oí a Israel que comenzaba a orar. Despacio, al principio, y después en voz alta: —¡Señor, perdóname! ¡Perdóname! —Después cambió su oración, y pude sentir una fuerza nueva sacudir su cuerpo cuando comenzaba a decir: —¡Señor, gracias!

Rosa unió su voz a la de él: —¡Gracias, oh Dios! ¡Gracias!

Dan puso a Israel y Rosa en un taxi y pagó el viaje de regreso a su apartamento en el Bronx. —Nicky —dijo, enjugando las lágrimas de sus ojos mientras se alejaban—. Esta ha sido la noche más maravillosa de mi vida, y tengo la impresión de que Dios va a enviar a Israel a California para trabajar contigo.

Asentí con la cabeza. —Puede ser. Dios siempre halla manera de hacer las cosas.

EPÍLOGO

Era una tarde de primavera cuando Nicky y Gloria estaban en la escalera del Centro en el número 221 North Broadway observando a Ralphie y a Karl que estaban cortando la hierba al anochecer. Era casi la hora del servicio en la calle, en el ghetto. En el patio trasero se oían los sonidos alegres de Dave Carter y Jimmy Báez riéndose de Allen, Joey, y Kirk que jugaban croquet. La cena había terminado, y adentro Francie y Angie vigilaban a los otros muchachos en la rutina nocturna de limpiar la cocina. Alicia y la pequeña Laura, que ya tenía 16 meses, jugaban en la hierba recién cortada.

Gloria estaba sentada en un peldaño bajo mirando pensativa y con amor a su esposo de tez morena mientras él se apoyaba contra la columna con los ojos cerrados a medias como si estuviese perdido en un mundo de ensueños. Ella se levantó de repente y puso la mano sobre su rodilla.

—¡Cariño! ¿Qué hay? ¿En qué piensas?

—¿Qué quieres decir? —preguntó soñolientamente, como si no quisiera dejar de pensar en lo que estaba soñando.

—Quiero saber en qué estás pensando. ¿Estás huyendo todavía? Tenemos el centro para jóvenes. Israel y Rosa viven en Fresno y sirven al Señor. Sonny es pastor de una iglesia de Los Ángeles. Jimmy está trabajando contigo, y María sirve a Dios en Nueva York. La semana que viene vas a volar a Suecia y a Dinamarca para predicar. ¿Por qué estás soñando todavía? ¿Qué más puedes desear de Dios?

Nicky se enderezó y miró profundamente en los ojos interrogantes de su esposa. Su voz parecía venir de lejos cuando dijo: —No es lo que pido de Dios, cariño, sino lo que Él pide de mí. Sólo estamos tocando la superficie de nuestro ministerio.

Hubo una larga pausa. No había más ruido que los sonidos alegres de las actividades alrededor de la casa. —Pero, ¡Nicky! —dijo Gloria, todavía observándole atentamente—, la tarea no es sólo tuya. Es la responsabilidad de todos los cristianos ... en todas partes del mundo.

—Lo sé —dijo—. Continúo pensando en todas aquellas iglesias grandes en el centro de la ciudad que están vacías durante la semana. ¡Qué maravilloso sería si aquellas salas de clase pudiesen ser convertidas en dormitorios llenos de centenares de niños y jóvenes faltos de amor de los barrios bajos! Toda iglesia pudiese convertirse en un centro operado por voluntarios ...

—Nicky —interrumpió Gloria, apretándole la rodilla—. ¡Qué soñador! ¿Piensas que los miembros de aquellas iglesias van a convertir sus hermosos edificios en dormi-torios para los niños perdidos y sin hogar? Los miembros de esas iglesias desean ayudar, pero quieren que otras personas hagan el trabajo por ellos. Protestan si un borracho interrumpe el servicio. Figúrate lo que dirían si viniesen a la iglesia algún domingo por la mañana y encontrasen sus augustos templos profanados por camas y catres y un grupo de ex-adictos y ex-oledores de cola en los cuartos limpios y pulidos. No, Nicky, tú eres un soñador.

Esas personas no desean ensuciarse las manos. No permiten que sus alfombras sean ensuciadas por pies descalzos.

Nicky sacudió la cabeza. —Tienes razón, por supuesto. Continuó preguntándome lo que haría Jesús. ¿Se ensuciaría Él las manos?

Hizo una pausa y miró hacia las distantes montañas reflexionando. —¿Recuerdas el año pasado cuando fuimos a Point Loma en la bahía de San Diego? ¿Recuerdas aquel faro enorme? Hace años que guía buques dentro del puerto. Pero ahora los tiempos han cambiado. Leí hace una semana que hay demasiado humo y neblina y que han tenido que construir un faro nuevo más cerca del agua para que la luz pueda brillar por debajo de la neblina.

Gloria escuchó atentamente.

—Esto es lo que ocurre hoy día. La iglesia todavía sigue con su luz brillando en alto, pero hay pocas personas que pueden verla porque los tiempos han cambiado y hay demasiada neblina. Se necesita una nueva luz que brille más cerca del suelo ... abajo, donde está la gente. No me basta ser celador del faro, también deseo estar donde está la actividad.

—Comprendo —dijo Gloria—. Su voz reflejaba orgullo profundo y comprensión.—Y eso es lo que deseo para ti. Pero, puede ser que tengas que hacerlo solo. Te das cuenta de eso, ¿no?

—¡Solo no! —dijo Nicky, poniendo la mano sobre la de ella—. Caminaré en el territorio de Jesús.

El ruido de los muchachos riendo a carcajadas en el patio trasero se hizo más fuerte cuando terminaron el juego y se encaminaron hacia adentro. Karl y Ralphie habían tomado sus Biblias y estaban sentados al borde de la acera enfrente de la casa.

Nicky bajó la cabeza y miró a Gloria. —Recibí una llamada esta tarde de una madre en Pasadena. —Se detuvo, esperando una reacción, pero Gloria no hizo más que esperar que continuase—. Su hijo de doce años fue arrestado por la policía por vender marihuana. Su esposo desea meterlo en la cárcel. —Nicky no habló más. Su voz cambió—. Pero no tenemos más espacio, ni tenemos más dinero.

Quedaron sentados en silencio. Nicky observó un pequeño gorrión que saltaba en la hierba. Sus ojos se llenaron de lágrimas al pensar en el niño desconocido ... tan típico de miles de otros ... hambrientos de amor ... arriesgando ir a la cárcel para obtener un poco de atención ... buscando algo verdadero ... buscando a Jesucristo sin saberlo.

Gloria interrumpió sus pensamientos. —Nicky —dijo en voz baja, sus dedos entrelazados con los suyos —. ¿Qué vas a hacer?

Nicky sonrió y le miró a la cara diciendo. —Voy a hacer lo que Jesús desea que haga. Voy a arriesgarme.

—Oh, Nicky, Nicky —dijo Gloria abrazando las piernas de Nicky—. ¡Te amo! Siempre hay espacio para uno más. Y Dios proveerá.

Jimmy puso el pequeño autobús en marcha atrás para salir por el camino de entrada. Los muchachos se apresuraron a montar para ir al servicio en la calle del barrio bajo. Nicky levantó a Gloria en pie. —Vamos. Corramos. Es la hora de trabajar para Jesús.

Yo estaba a punto de aparecer en un programa en el estudio de radio en el mismo corredor de mi oficina cuando Nicky Cruz entró. Mirando en todas direcciones para asegurarse de que no había nadie más que él y yo, cerró la puerta y quedó frente a mí en silencio, con los hombros encorvados y las manos metidas hondamente en los bolsillos. Su cara casi no tenía ninguna expresión, pero al observarlo con más cuidado, se podía ver las señas delatoras de un hombre que luchaba para contener sus emociones.

—¡Aquí tienes! —dijo seriamente, sacando las manos lentamente de los bolsillos. Por un instante, no sabía si alarmarme o tranquilizarme.

Entonces, en la mesa enfrente a mí, Nicky comenzó a colocar la colección más extraña de objetos que jamás había visto. Los identificó al ponerlos en la mesa: una pistola de fabricación casera, un par de nudillos de hierro de aspecto brutal, una navaja de hoja automática con puño de hueso, dos pesas de plomo atadas ingeniosamente a la extremidad de una correa de cuero, y todo lo necesario para un narcómano ... una aguja hipodérmica, un cuentagotas y una tapa de botella para hervir la heroína ... los instrumentos indispensables de los adictos.

— Este es mi último rendimiento —dijo Nicky, sus ojos brillando con determinación. Miró hacia la mesa, tocando cada artículo como para despedirse de él—. He vivido para ellos. Mi vida dependía de ellos, pero ahora no los necesito más. Los entrego a Él.

Él los habría puesto literalmente en las manos heridas de Cristo si hubiese sido posible. Me los dio como una especie de administrador legal. Y ahora me tocaba a mí expresar mi emoción.

Todavía conservo la rara colección y de vez en cuando la saco para recordarme de Nicky Cruz que era ... y del Dios cuya misericordia y gracia le ha hecho lo que es.

—Kathryn Kuhlman,
Pittsburgh, Pennsylvania.

DISFRUTE DE OTRAS PUBLICACIONES DE EDITORIAL VIDA

Desde l946, Editorial Vida es fiel amiga del pueblo hispano a través de la mejor literatura evangélica. Editorial Vida publica libros prácticos y de sólidas doctrinas que enriquecen el caudal de conocimiento de sus lectores.

Nuestras Biblias de Estudio poseen características que ayudan al lector a crecer en el conocimiento de las Sagradas Escrituras y a comprenderlas mejor. Vida Nueva es el más completo y actualizado plan de estudio de Escuela Dominical y el mejor recurso educativo en español. Además, nuestra serie de grabaciones de alabanzas y adoración, Vida Music renueva su espíritu y llena su alma de gratitud a Dios.

En las siguientes páginas se describen otras excelentes publicaciones producidas especialmente para usted. Adquiera productos de Editorial Vida en su librería cristiana más cercana.

DEDICADOS A LA EXCELENCIA

Liderazgo Eficaz

Liderazgo eficaz es la herramienta que todo creyente debe estudiar para enriquecer su función dirigente en el cuerpo de Cristo y en cualquier otra área a la que el Señor lo guíe. Nos muestra también la influencia que ejerce cada persona en su entorno y cómo debemos aprovechar nuestros recursos para influir de manera correcta en las vidas que nos rodean.

0-8297-3626-3

Una vida
con propósito

Rick Warren, reconocido autor de *Una Iglesia con Propósito*, plantea ahora un nuevo reto al creyente que quiere alcanzar una vida victoriosa. La obra enfoca la edificación del individuo como parte integral del proceso formador del cuerpo de Cristo. Cada ser humano tiene algo que le inspira, motiva o impulsa a actuar a través de su existencia. Y eso es lo que usted podrá descubrir cuando lea las páginas de *Una vida con propósito*.

0-8297-3786-3

Si quieres caminar sobre las aguas, tienes que salir de la barca

Cristo caminó sobre las aguas con éxito, si quieres hacerlo solo hay un requisito: *Si quieres caminar sobre las aguas, tienes que salir de la barca.* Hoy Jesús te extiende una invitación a enfrentar tus temores, descubrir el llamado de Dios para tu vida y experimentar su poder.

0-8297-3536-4

Liderazgo Audaz

Esta obra capta la experiencia de más de treinta años de ministerio del reconocido pastor Bill Hybels, que plantea la importancia estratégica de los dones espirituales del líder. *Liderazgo Audaz* le ofrece al líder de la iglesia local conceptos valiosos como son: convertir la visión en acción, cómo alcanzar a la comunidad, el líder que da lo mejor de sí, cómo descubrir y desarrollar un estilo de liderazgo propio y mucho más.

0-8297-3767-7

BILL HYBELS

LIDERAZGO AUDAZ

Nos agradaría recibir noticias suyas.
Por favor, envíe sus comentarios sobre este libro
a la dirección que aparece a continuación.
Muchas gracias.

Vida@zondervan.com
www.editorialvida.com